本书为全国社会科学基金教育学青年项目"我国研究型大学成效与问题研究"（编号：CIA230324）的研究成果。

高等教育
多元发展散论

陈 斌——著

西南大学出版社
国家一级出版社 全国百佳图书出版单位

图书在版编目(CIP)数据

高等教育多元发展散论 / 陈斌著. -- 重庆 : 西南
大学出版社, 2025. 4. -- ISBN 978-7-5697-2923-8

Ⅰ. G649.21

中国国家版本馆 CIP 数据核字第 20259170W1 号

高等教育多元发展散论

GAODENG JIAOYU DUOYUAN FAZHAN SANLUN

陈 斌·著

责任编辑 ｜ 畅 洁
责任校对 ｜ 李晓瑞
装帧设计 ｜ 闰江文化
排 版 ｜ 贝 岚
出版发行 ｜ 西南大学出版社(原西南师范大学出版社)
地 址 ｜ 重庆市北碚区天生路2号
邮 编 ｜ 400715
电 话 ｜ 023-68868624
印 刷 ｜ 重庆新荟雅科技有限公司
成品尺寸 ｜ 170 mm×240 mm
印 张 ｜ 15
字 数 ｜ 240千字
版 次 ｜ 2025年4月 第1版
印 次 ｜ 2025年4月 第1次印刷
书 号 ｜ ISBN 978-7-5697-2923-8
定 价 ｜ 88.00元

前言

《国家中长期教育改革和发展规划纲要(2010—2020年)》提出要"引导高校合理定位,克服同质化倾向,形成各自的办学理念和风格,在不同层次、不同领域办出特色,争创一流"。《深化新时代教育评价改革总体方案》提出要"推进高校分类评价,引导不同类型高校科学定位,办出特色和水平"。"分类、多元、特色、一流"是我国高等教育当前和今后发展的必然趋势,其中,分类发展是实现多元发展的前提,多元发展是实现特色发展和争创一流的基础。从现实来看,高等教育多元发展是实现从高等教育大国向高等教育强国发展的战略之举,是办好人民满意教育和实现改革创新发展的必由之路,是培养多元化、个性化、创新型人才的根本之策。

多样性的实质是在认识到自身不足的前提下,分享不同的见解,相互尊重,相互欣赏,寻求彼此之间的默契。[1]多样性是高等教育的固有属性,多样化的高等教育发展体系本质在于实现"不同的道路与共同的责任"[2]。高等教育多元发展具体体现在办学主体、办学层次、管理模式、发展质量观、结构类型、学科专业结构、人才培养模式、课程内容和评价标准等方面。例如,在欧洲中世纪早期,由于管理模式的差异,博洛尼亚大学主张学生自治,被称为学生型大学;巴黎大学主张教师自治,被称为教师型大学;也有的大学主张教师和学生混合管理,被称为混合型大学。为顺应近代工商业发展,英国在传统古典大

① 杜维明.等.文明对话的语境:全球化与多样性.史学集刊,2002(1).
② 钱乘旦.文明的多样性与现代化的未来.北京大学学报(哲学社会科学版),2016(1).

学之外出现了许多新型高等教育机构,伦敦大学、城市大学和多科技术学院相继兴起,在催生了等级鲜明的高等教育二元制的同时,进一步倒逼牛津、剑桥等传统大学的变革,前后逐步实现错位发展。19世纪末20世纪初,受城市化、工业化和经济社会发展的需要,美国诞生了一批独具特色、面向大众、以培养实用型人才为主的社区学院,推动了美国高等教育从精英化阶段向大众化阶段的有序过渡。二战后,日本政府在其颁布的《学校教育法》中明确规定,大学以学术为中心,短期大学则致力于"培养职业与实际生活能力",正是短期大学的快速兴起与蓬勃发展,极大地推动了日本高等教育的大众化进程。

哈佛大学前校长德里克·博克曾指出,"每一类型的院校都有可能犯错误,高等教育系统单一化会导致停滞不前的保守或僵化状态,如果出现重大决策失误或环境突变,很有可能带来灾难性的后果。多样化的高等教育系统则有利于分散高等教育风险"①。换言之,推动高等教育多元发展就是要尽可能地避免"把所有鸡蛋放在一个篮子里"可能带来的风险。高等教育需要营造一种多元竞争的进取文化,不断激发受教育者的智慧、才能和创造力,这也是实现经济社会繁荣发展的重要因素。从20世纪初开始,美国加州政府、高校及其董事会在历经长期的辩证乃至抗争之后,最终构建出了一套分工明确、相互协调、自我管理、具有连续性的高等教育系统,让加州高等教育走上了高质量的多元发展之路。诚然,"建立满足社会需求的大学网络系统需要长时间的努力","它不但要求大学要具备愿景、拥有长期稳定的财政投资和保持稳定的学术团队——促进自然科学、社会科学和人文科学领域的创造性和试验;而且它还要求在学术自治和政府管理,特别是公众监督之间保持适当的平衡"。②事实证明,对自治与竞争精神的推崇确保了美国高等教育多样化发展。

受传统观念和制度惯性影响,我国高等教育具有典型的分层而非分类特点,"形式上的多样化掩盖着实质上的单一化"③,导致稳定有余、活力不足。分层发展的结构布局强化了高等教育的"垂直发展",导致不少高校枉顾自身基础和发展定位,盲目追求"升格",力争获批新增博士硕士学位授予单位和更多的博士硕士学位授权点,努力实现办学层次的"身份跃迁",无法真正做到"安

① 蒋凯.美国高等教育多样性探析.比较教育研究,2002(S1).
② 道格拉斯.加利福尼亚思想与美国高等教育:1850—1960年的总体规划.周作宇,等译.教育科学出版社,2008:中文版序言10.
③ 刘振天.迈向2030:以大学多样化助力和引领新质生产力.教育发展研究,2024(11).

其所,遂其生"。高校在发展过程中"不安其分"固然与我国相对单一的办学体制、管理体制,尤其是评价机制有关,其根本在于大学在实际办学过程中缺乏自我发展意识,思路不清导致盲目跟风,一哄而上。

习近平总书记在2024年全国教育大会上指出,"以科技发展、国家战略需求为牵引,着眼提高创新能力,优化高等教育布局"。高等教育分类应根据高校的性质、任务和职能[1],而非排名、地位、资源或权利。高等教育作为一个共生系统,对高等教育进行有效分类管理有助于优化高等教育布局、推动高等教育功能分化和避免同质化竞争。从长远来看,建设教育强国,推进"双一流"建设,一方面需要摆脱既有的"强大的、偏好整齐划一的制度要素"[2]的制约和束缚,另一方面亟需构建多样化的高等教育生态和多元的发展标准[3]。惟其如此,我们才可能真正实现从高等教育大国向高等教育强国的有序过渡,助力高等教育高质量发展。

---

① 陈厚丰.高等教育分类的理论逻辑与制度框架研究.广东高等教育出版社,2011:141.

② 柯政.建设教育强国应更加突出多样化发展.教育研究,2023(2).

③ 潘懋元."双一流"为高等教育强国建设注入强大动力.人民日报,2017-11-19.

目录

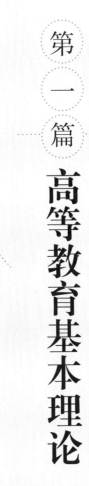

第一篇

高等教育基本理论

中国教育早期现代化的延宕与反思

现代化是近世以来人类社会急剧变迁的历史过程。"它起始于英国工业革命和政治性的法国大革命。它存在于几个'先锋社会'的经济和政治进步以及继之而来的后进社会的变迁进程之中。"①中国的古代文明在世界文明史上长期居于引领地位,辐射力极强。中国人口众多,幅员广阔,民族融合力强,历史悠久,表现出令人敬畏的文化深度和创造力,黑格尔称中国是最古老的国家。早在16、17世纪中国社会就孕育了某些具有"现代性"的因素,诸如,商人资本、工场手工业、财政货币化、雇工制、乡绅权力膨胀等等。②但在中国与西方的经济、政治、军事、文化全面碰撞之前,中国并未出现现代化。在西方冲击下中国现代化开始启动,进入了早期现代化阶段。社会学家 M. 列维将现代化分为"内源发展者"和"后来者"两大类型,即"早发内生型现代化"与"后发外生型现代化",中国无疑属于后者。中国早期现代化既是外源、晚发、追赶性质的现代化,同时又表现为延误性。现代化过程中遇到重大阻碍而不能顺畅进行即为延宕,这种延宕既表现为自身发展状态的迟滞,也表现在比较现代化中的落后。

一、中国早期教育的艰难探索与延宕表征

清代作为中国最后一个封建王朝,它既是中国封建社会的终结,又是中国近代社会的起点。在鸦片战争前的近200年间,清代的教育曾经有过辉煌的历史,"稽古古文,崇儒兴学",大力发展各级各类教育。据史籍记载,至1825年,全国有各类官学1788所。书院的数量远超前代,"统论清代二百余年,书院遍于天下,……合之十余行省必近二三千之数"③。此外,还有数量宏大的各种形式的社学、义学和私塾。正是这种相对发达的教育网络体系,使清人识字率达

---

① 查普夫.现代化与社会转型(第二版).陈黎,等译.社会科学文献出版社,2000:135.
② 吴承明.现代化与中国十六、十七世纪的现代化因素.中国经济史研究,1998(4).
③ 商衍鎏.清代科举考试述录.生活·读书·新知三联书店,1958:225.

到相当水平。据张仲礼统计,1840年前后,全国生员达739199人,占当时全国总人口数的18%。①

康雍乾盛世,延续了近一个世纪。至乾隆后期,由盛转衰,"日之将夕,悲风骤至"。翻检时人的议论和后人编纂的史籍,再也找不到诸如"天子右文,群臣躬遇休明,翊赞文化,彬彬称极盛矣"等充满激情之语,呈现在人们面前的封建教育体制已是百孔千疮。太学、官学、书院,科举、士风、学风,鸦片战争前夕封建传统教育的各个层面均已露出衰微腐败的景象。

清代的学校教育从体制上看是完备的。然而,由于清朝统治者更注重儒家经典教育,一些与社会生活联系比较密切的学科,在官学中受到冷落,只是在一些书院中才可以看到一些经世致用的内容。即使这样,这些所谓的经世致用的内容也主要侧重于中国传统的社会科学方面,与社会经济发展和资本主义发展有关的学科几乎没有。教育也变得日益腐朽没落,无论是人才培养模式、课堂教学,还是教育观念,概莫能外。

(一)学校教学内容日益空疏

清代各级各类学校到鸦片战争前后,除了识字教学还与日常生活有联系之外,学校的课程几乎全部是为适应科举需要而设的,尤其各地的官学和书院的教学,不过是科举入门的阶梯。科举取士是以"四书""五经"为考试范围,以朱熹的《四书集注》为标准,以八股文和小楷为文体模式的人才选拔制度。士子们为求得出人头地、光宗耀祖,日日苦读。那些与考试无关的学问则不管不问,以至于所学日益空疏无用。结果,不仅对西学一无所知,就连中国史地的基本知识也所知甚少,外国知识更不用说。

(二)教育管理制度日渐废弛

清代的学校管理制度同科举制度相辅而行,但后来因重视科举,学校成了科举的附庸,对学校的管理日渐废弛。作为中央最高学府的国子监,到了嘉、道年间,由于监舍失修,生徒"坐监"制度已徒有虚名,只是到了释奠、月课和季考之时,方需回监一时。"考课"流为形式,监生可以用钱捐买。至于到府、州、

---

① 张仲礼.中国绅士:关于其在19世纪中国社会中作用的研究.上海社会科学院出版社,1991:100.

县各级儒学和官办书院的"巡视考课"制度,时至晚清已形同虚设。从表面上看,负责"巡视考课"的官员,在规定的时间内也确实到了"考课"学校,可是实际上,"考课"变成了点点名册,收受馈赠而已。对于晚清在学校管理方面的弊端,严复深刻地揭露道:"自学校之弊既极,所谓教授训导者,每岁科两试,典名册,计赀币而已。师无所谓教,弟无所谓学,而国家乃徒存学校之名,不复能望学校之效。"

(三)科场考试日趋腐败

科举以八股文取士,由明至清行之已久,法久弊生,至晚清更甚,学校风气日益败坏。士子为求取功名,请谒指点,贿赂公行。正如严复所揭露,"当其做秀才之日,务必使之习为剿窃诡随之事,致令羞恶是非之心,旦暮梏亡"。至于教这些秀才作弊者,正是那些"委赀通藉之后,以巧宦为宗风,以趋时为秘诀"的前辈。考试舞弊层出不穷,屡见不鲜。不但如此,舞弊的手法也是诡谲多端,花样百出。当时普遍使用的手法就有"关节、顶替、倩枪、联号"。其实,当时的作弊手法还远不止于此。有人把这些作弊行为分为两类:"自外入者",有传递、顶替、拖签;"自内出者",有漏泄命题、偷打红号、指官撞骗等,实则"鼠窃狗偷","为鬼为蜮"。一些有权有势的人家,更是可以直接贿买官爵。

鸦片战争的剧痛并没有刺激到腐朽没落的清政府的神经,直至第二次鸦片战争,统治阶级中的绝大多数依然沉浸在"天朝大国"的迷梦中。他们所做的只是怀念康乾盛世中文教发展的丰功伟绩,对于在鸦片战争中惨败给西方坚船利炮的现实则表现得麻木不仁,更对西方文化给本国文化的冲击无动于衷。他们所做的只是在固守"祖宗成法"的情况下,对教育文化进行一番修修补补。比如常用的手段有:整顿官学书院,增广官学学额;严禁科场舞弊,扩大取士名额;重振和巩固儒家学说在封建教育中的至尊地位。①

这些措施几乎毫无新意,仅仅是一种"药方只贩古时丹"的复古倾向的应对。但是,这种情况的出现并不使人意外。面对西方文化大举东来的"突变",人们要在感情上和精神上接受这种新文化并不能一蹴而就,即存在"文化惰性"。它体现在教育上就是稳定保守的特性,让·托马斯称之为"僵死的惯性"。面对清末社会大变迁的时局,传统教育在应对上表现得较为迟钝。

---

① 田正平.中国教育史研究(近代分卷).华东师范大学出版社,2001:23-31.

二、早期教育现代化延宕原因分析

长期以来,中华民族一直处于世界文明的领先地位,直到清朝前期中国还凭借自己的强大而享誉世界。可是自1840年以后的一百多年来,中华民族却一直在政治腐败、经济萎缩、民族危机日重的衰败状态中踉跄前行。为什么一个长期处于领先地位的典型农业文明大国在向现代工业社会转变的途中却如此步履艰难、险阻迭起、前路漫漫呢?近几十年来国内外学术界一直在研究这个问题,研究结果各异,但基本可归纳为两种互相对立的观点,即"外因论"和"内因论"。笔者认为,中国早期教育现代化进程一误再误,其原因是多方面的,有中国内在的原因:国家权威缺失引发政权的动荡、传统文化的束缚和"文化自我中心主义"心态的阻抗、现代化主导者保守性决策的阻滞等,也有外来的影响,即西方资本主义渗透和帝国主义侵略的羁绊。我们不能只强调其中的内在因素,也不能片面夸大外来的影响,导致中国早期教育现代化延宕的原因是相当复杂的,切不可片面孤立视之。

(一)国家权威缺失引发政权的动荡

中国近现代历史事实表明,国家权威在现代化的初始时期明显地呈现出弱化状态。这种国家权威的缺失,使得各个时期的中央政府无力有效地动员社会力量,集中有限的社会资源去专注投入早期现代化的运作之中,从而造成中国早期现代化的挫败,延缓了中国现代化的进程。[①]清末中央集权的衰微,是传统封建社会交替发展的结果。从长时段的中国历史发展进程来看,这是一种无可避免的自然规律。但是,其他一些非必然因素的影响也加速了清末中央集权政治的衰败过程。一方面,晚清政府在对付外来势力挑战和内部动荡危机时软弱无力,一败再败,严重影响了其统治的有效性;另一方面,一直受中央集权控制的地方势力在对付、处理内忧外患中取得了比中央政府更为有效的实绩,从而形成一种与中央分权的强劲政治势力。

政治学理论认为,一个政权的合法性与其有效性有着密切的关系。合法性是指确定的价值,有效性是指实际政绩。任何一个政治制度都包含着合法

---

① 李海英.权威政治的缺失:中国早期现代化挫败之解析.社会科学论坛,2004(7).

性与有效性之间程度不同的关系。在一个具有合法性的政治制度内,统治的有效性即实际的社会绩效将对该制度的稳定与否产生直接的影响。[①]一种政治制度一再地,或长期地缺乏有效性,也将危及合法制度的稳定。[②]同时,如果一个政权的统治长期缺乏应有的有效性,统治的实际社会绩效萎缩,民众则会对其产生不满,导致该政权权威合法性的降低,进而影响其生存。上述晚清政府对内对外的种种弱败的征候,加之在其他领域内实际社会绩效的降低,使其统治声誉迅速降低。在此过程中中央权力不断被分散、转移到各地方督抚手中,以至于"督抚专权到了如此地步,中央集权实际上已经名存实亡"[③]。这种状况下,清朝政府绝难形成一个能有效统治的权威。

(二)传统文化的束缚和"文化自我中心主义"心态的阻抗

中国的传统文化极其复杂,各时代、各地方、各家学说可谓见仁见智,莫衷一是。但是中国传统文化所提出的"忠孝合一、家国一体"的人伦思想却是难以否认的。

在远古部落时代,部落酋长有至高的权威,人们尊敬他、服从他,对他尽忠尽孝;到后来各朝,天子有极高的权威,臣民不能不对他尽忠,而父母有生养之恩、抚照之情,子女不能不对他们尽孝,即所谓"君君、臣臣、父父、子子"。何况在中国传统的农业和手工业社会里,一切生产技术全靠经验的积累,后人的生产技术得之于前人的个别传授,晚辈的经验得之于长辈的传授,晚辈对长辈既要依赖又要服从,应该对长辈尽忠尽孝。又由于早期儒家和后世儒家的倡导,"忠""孝"便成了中国传统文化的中心,没人敢怀疑,也没人愿负不忠不孝之名。正是由于人们受"忠""孝"思想影响,所以念旧崇古而趋向保守,也正是由于人们受"忠""孝"思想影响,所以认同权威而缺乏独创精神。而念旧崇古而趋向保守、认同权威而缺乏独创精神显然阻碍了现代化进程。人作为推动现代化的主体,没有现代化的意识又何以推进现代化的行动?因此,中国现代化启动得慢,中国自身的传统文化有着不可推卸的责任。同时,中国人自古以来

---

① 李海英.权威政治的缺失:中国早期现代化挫败之解析.社会科学论坛,2004(7).
② 李普塞特.政治人:政治的社会基础.刘钢敏,等译.商务印书馆,1993:56.
③ 许纪霖,等.中国现代化史(第一卷1800—1949).上海三联书店,1995:100.

都把自己的国度当作世界的中央,自视为"天朝上国"。而且汉族多建都于黄河南北,就人为地派定"中国夷狄五方之民"的方位,即东夷、西戎、北狄、南蛮,华夏处在"四夷"之中,故自称为"中华""中国",所谓"是以声名洋溢乎中国,施及蛮貊"①。这种心态体现在对外关系上就是统治者们顽固地坚持"朝贡制度"和推行"闭关锁国"政策,故当1793年英国使臣马戛尔尼来华要求给予英国对华贸易特权时,乾隆皇帝的答复却是:"天朝物产丰盈,无所不有,原不借外国货物以通有无。"②觐见时又坚持让马戛尔尼行三跪九叩礼,马坚决拒绝,乾隆帝十分诧异,认为"此等无知外夷",竟然妄自骄矜。

由于"文化自我中心主义"的心态作怪,清朝封建统治者顽固地抵制西方先进文化,认为西方文明不过是一些令人不屑的雕虫小技,中国的孔孟之道才是万古不朽、无往不克、教化万方的精髓;认为外国文化师承中国,中国只能用自己的文化去改造西方文化,而绝无向西方学习之理。于是,在洋务运动、戊戌变法时期,封建统治者和士大夫阶层仍坚持"中体西用"的原则,在完全肯定和保护本国文化基本精神的前提下,把社会改革停留在器械、工艺的层面,不主张从更深层次上使中国文化一步步走向现代化。所以,"自我中心主义"的文化心态同样是中国早期现代化延误的一个阻抗因素。

(三)现代化主导者保守性决策的阻滞

中国自近代以来,一方面,保守的意识形态信条与高度集权的专制政治体制相结合,形成一种作为对西方冲击的信息进行认知与判断的特定解释框架,从而不能对这种信息的性质与意义作出客观、准确的判断与处理;另一方面,传统政体结构的僵化使之不能对自身进行自我更新,其结果就进一步在中西冲突中遭受新的屈辱与挫折和民族危机。③

作为清朝政治现代化的尝试——戊戌维新,一批仁人志士在光绪皇帝的支持下制定了一整套改革现行皇朝行政体制的方案,全面提出了学习西方科学技术与民主政治制度的现代化纲领与措施。这实为自强运动的补漏,也抓

---

① 李慧玲,等注译.礼记.中州古籍出版社,2010:276.

② 陈勤,等.中国现代化史纲(上卷).广西人民出版社,1998:33.

③ 萧功秦.中国早期现代化的挫折与历史后果.学术月刊,1995(4).

住了问题的症结。然而戊戌变法运动十分短命,在刚刚推出时,社会上还来不及对光绪帝颁布的改革"上谕"作出切实反应之前,这场改革就被以慈祥太后为首的保守派发动宫廷政变扼杀了,政治现代化的尝试因此流产。从这次改革的内容来看,改革主导者已意识到器物层面的现代化已不足以应对社会危机,必须对行政体制进行改革,但他们为改革所设的底限仍是"政权比富强更重要,祖宗制度岂可妄加更张"。改革一旦真正实施就必然要突破这一底限,触怒真正掌权的保守势力。在改革与保守两派实力对比悬殊的情况下,后者要扼杀改革是易如反掌的。

(四)资本主义渗透和帝国主义侵略的羁绊

第一次鸦片战争的爆发是西方资本主义侵略中国的第一步,这是现代工业文明与中国传统农业文明之间的第一次撞击,这次撞击以中国的失败告终。此后直到20世纪初,中国面对外敌入侵屡战屡败,每一次失败都会产生一个不平等的条约,每一个不平等条约不仅使列强的经济渗透和政治支配的范围扩大,而且使中国的经济自主权和政治自主权受到蚕食。随着列强侵略的步步深入,中国慢慢滑进了半殖民地半封建社会的深渊。

马克思认为,英国在印度完成了破坏性和建设性双重使命。诚然,西方列强在中国也充当了侵略者和文明使者的双重角色,它向中国以通商口岸为中心的沿海城市输入了现代企业制度、现代化的思想观念以及现代化学校管理体制,从而促进了中国沿海城市现代经济的兴起和发展。然而,在西方列强影响下的中国沿海城市的繁荣,并未带动整个国民经济的增长,其本身也成为为外国资本服务而畸形发展的"飞地",不能将活力和高生产率传递给中国广大的内地农村;相反,广大农民在中国封建统治者转嫁的战败赔款和西方列强的原料搜刮的双重压榨下更加贫困。如此,中国教育早期现代化进程之所以难以启动、启动后又举步维艰,根源在于中国教育的现代化不仅受制于自身数千年历史传统的沉淀,而且还受制于西方资本主义和帝国主义列强的侵略。只有正确认识所有的阻滞因素,克服片面性和主观性,才能在今后的现代化大潮中找准定位,以克服不足,顺利前进。

三、转型视域下的教育现代化启示

中国早期教育现代化的过程就是一部中国近代教育的转型史，其间交织着中国教育的痛苦和希望。我们不禁感慨中国教育在清末时期的命运多舛，"悟已往之不鉴，知来者之可追"。因而我们有必要反思中国教育早期现代化延宕的教训和艰难历程。

(一)批判与反省

中国传统文化中桎梏因素导致了"文化惰性"，其中泛道德主义就是这种因素的代表。五千年悠久的文明史在给子孙带来光荣和自豪的同时，也留下了特有的沉重文化包袱。泛道德主义便是其中之一，近代中国士大夫面对汹涌的西方文明而讥之为"奇技淫巧"。在近代中国的改革史上，这种于事无补的泛道德主义严重阻碍了中国教育近代化的发展。在中国近代教育的转型中，道德不是成为规范、推进现代化进程健康发展的积极因素，而是成为阻碍、遏止其发展的消极因素，甚至是反动因素。我们应该在传承本民族优秀文化传统的同时，对文化进行批判和反省，抛弃那些文化中的糟粕，融合世界上优秀的文化以提升传统文化的品位，以使传统文化"本土化"、"民族化"和"中国化"。我们不能无视文化传统，但更不能用泛道德主义闭目塞听来阻碍教育的发展。

(二)务实与创新

文化教育的创新必须基于历史，因而必须承认文化传统的持久性和保守性。代代相传的文化传统具有"卡里斯玛"(Charisma)效应，是一种对社会行为具有规范作用和道德感召力的文化力量，文化传统的丧失就意味着文化的失序，从而导致社会行为的失范。[①] 在中国早期教育现代化的转型过程中，中国对西方文化的态度由全盘排斥拒绝向对立的方向转化，出现了"全盘西化"的趋势。比如：作为中国"文化古董"的书院，因其无法生产坚船利炮，结果被无情地推入历史的角落，被统统改造成近代学堂。对此，胡适曾言："书院之废，

---

① 高桂娟.现代大学制度演进的文化逻辑.中国海洋大学出版社,2007:206.

实在是吾中国一大不幸事。一千年来学者自动的研究精神,将不复现于今日。"曾经作为选拔人才的科举制度,也仅仅因八股文而被视作"人才不兴"的罪魁祸首。梁启超认为:"夫科举非恶制也,所恶乎畴昔之科举者,徒以其所试之科不足致用耳。"

(三)他山之石,可以攻玉

任何文化要想在历史的长河不断发展进步,就必须不断借鉴吸收其他文化。通过文明的对话,文化才能合理健康地发展,才能使文化保持活力。在这个多元化的社会,在这个知识爆炸、科技日新月异的时代,我们需要适时回望曾经走过的路,在这条充满荆棘坎坷的路上,我们走了许多的弯路,不知不觉中我们的教育已远远落后于西方国家。异质文化的交流必然会产生一定冲突,但这体现了文化的多样性和不同文化之间的互补性。了解和借鉴其他文化正是为了吸收其他文化中的营养,更好地传承传统文化。正如费孝通所言:在和西方世界保持接触、积极交流的过程中,把我们的好东西变成世界性的好东西。

时代在进步,社会在发展,教育也应该与时俱进,传统的那种封闭式的教育模式和人才培养模式已不适合社会的发展。因此,我们需要借鉴世界上先进国家的教育经验,转变教育观念,更新思维模式,这样我们才能看清世界大势,跟上时代的步伐,建立一个人力资源强国和学习型社会。正如有研究者所指出:传统与现代性是现代化过程中生生不断的"连续体",背弃传统的现代化是殖民地半殖民地化,而背向现代化的传统则是自取灭亡的传统。适应现代世界发展趋势而不断革新,是现代化的本质,但成功的现代化运动不但在善于克服传统因素对革新的阻力,而尤其在善于利用传统因素作为革新的助力。①100多年来,中国在这方面的教训是深刻的。同时,我们今天正在实践的教育现代化的道路依旧并非那么清晰,仍需继续不断地思考与探索。

(原载于《高等理科教育》2013年第2期)

---

① 罗荣渠.现代化新论:世界与中国的现代化进程.北京大学出版社,1993:376.

实践智慧与高等教育研究的理论创新

一般而言,高等教育理论来源大致有三个方面。一是高等教育学科发展史。高等教育学科发展史是高等教育理论研究的基础,高等教育学科发展进程中的代表人物、标志性成果和重要事件均对高等教育理论的生成与发展产生重要影响。现代世界无论有多新,总是扎根于过去。过去是我们赖以生长的土壤。^①二是对高等教育实践活动的理论总结。无论是自然科学还是社会科学,均是对社会活动的客观反映。高等教育学作为一门典型的社会科学,兼具应用性与实践性,与社会实践活动关联紧密,高等教育实践活动蕴含着丰富的理论元素。不过,高等教育实践活动并不会自动生成为高等教育理论,而是需要高等教育管理者和理论研究者有意识地进行抽象性概括和系统性提升。三是高等教育的国际比较研究。"不同的国家有不同的大学。"高等教育作为社会进化的重要组成部分,始终受本国经济、政治、文化等因素影响,在与社会环境的持续互动中形成自身传统与特色。通过国际比较有助于我们在高等教育的应然与实然、需求与欲望、事实与价值之间做出合理判断,在比较中求同存异、凝练特色,在比较中生发新的理论或修正已有理论。

作为一门学科的高等教育研究,以多元的形态、方式、结构和速度组成了社会系统,其本身也始终受社会诸多因素的影响。高等教育对社会的适应不是被动的适应,而是主动的适应,是一项具有前瞻性、引领性和预警性的实践活动。高等教育理论的生成离不开高等教育实践的肥沃土壤,高等教育理论的创新是高等教育实践智慧之树盛开的花朵。

一、高等教育实践是推动高等教育理论创新的源泉

无论是自然科学还是社会科学,其成长都不能脱离社会的影响。这里的"社会"既包括作为宏观层面的社会系统及其各子系统,也包括社会个体所从事的实践活动。科学活动的本质在于寻求与客观世界的同一,并努力促进知

① 弗莱克斯纳.现代大学论:英美德大学研究.徐辉,等译.浙江教育出版社,2001:2.

识的增长。然而,科学知识与客观世界的同一性是有限且暂时的,因为客观世界总是复杂多变、矛盾冲突的。无数的科学研究者终其一生在力求知识与客观世界的同一。如果说规范、兴趣是影响科学发展的内生性因素,那么现实世界则是影响科学发展的外生性因素,科学是内外部因素共同作用的结果。其中,源自现实世界的实践经验是生发科学理论的重要源泉。就科学知识与科学理论的内容而言,科学"永远是临时的"[①],但科学知识与科学理论的暂时性并不会否定科学自身的价值。科学知识与科学理论的生成、发展与创新深受客观世界的作用,且影响是持续的、动态的。

高等教育研究作为社会科学研究的重要组成部分,其理论的生成与创新受高等教育实践影响显著。高等教育理论研究既不能闭门造车、故步自封,也不能将高等教育研究的实际问题束之高阁。高等教育理论研究必须敢于直面真实的社会情境,善于发现高等教育研究中的真实问题。高等教育理论研究同所有的科学研究一样,既需要追求知识,更需要解决问题。弗莱克斯纳认为现代大学要致力于影响思想和生活变动的方向。无疑,弗氏所指的现代大学是理想形态的大学,是理念层面的大学。大学要真正发挥"影响思想和生活变动的方向"的功能离不开高等教育理论研究,高等教育理论研究要能真正引领高等教育方向,就必须主动关注和回应高等教育实践中的政策与需求,这既是高等教育研究安身立命的基础,也是高等教育研究者不可推卸的责任。

在高等教育实践中,无论是高等教育的机构、结构、体制、功能等宏观问题,还是专业、课程、教材、教学等微观环节,或是与科技革命、产业发展、社会变革的互动关系,都亟需高等教育理论研究者的关心和关注,而回应复杂多元的高等教育实践也有助于高等教育理论的生成与创新。

二、高等教育实践推动高等教育理论创新需以问题为中介

由于过去我们的高等教育管理更多依靠经验办学,我们的高等教育理论研究为了"更好地"服务于高等教育管理实践,大多凭借管理者或理论研究者有限的经验性知识基础上产生的直觉或猜测,并据此形成经验形态的知识。

---

① 巴伯.科学与社会秩序.顾昕,等译.生活·读书·新知三联书店,1991:103.

经验形态的知识当然有其必要性，也可以生成理论，但由于这种知识带有较强的主观性、情境性和偶然性，缺乏系统化、连续性、规律性，往往难以产生实质性影响。长期以来，我们评价知识科学性的标准大多以是否有助于解决现实困难为标准，有用的经验性知识因获得官方的"合法性认可"而被视为成功的经验。值得注意的是，这些所谓"有用的知识"，一方面因其合法性得到普遍认可，因而在实践中得以有效强化；另一方面，由于缺乏科学审慎的知识评价机制，这些"有用的知识"在持续强化中逐渐形成路径依赖，而未经批判性验证的路径依赖却可能成为"成功的陷阱"，进而限制我们的知识想象力。

理论的创新与发展离不开实践，但实践不会自动升华为理论，必须以问题为中介。高等教育理论固然需要高等教育实践，但如果高等教育管理者和理论研究者缺乏对高等教育实践的系统思考和审慎判断，亦步亦趋，高等教育理论就会落后于高等教育实践，就很有可能出现"理论滞后"现象。高等教育理论固然需要根据高等教育的需求、事实和理想做出相应的变化，但高等教育理论发展必须以"真实的问题"为价值鹄的，这里的"问题"不是高等教育实践中难以应对的难题，而是具有普遍性、规律性的学术命题。马克思说："一个时代所提出的问题，和任何在内容上是正当的因而也是合理的问题，有着共同的命运：主要的困难不是答案，而是问题。"[1]无疑，高等教育理论研究需要表达自身最实际的"呼声"，需要从追求"经验形态的知识"转向追求"原理形态的知识"。我们并不主张要以原理形态的知识替代经验形态的知识，前者并非对后者的简单否定，而是在继承基础上的扬弃，是要摆脱狭隘的现实情境的限制，在一种更加广泛的生活境遇中实现与客观世界的同一。原理形态的知识并非不同知识要素之间的简单拼凑或杂乱无章的组合，而是具有一种凝聚性的结构[2]，各组成要素之间是一种相互嵌套的关系。科学理论需要关注知识的概念、本质、结构、形态和判断，需要具备较强的普遍性、抽象性和包容性。

高等教育研究长期难以进入学术部落的核心区域就在于经验形态的知识多，原理形态的知识少；解释回应现实难题的知识多，探究知识本质及其发展规律的少；追求外部认可的知识多，获得同行承认的知识少。易言之，目前的

① 马克思恩格斯全集(第四十卷).人民出版社,1982:289.
② 巴伯.科学与社会秩序.顾昕,等译.生活·读书·新知三联书店,1991:2.

高等教育研究问题意识尚显不足。高等教育理论工作者要从高等教育实践中推动高等教育理论创新,必须努力寻找具有学术价值、能够推动学科知识增长的学术问题,这样的学术问题包括马丁·特罗的"高等教育发展阶段论",克拉克·科尔的"多元巨型大学观",迈克尔·吉本斯的"知识生产新模式",伯顿·克拉克的"高等教育权力协同三角理论",潘懋元的"教育内外部关系规律理论",等等。高等教育实践只有借由问题这一中介才可能生成为高等教育理论,也才可能创新已有的理论。

三、高等教育理论创新是高等教育实践智慧之树盛开的花朵

在古典时代,大学是理念的存在,知识是理念的侍从,维系大学存在与发展的动力来自少数智者的信念及其传播的知识。彼时的大学以传播和推广知识为主要目的,与外界在知识层面的互动极其有限,大学因而有了"象牙塔"的隐喻。现代大学诞生以来,大学不仅要传授知识,更需要发现知识、增长知识,并通过知识创造社会财富,满足社会需求。基础性的科学研究是一种独立的善,而且作为一种剩余价值,它在适当的时候会带来各种各样的实用结果,满足人类的其他各种利益需要。[①]现代科学研究不仅是描述或解释客观世界,更是研究者与研究对象持续互动的过程。这点在社会科学领域尤为显著。社会科学系统具有开放性、复杂性、无序性等特征,充满了变化和矛盾。当前,我们正置身于一个充满不确定性、混沌而复杂的世界,如果仍企图寻求一个放之四海皆准的定理似乎显得有些不合时宜。即便存在这样的理论,其对世界的指涉也愈加不精确,也不再那么有意义。

因此,今天的社会科学应更多地实现由外向内的转变,更多地"往里走"。皮耶尔保罗·多纳蒂在倡建关系社会学时指出,在从现代性向后现代性的进程中,社会学的未来前景的标志是需要从人的视角将社会系统重新概念化。[②]真实的世界是多元复杂、非结构化的,是杂乱无序的。如果我们未能以一种审视的态度看待世界,思考世界,就容易出现实践者受缚其中,踟蹰不前;理论研究

---

① 默顿.科学社会学:理论与经验研究.鲁旭东,等译.商务印书馆,2003:254.
② 多纳蒂.关系社会学:社会科学研究的新范式.刘军,等译.上海人民出版社,2018:47.

者隔靴搔痒,难窥堂奥。科学的进步与创新要求我们在任何时候都不应该让理论与实践泾渭分明,相互割裂,而要始终保持一种持续互动的关系。个人的知识储备与认知水平也总是有限的,如果我们的知识与认知无法转化成一种智识力、判断力和想象力,我们就不可能跨越认知陷阱,推动理论创新。故此,社会科学研究必须超越过去传统的经验主义和唯物主义还原论,将个人的自我理解融入实践活动中。这种对人类行动进行自我理解的宗旨就在于培育实践智慧。唯有真正拥有实践智慧者方可拨开实践迷雾,达至理论的澄明之境。实践智慧是一种探讨人们如何"更好地生活"或"更好地做事"以便做到"周到明察"地"相与"或"相处"的伦理思维方式。①

要实现高等教育理论创新根本在于人,在于具有能够准确分析现实问题并有效解决现实问题的能力的人,在于拥有以开放、包容的心态关注实践的人,在于拥有高等教育实践智慧的人。高等教育的实践智慧就是以一种开放、包容的心态与高等教育实践进行持续性对话,客观呈现并坦然应对高等教育实践中的偶然性、挑战与问题。高等教育研究者只有充分发挥自身的想象力并与真实世界进行对话,重构已知与未知之间的关联,突破思维局限,跨越认知陷阱,方能实现高等教育理论的创新。当高等教育实践管理者与高等教育理论研究者有意识地涵育实践智慧,践行实践智慧,高等教育实践智慧之树必定会盛开高等教育理论之花。

(原载于《中国高等教育评论》2023年第2期)

---

① 田海平."实践智慧"与智慧的实践.中国社会科学,2018(3).

高等教育高质量发展：价值意蕴、现实境遇与推进策略

　　质量是高等教育的生命线，提升高等教育发展质量一直是高等教育研究关注的重要议题，也是世界各国政府和高校共同追求的目标。传统意义上，高等教育发展更多聚焦于规模扩张与数量增长。中华人民共和国成立70多年来，特别是改革开放40多年来，我国高等教育发展取得了显著成效，实现了跨越式发展。中华人民共和国成立初期，我国普通高校数量为205所，高等教育在学总规模为11.7万人，高等教育毛入学率为0.26%。2020年，我国共有普通高校2738所，高等教育在学总规模达到4183万人，高等教育毛入学率达到54.4%，高等教育总体规模跃居世界前列。

　　随着时代发展、社会需求变化和人们对高等教育发展规律认识的不断深化，实现高等教育发展应跨越单纯对量的追求，更加关注结构、公平和质量。为进一步落实高等教育高质量发展理念，国家发展和改革委员会、教育部、人力资源和社会保障部联合编制《"十四五"时期教育强国推进工程实施方案》（以下简称《方案》）。《方案》指出，"党的十八大以来，我国教育改革发展取得了重大成就，学前教育至高等教育等各级各类教育普及水平实现大幅度、跨越式提升，教育体系不断完善，教育公平有力促进，教育改革全面推开，教育质量显著提升，为经济社会发展提供了坚强的人才保障和智力支持"。同时，我们也应清醒地认识到，我国高等教育在发展过程中仍存在"高校办学特色仍不够鲜明，同质化发展倾向突出，创新活力尚未充分释放"。为推动我国各级各类高校实现特色发展，激发办学动力，必须坚持高等教育高质量发展之路。

一、高等教育高质量发展的价值遵循

　　高质量发展理念源于经济领域。经济发展质量最初表现为经济增长质量，经济高质量发展经历了"经济增长—经济发展—经济高质量发展"[①]的漫长探索历程。约瑟夫·熊彼特（Joseph Schumpeter）在其经典著作《经济发展理

---

① 孙祁祥，等.科技创新与经济高质量发展.北京大学学报（哲学社会科学版），2020（3）.

论》中指出,经济增长是一个"循环流转"的生产过程,是各种生产力量共同作用的结果[①]。经济发展的内涵比经济增长的内涵丰富得多,它不仅仅指GDP的增长,还涉及经济结构的持续优化和人的不断进步。经济发展是数量与质量协同发展的结果。正如诺贝尔经济学奖获得者阿马蒂亚·森(Amartya Sen)所言,增长与发展二者之间存在紧密联系,但不完全相同,单纯的增长并不足以实现发展。[②]经济高质量发展受多重因素共同作用,包括技术进步、受教育程度、健康状况、法治水平、生态建设等。

党的十九大报告指出,"中国特色社会主义进入新时代,我国社会主要矛盾已经转化为人民日益增长的美好生活需要和不平衡不充分的发展之间的矛盾"。张军扩等认为,高质量发展的本质内涵是"以满足人民日益增长的美好生活需要为目标的高效率、公平和绿色可持续的发展",是五位一体的发展。[③]据此,高等教育高质量发展的本质内涵就是要满足人民日益增长的对优质高等教育的需求,就是要消除高等教育发展过程中的不平衡不充分现象。促进高等教育高质量发展,需以提升人才培养质量为前提,努力实现人才培养、科学研究和社会服务职能的协调发展。从长远来看,不以人才培养为宗旨的科学研究有违大学的本质,没有研究支撑的人才培养属于低水平发展,缺乏社会服务意识和服务能力的大学难以实现可持续发展。

高等教育高质量发展并非遵循简单的线性逻辑,而需在复杂性思维引导下,探寻高等教育高质量发展的内在规律,辩证地看待高等教育发展中绝对与相对、数量与质量的关系,为我国高等教育高质量发展提供理论指导。

高等教育高质量发展是绝对与相对的统一。一方面,任何国家的高等教育必须达到一定的质量标准,才称得上高质量发展。例如,高等教育毛入学率、生源质量、资源供给、学生学业表现、教师能力素养和国际化水平等都应达到一定程度,才可能实现高质量发展。另一方面,高等教育高质量发展又是相对的概念,且总与一定阶段的经济社会发展水平相适应。例如,对高等教育发

① 熊彼特.经济发展理论:对于利润、资本、信贷、利息和经济周期的考察.何畏,等译.商务印书馆,1990:19.
② 森,等.从增长到发展.中国人民大学出版社,2015:10.
③ 张军扩,等.高质量发展的目标要求和战略路径.管理世界,2019(7).

展质量期待过高或过低都可能产生负面影响。过高的期待可能扭曲高等教育价值取向,即便在短期内带来一定成效,但最终可能因违背高等教育发展规律而对高等教育整体发展产生负面影响;过低的期待可能导致高等教育发展动力不足,增长缓慢乃至停滞不前,难以满足经济社会发展对高素质人才的现实需求。

高等教育高质量发展是数量与质量的统一。唯物辩证法认为,量变是质变的前提,质变是量变的结果。没有一定量的积累不可能实现质的飞跃,没有实现质变的量变是低水平的发展。从宏观层面来看,提升高等教育质量应以一定数量且各具特色的院校发展为基础。一个国家如果院校数量过少,不足以形成一个完整的高等教育体系,不利于打造良性的高等教育生态系统;一个国家的高校办学定位过于单一,难以发挥区域办学的群聚效应。反之,当一个国家拥有数量可观且各具特色的院校时,才可能实现资源共享,提升资源效率,引导不同类型院校错位竞争,凝练办学特色,打造自主品牌。就大学自身发展而言,一所大学没有足够的生源是难以存续的,更遑论提升人才培养质量、优化专业结构、完善治理体系、推动产教融合,甚至还可能因办学经费不足被迫关门,这种现象在日本和美国私立院校中早已屡见不鲜。

二、高等教育高质量发展的本质内涵

高质量发展作为一种新的发展理念,最初主要针对经济发展转型而提出。田秋生认为,经济高质量发展的本质是以质量和效益为价值取向的发展,是能够产生更大福利效应、GDP内涵更加丰富、创新活力更强、层次水平更高、全面协调可持续的发展。[①]逄锦聚通过分析我国经济发展的历史进程指出,创新、协调、绿色、开放和共享五大新发展理念深刻揭示了我国经济发展的内在规律,其根本目的在于满足人们对美好生活的需要。[②]推动经济高质量发展需要高质量制度的保障。逄锦聚等认为,高质量的经济制度有助于提升经济的发展活力与创新力,进而实现经济高效率增长[③]。实现经济高质量发展需要完善

① 田秋生.高质量发展的理论内涵和实践要求.山东大学学报(哲学社会科学版),2018(6).
② 逄锦聚.贯彻新发展理念　着力高质量发展.经济学动态,2019(7).
③ 逄锦聚,等.促进经济高质量发展笔谈.经济学动态,2019(7).

的创新动力体系,其中最重要的是理论创新体系,它是整个创新动力体系的基础。金碚认为,高质量发展的根本在于更自觉地主攻能够更直接体现人民向往目标和经济发展本真目的的发展战略目标。[①]从本质上看,高质量发展是一个比较的概念。刘志彪认为,相较于高速增长,高质量发展在评价标准、历史背景、实现手段等方面存在较大差异。实现高质量发展需要由均衡战略、协同发展、市场取向等要素构成的支撑系统。[②]高培勇等认为,作为一个总括性的发展理念,经济高质量发展是社会高质量和治理高质量的输出,核心机制在于创新和升级要素质量。[③]孙祁祥等认为,科技创新与经济高质量发展之间存在复杂的关系,其本质涉及经济、社会和生态多个维度,并从全要素生产效率、高质量产品与服务供给、产业结构升级、消费结构升级、资源与环境和促进社会公平等六个方面,揭示了科技创新促进经济高质量发展的内在规律。[④]经济高质量发展需要高质量的治理。杨耀武等在分析中国经济高质量转型的逻辑基础上,借助理论模型分析了影响经济发展的主要因素,设计了测度中国经济质量的综合评价体系,据此建构了经济高质量发展的创新与治理机制。[⑤]

在高等教育领域,高质量发展与高等教育强国建设、质量保障、内涵式发展和高水平发展在逻辑上具有内在继承性,但重心各有不同。钟晓敏系统辨析了高等教育高质量发展及其相关概念的异同,认为高等教育高质量发展契合经济社会发展需求、高等教育自身发展和人才培养规律的客观要求,具有重要的价值。[⑥]王建华认为,高等教育高质量发展不仅要建成高等教育"强国",更注重"成人"。[⑦]赵继等认为,高等教育高质量发展是应对未来挑战的战略选择,高等教育高质量发展应关注多样发展、创新发展、开放发展、集群发展和智能发展。[⑧]周海涛等聚焦民办高校高质量发展,认为民办高校实现高质量发展需在夯实要素基础和优化结构基础上,在师资队伍、模式、制度、服务面向、专

---

① 金碚.关于"高质量发展"的经济学研究.中国工业经济,2018(4).
② 刘志彪.理解高质量发展:基本特征、支撑要素与当前重点问题.学术月刊,2018(7).
③ 高培勇,等.高质量发展的动力、机制与治理.经济研究,2020(4).
④ 孙祁祥,等.科技创新与经济高质量发展.北京大学学报(哲学社会科学版),2020(3).
⑤ 杨耀武,等.中国经济高质量发展的逻辑、测度与治理.经济研究,2021(1).
⑥ 钟晓敏.新时代高等教育高质量发展论析.中国高教研究,2020(5).
⑦ 王建华.什么是高等教育高质量发展.中国高教研究,2021(6).
⑧ 赵继,等.中国高等教育高质量发展的若干问题.中国高教研究,2019(11).

业设置、育人方式、资本结构、内部治理等方面实现内涵提升。①通过梳理国内外相关研究，我们认为，高等教育高质量发展的本质内涵可以归纳为以下五个方面：

(一)高等教育高质量发展注重培育学术创新能力

创新是推动高等教育改革与发展的根本动力，是实现由"速度规模型"向"质量效益型"转变的关键驱力。习近平总书记指出，"我们充分发挥科技创新的引领带动作用，努力在原始创新上取得新突破，在重要科技领域实现跨越发展，推动关键核心技术自主可控，加强创新链产业链融合"②。当下意义的创新，不仅是生产要素的重组，更是信息量的重组③。实现高等教育创新发展的核心在于学术创新，必须始终以追求真理、探索新知为目标，促进人类文明和人类社会不断进步。学术创新并非对现有知识的简单加工，需要充分激发学者的直觉、灵感和智慧，实现"破坏性创新"。取得引领性研究成果要求学者敢为人先，富有激情，善于反思，甘于寂寞，不惧失败，要有持续的想象力和自我批评的科学品质。在学术研究中，学者必须致力于探寻构成一个有意义问题的种种因素，以及解决该问题所应具备的条件。学术创新要求学者善于发现问题，并通过激活自我创造性潜质解决问题。爱因斯坦(Albert Einstein)在《物理学的进化》中指出："提出问题往往比解决问题更重要，因为后者只是一个数学问题或者实验技巧问题。提出新问题、新的可能性，从新的角度考察原有的问题，这些则需要创造性的想象力，它标志着科学的真正进步。"④

(二)高等教育高质量发展重视结构的不断优化

实现高等教育协调发展就是要充分尊重并合理利用高等教育内外部关系规律。高等教育发展需要统筹协调各层次、各环节、各要素之间的关系，既要

① 周海涛，等.民办高校高质量发展的基础.复旦教育论坛，2021(3).

② 习近平.在中国科学院第二十次院士大会、中国工程院第十五次院士大会、中国科协第十次全国代表大会上的讲话.人民日报，2021-5-29.

③ 厉以宁.企业家的使命是创新：兼论效率的源泉来自人们的积极性.北京大学学报(哲学社会科学版)，2018(2).

④ 爱因斯坦，等.物理学的进化.李永学，译.湖南科学技术出版社，2020：88.

处理好高等教育与经济、政治、文化等各社会子系统之间的关系,又要充分兼顾不同院校在办学属性、类型层次、区域分布等方面的差异。高等教育协调发展致力于有效解决高等教育面临的发展不均衡、供需不匹配、资源配置不合理等矛盾问题。高等教育协调发展就是要实现全面、综合发展,做到"强基础、共发展、补短板",增强高等教育发展的包容性、平衡性和可持续性。高等教育协调发展并非平均发展,而是强调以系统思维为指导,注重发展的整体性、耦合性和均衡性,尊重高等教育发展规律,优化高等教育生态系统,以提升高等教育整体效能。高等教育协调发展并非自然形成,需要统筹兼顾,充分考虑不同院校的历史基础、区域优势和资源禀赋。

(三)高等教育高质量发展致力于实现可持续性发展

可持续性发展作为当今世界重要的发展思潮,已成为指导世界各国经济社会发展的重要理念。可持续性发展理念适用于经济社会发展各个领域。高等教育可持续性发展是指高等教育在发展过程中能够妥善处理好人与自然的关系。大自然不仅有自在性,也蕴含着人化性特征,高等教育与自然相互影响,协同共生。高等教育可持续性发展的实质就是要摒弃人类战胜自然、宰制自然、透支自然的陈旧观念,重塑人与自然和谐相处、群己共益的发展理念。因此,一方面,要始终坚持以科技引领发展。经济学的大量研究表明,推动经济增长和实现人均收入长期增长的"奥秘"在于技术进步[①]。科技对促进经济发展和提升人民生活水平发挥着关键作用,提升科技水平的根本在教育,尤其是高等教育。实现高等教育可持续性发展就是要通过科学研究提升科技水平,服务社会发展,控制资源消耗型产业规模,推动技术密集型产业发展,实现信息化、清洁化和无公害化发展。另一方面,要注重以人文引领发展。高等教育可持续性发展就是要通过培养具有人文素养的公民,摒弃急功近利、靠山吃山、"先污染后治理"的发展理念,培养具有尊重自然、爱护自然、敬畏自然等生态伦理的社会公民。

---

① 伊斯特利.经济增长的迷雾:经济学家的发展政策为何失败.姜世明,译.中信出版集团,2016:49.

(四)高等教育高质量发展需要多样化的国际合作

大学自诞生以来,始终秉持探究科学知识、促进人类社会发展的理念。知识的国际性决定了高等教育发展的开放性。格伦德曼(Grundmann)认为,大学成长与发展的根本动力来自对科学研究的兴趣,对了解世界的需求,对探索普遍知识的欲望[①]。追求普遍知识的动力让各国高校师生在更加开放的国际合作中相互汲取力量。以国际合作为核心的高等教育开放发展主要体现在以下3个方面:一是以师生跨境交流为主的流动型开放。高等教育开放发展的关键在于提升高等教育国际化水平,尤其是加强以师生为主体的国际流动。"以学生流动为支点的高等教育国际化是美国高等教育发展的战略选择,也是未来全球高度教育发展的必然趋势。"[②]二是以制度规则迁移为主的制度型开放。高等教育高质量发展始于规模,成于制度。美国高等教育在20世纪迅速崛起的关键原因在于一批留德学生将德国先进的高等教育理念与制度带回美国,用于指导本国高等教育发展,最终形成完备、多元的高等教育体系[③],成为世界高等教育发展的典范。制度型开放要求我国高等教育一方面要主动适应国际普遍认同的制度,如国际工程教育认证制度、学术同行评议制度、学分互认制度;另一方面,也要努力实现"制度输出",如全国统一高考、依托教研室集体备课等制度。三是以打造创新链、人才链为主的知识型开放。流动型开放、制度型开放最终是为了实现以创新链、人才链为核心的知识型开放。知识型开放不仅表现在知识的生产过程,更强调知识的应用在"学术—产业—政府"之间实现共享,知识在创新过程的不同阶段出现了螺旋模式[④],知识蕴藏的潜能通过共享机制得以激发。创新链、人才链强调知识在创新引领中构建开放机制的重要性。

---

① 吕埃格.欧洲大学史(第一卷中世纪大学).张斌贤,等译.河北大学出版社,2008:11-12.
② 陈斌.美国高校学生流动:变化中的图景.高等教育研究,2018(3).
③ 陈斌.美国高校学生流动:变化中的图景.高等教育研究,2018(3).
④ 埃茨科维兹.三螺旋创新模式:亨利·埃茨科维兹文选.陈劲,译.清华大学出版社,2016:147.

(五)高等教育高质量发展倡导全纳理念

受经济发展水平和资源供给能力限制,我国社会主义物质文明与精神文明建设长期处于不均衡发展状态,社会主义建设的主要任务在于满足"生存性需要"而非"发展性需要",经济与社会发展之间存在明显的不匹配、不协调状态。"共享"理念彰显发展的价值伦理与目标追求,从强调"我的"发展转向"我们的"发展。共享发展致力于提升高等教育发展的普惠性价值,让每个人都成为发展的主体和受益者,追求发展的"最大公约数",人们在经济社会发展中有显著的认同感、获得感和成就感。高等教育共享发展强调人人都应享有接受高等教育的机会与资格,每个人都可以依据自身个性需要和能力专长选择适合自我发展的高等教育,即高等教育的共享发展致力于实现让每个个体"各尽所能""各得其所",且不同的需求能够"和谐共处"。实现高等教育共享发展需准确把握"共享"与"发展"之间的关系。"共享发展"从本质来看具有双重含义:一方面是指发展的结果由人人共享,另一方面强调发展目标的实现需要共同参与。共享发展要求高等教育发展秉承全纳发展理念,恪守普惠性伦理,让每个人学有所教、学有所好、学有所成,真正实现个性的全面发展。同时,共享发展强调每个个体都应承担高等教育发展的责任,成为高等教育的建设主体。换言之,实现高等教育共享发展应准确把握共享与发展之间的辩证关系。"共享"与"发展"二者属于内生性关系,"发展"是"共享"的基础,"共享"是"发展"的目的。

高等教育高质量发展在强调自身全面、多元发展的同时,也强调高等教育从社会边缘走向社会中心,成为社会发展的动力站,需要为国家重大创新战略和区域经济社会发展服务,高等教育的个体功能和社会功能将得到充分发挥。更重要的是,高等教育高质量发展意味着我国高等教育将走出一条符合中国国情、具有中国特色的发展道路,更加关注具有中国特色的发展问题,探索出高等教育发展的中国模式。

三、我国推动高等教育高质量发展的现实境遇

2017年,习近平总书记在党的十九大报告中明确提出,"我国经济已由高速增长阶段转向高质量发展阶段"。社会是一个复杂多维的系统,它由众多子系统构成,社会整体发展水平取决于各社会子系统的发展程度。高等教育作为重要的社会子系统之一,其发展程度与质量既受到经济、政治、文化等社会子系统的制约,又对经济、政治、文化等社会子系统起到推动作用。同经济系统一样,高等教育也是一个多维复杂的系统。当前,我国高等教育要实现高质量发展仍面临诸多方面的发展掣肘。

(一)高等教育创新能力不足,导致发展质量不高

长期以来,我国高等教育发展效率不高、成效不显,其根本原因在于过度关注办学要素投入,创新意识和创新能力严重不足,未能在科技、制度、理论和文化等方面实现实质性创新,在国际竞争中长期处于"跟跑"阶段,未能实现"并跑",遑论"领跑"。这意味着高等教育要实现高质量发展,创新应成为发展的主旋律。习近平总书记在全国哲学社会科学工作座谈会上指出,"我国是哲学社会科学大国,研究队伍、论文数量、政府投入等在世界上都是排在前面的,但目前在学术命题、学术思想、学术观点、学术标准、学术话语上的能力和水平同我国综合国力和国际地位还不太相称"[①]。在过去十年中,我国大学的科研产出在数量上虽显著增长,但单纯的数量增长并不等同于创新能力的实质性进步[②]。从微观来看,我国高校人才培养模式相对落后,课堂教学方式较为单一,不利于拔尖创新人才的培养。我国长期实行的全国统一高考制度单纯强调记忆能力,注重对确定性知识和认知能力的考查,重视"过去的知识"而非"未来的知识"[③],对不确定性知识和非认知能力的关注十分有限,而后者对创新能力的培养至为关键。由于师生在教学过程中缺乏"自觉化反思"[④],学生的

---

① 习近平.在哲学社会科学工作座谈会上的讲话.人民日报,2016-5-19.

② 余继,等.大学创新能力与国家经济增长:基于33个国家数据的实证分析.北京大学教育评论,2019(4).

③ 施莱希尔,等.教育面向学生的未来,而不是我们的过去.华东师范大学学报(教育科学版),2020(5).

④ 潘秋静,等."后疫情时代"高等教育教学模式的挑战与创新:访世界知名高等教育研究专家乌尔里希·泰希勒教授.复旦教育论坛,2020(6).

学习大多处于浅层次,属于被动式学习,难以有效激发学生的创造热情和想象力。加之课程教学评价方式仍以终结性评价为主,缺乏贯穿学生学习全过程的形成性评价,导致学生学习成效低下,且极易助长功利心态,严重制约学生对未知世界主动探索的动力与兴趣。

(二)高等教育结构不尽合理,发展不均衡问题凸显

改革开放以来,我国高等教育发展速度迅猛,规模增长明显,但区域结构、类型结构、层次结构不协调不合理问题仍十分突出。从区域结构来看,受政治、经济、文化等综合因素的共同作用,我国高等教育资源尤其是优质高等教育资源分布存在显著不均衡现象。笔者曾通过构建一个由机会指数(高等教育毛入学率)、投入指数(高等教育生均事业费)和质量指数(高校专任教师博士化率、重点院校数量占本省高校总数比例)构成的高等教育发展指数测度中国高等教育的省际差异,结果显示,无论是投入指数、机会指数,还是质量指数,我国高等教育都存在显著不均衡现象[1]。以"双一流"建设为例,无论是从区域分布还是省域分布来看,东部地区"双一流"建设高校数量远超过中西部地区,甚至比中西部地区总和还要多。从类型结构来看,我国高等教育类型主要分为研究型、应用型和职业技能型。《中华人民共和国国民经济和社会发展第十四个五年规划和2035年远景目标纲要》指出:"分类建设一流大学和一流学科,支持发展高水平研究型大学。建设高质量本科教育,推进部分普通本科高校向应用型转变。"当前,受社会观念和办学经费等因素影响,我国建设应用技术型高校和推动职业本科教育改革政策正面临不少阻力和难题,加剧了我国高等教育追求学术型发展的趋向。戴维·拉伯雷认为,美国高等教育系统最显著的特征在于能够将彼此矛盾的办学理念融合在一起,充分发挥各种类型层次院校的办学活力以增强高等教育的整体实力,同时注意弥补任何一种模式可能产生的缺陷[2]。从类型层次来看,我国高等教育在本科、专科和研究生层次机构与经济社会发展的需求之间存在较为明显的脱耦现象,导致学术型

---

① 陈斌.中国高等教育发展水平省际差异透视:基于高等教育发展指数的证据.复旦教育论坛,2016(4).
② 拉伯雷,等.复杂结构造就的自主成长:美国高等教育崛起的原因.北京大学教育评论,2010(3).

研究生供过于求而专业型研究生供不应求的结构性矛盾。教育部统计数据显示：2019年，高职（专科）院校数量（1423所）超过本科院校数量（1265所），但高职（专科）院校的校均学生规模（7776人）仅为本科院校的一半（15179人）。[①]这说明我国本科高校与职业技术院校之间存在明显的发展不平衡现象。从研究生层次来看，我国专业学位研究生规模还无法满足经济社会对高层次技术型人才的需要。

（三）高等教育发展以粗放式、短期化发展模式为主，难以实现绿色可持续性发展

高等教育发展的初级阶段大多表现为粗放型规模扩张，单纯追求高等教育发展的规模和速度。高等教育发展的大规模和高速度只是对高等教育发展结果的简单计量，并未把资源投入、人力成本等计算在内，导致办学投入不断攀升，办学效益却未有显著提升。毫无疑问，提升高校办学效益需要一定的规模、速度和资源，也需要努力寻找"潜在增长速度"。当前，我国高等教育发展过于关注短期效益，未能致力于服务未来可持续性发展的目标需求。受历史原因和后发外生型发展模式影响，我国政府在高校改革与发展过程中长期扮演着领导者角色。高校为了从政府获取更多的教育教学资源，大多主动瞄准政策文件中的各项指标，以便在政府的各项评估中获得较高评价。而政府出台的政策绝大多数具有很强的现实针对性，它面向现实而非着眼于未来。这就导致高校容易关注当下，缺乏对未来发展战略的思考。以高校人才培养为例，是否"适销对路"是我国绝大多高校在人才培养中最关心的议题。但是，由于高校过度关注大学生毕业率，在人才培养过程中单纯注重学生专业认知能力的训练，忽视了公民素养和通识能力的培养，导致毕业生处理非均衡状态的能力和心理韧性较弱，不利于个人的可持续发展和终身成长。

（四）高等教育国际合作存在观念偏差，制约了国际合作交流

新冠肺炎在全球肆虐诱发了国际政治经济关系的大波动，"逆全球化"潮流阻隔了高等教育的有序合作，以师生流动为主要形态的高等教育国际化受

---

① 参见2019年全国教育事业发展统计公报.

到严重制约。高等教育国际化进程被迫放缓也引发我们对高等教育国际化价值内涵的反思：高等教育国际化的实质是什么？在国际合作中如何处理"自我"与"他者"的关系？高等教育国际化究竟是"锦上添花"还是"雪中送炭"？[①]在很大程度上，我们在盲目"赶英超美"的过程中忽略了对上述议题的思考，错把英美等少数发达国家等同于"国际"，把单向的模仿借鉴视为平等合作，误认为高等教育国际化就是教学、科研与社会服务的国际化，却忽视了观念的国际化，总是盲目地追求国际共同标准而忽略了我们自身的特色与优势。事实上，我们对高等教育国际化存在严重的认知偏差。高等教育国际化不是单向的模仿借鉴，不是单纯的人员流动，不是盲目地追求国际标准，不是用西方的理论框限自我，而是在遵循群己共益的原则基础上，主动探索，平等对话。我国在推动高等教育国际化战略过程中过于关注以师生流动为主的国际化，而忽视了知识和制度的国际化，尤其是以创新链和人才链为核心的知识型流动是决定一个国家高等教育国际化水平的核心要素。只有在知识再生产和制度再生产领域进行平等对话，实现知识输出和制度输出，才能真正凸显一个国家高等教育的国际影响力。显然，目前我国高等教育在知识与制度方面仍属于输入方，而非输出方。

(五)高等教育受益主体相对有限，尚未践行全纳共享理念

在高等教育普及化阶段，一个显著的变化就是参与主体将更加多元。就院校而言，高等教育不仅应关注少数传统精英型院校的学术生长，还应致力于推动不同类型院校的多元、特色发展。就个体而言，高等教育规模的增长、质量的提升应惠及每一个个体。现代社会是一个充满不确定性的社会，现代高等教育系统是一个结构复杂、矛盾丛生、冲突不断的组织，高等教育现代化治理无疑是一个"关于权力分配与主流治理方式的持续性实验"[②]。受大学与政府之间行政化关系的历史惯性影响，我国高等教育长期受到政府干预，政府成为高等教育的唯一办学主体，高校实际上是按照政府的意志办学。以政府为

① 杨锐.中国高等教育国际化：走出常识的陷阱.北京大学教育评论，2021(1).
② 泰希勒，等.驾驭现代高等教育系统：需要更好地平衡冲突中的需求与期望.北京大学教育评论，2018(2).

主导的高校治理模式极易形成路径依赖,难以兼顾多元利益主体的诉求,为了达至所谓的高效而采取简单易测的指标化管理。就高等教育价值观而言,普及化阶段的高等教育哲学观、价值观、发展观无疑更加多元,不再是布鲁贝克所提出的单纯的政治论或认识论哲学观,也非两种哲学观的简单组合,而是多元价值观并存。就知识生产模式而言,今天的知识生产模式已经突破了学科自治与精英自治的传统,愈加强调在应用情境中研究具体的问题,知识本身及其从业者面临更多的不确定性。就经费筹措模式而言,以政府主导的高等教育治理模式大多依赖财政性教育拨款办学,导致大学过度依赖政府,缺乏竞争动力,不利于创业型大学的生成。目前,我国高等教育无论是入学机会、资源分配,还是成果覆盖面,均尚未实现共享共建的目标。

四、推动高等教育高质量发展的建设策略

随着中国国际影响力的与日俱增,对高质量高等教育的需求将更加迫切。面向未来,高等教育培养的人才需更具创新能力、批判意识、国际化理念和务实精神,高等教育的科学研究成果需更有创新价值。高等教育的社会服务将有效瞄准国家重大战略需求,精准聚焦经济社会发展需求。而要实现上述目标,必须长期坚持高等教育高质量发展理念。

(一)涵育大学创新文化,以学术创新驱动高等教育

大学与创新有着内生性关联。大学是创新的策源地,而创新为满足人类物质生活与精神生活需求提供了根本保障。创新为大学的人才培养、科学研究和社会服务的永续发展提供了根本驱力。实现大学学术创新需要在多方面形成合力。第一,学术创新需要国家的重视。改革开放以来,我国政府提出了"科技是第一生产力"的发展战略。学术创新不仅需要政府的政策支持,更需要具体的机制保障,包括对知识产权、专利权的法律保护,对学术不端行为的有效惩戒,对科学研究的容错机制,对学术创新的有效评价等。第二,学术创新需要团队协同攻关。学术创新必须聚焦国家重大现实战略需求,需要借助大的科研平台,需要高水平的国家实验室,需要实现跨学科协同攻关。第三,

学术创新的关键在于创新人才培养模式。尽管我国高校每年培养了数以百万计的大学生,但真正能够从事"高精尖"领域科学研究的人才仍供不应求。高校要注重科技人才的培养,坚持教学科研相统一的原则,"以人才培养支撑科学研究,以科学研究反哺人才培养,做到两翼齐飞"①。第四,持续优化学术创新环境。影响学术创新的学术环境因素是多方面的,包括独立的学术共同体、成熟的同行评议制度、自由宽松而又不乏竞争的学术氛围以及足够稳定的工作与生活保障②。其中,最根本的在于优化学术创新的评价机制,要从"表现性评价"向"本质性评价"转变③。

学术创新充满了诸多的不确定性,是多重因素共同作用的结果。推动学术创新固然需要政策、资源和技术的支撑,也离不开经济社会发展的诉求,但根本在于学者个人的内驱力——对未知世界的好奇与执着追求,对推动社会进步的强烈冲动,对提出并解决新的科学问题的激情,对学术研究的丰富想象力和不断试错的勇气。

(二)优化高等教育结构,以区域协同推动高等教育系统发展

实现高等教育高质量发展必须转变观念,从"要素质量观"转向"系统质量观"④。高等教育系统作为一个整体,需在层次、类型和区域方面实现协同、均衡、公平发展。在层次结构上,一是大力推动地方普通本科院校向应用技术型大学转变,加强对应用型课程的开发,创新"双师型"教师的培育机制,强化人才培养的实习实训环节,让学生真正实现在理论指导下的"做中学"。二是加快推进本科层次职业院校试点改革,积极推动职业院校的有序发展,在努力"保持职业教育属性和特色"的同时,"坚持培养高层次技术技能型人才的定位"。三是适当压缩学术型硕士研究生规模,着力提升专业型学位研究生教育质量。当前,我国产业发展需要更多的高层次技术型人才,积极推动现代产业转型。在区域结构上,尽管我国目前已基本形成了由京津冀、长三角、粤港澳大湾区和成渝地区双城经济圈等构成的东西南北联动的新发展格局,但我们

① 彭青龙,等.科技创新与高等教育:访谈丁奎岭院士.上海交通大学学报(哲学社会科学版),2020(3).
② 陈斌.学术职业环境的变革图景、现实效应与优化路径.高等教育研究,2020(5).
③ 陈斌.从"表现主义"到"本质主义":大学学术评价指标化的支配及其超越.高等教育研究,2021(5).
④ 刘振天,等.新时代中国高等教育质量革命:观念转变与行动路线.高等教育研究,2021(4).

仍需着力解决资源分布不均、发展动力不足、制度壁垒和文化差异明显的现实难题。从长远来看,应大力推进高等教育区域协调发展,努力发挥区域高等教育协同、示范效应。"进一步明确高等教育集群发展的功能定位,建立国家及区域层面高等教育协同发展机制"①,推动高等教育向密集型、多元化②方向发展。

(三)强化高校办学自主权,推动高等教育有特色可持续发展

我国政府在高等教育发展过程中长期扮演着领导者角色,处于支配地位,政府出台的相关政策往往具有极强的指挥棒效应,虽然发挥了举国办大学、集中建设重点大学的优势,但单一办学主体容易诱致高校同质化发展,导致办学质量不高,办学特色不显,办学活力不足。因此,政府应适时转变职能,"按照管办评分离、放管服结合原则,从建设型和管理型政府转变为公平型和服务型政府,建立和完善现代治理体系,提高治理能力"③。高校是促进高等教育高质量发展的关键主体。高校只有具备充足的办学自主权,才能依法自主办学,主动面向社会、面向市场,办学质量、特色、效益才能日益彰显。高校只有真正具备办学自主权,结合本校实际,主动在国家关心、社会关注和百姓关切的重大现实需求中寻求发展结合点、突破点,提供"适合的高等教育",才能真正贯彻高质量发展理念,坚持问题导向,凝练发展特色。具体而言,推动高校有特色可持续发展的根本在于注重"可行能力"(Capability)的培养。阿玛蒂亚·森认为,"可行能力"强调一个组织或个人有可能实现的、各种可能的功能性活动的组合。"可行能力因此是一种自由,是实现各种可能的功能性活动组合的实质自由。"④从根本来看,推动高校实现有特色、可持续性发展在于培育有特色的专业,而特色专业的设置需要充分兼顾国家重大战略需求、区域产业发展要求和本校专业发展历史,需要在三者之间找寻最佳平衡。

① 钟秉林,等.新发展格局下我国高等教育集群发展的态势与展望.高等教育研究,2021(3).

② 常桐善.美国旧金山湾区高等教育共同体的发展特征:兼谈对成渝地区双城经济圈高等教育发展的启示.重庆高教研究,2020(5).

③ 刘振天.知识、权力与利益:高校分类发展的难题.北京大学教育评论,2021(2).

④ 森.以自由看待发展.任赜,等译.中国人民大学出版社,2013:63.

(四)深化对国际合作的认识,以多元合作推动大学命运共同体的建构

当前我们面临的国际环境比以往任何时候都要复杂,充满了不确定性,逆全球化、反全球化或有限全球化倾向愈加明显。高等教育国际化的各要素将面临重组,但高等教育坚持对外开放的基本政策不会改变。《教育部等八部门关于加快和扩大新时代教育对外开放的意见》提出,要坚持教育对外开放不动摇,主动加强同世界各国的互鉴、互容、互通,形成更全方位、更宽领域、更多层次、更加主动的教育对外开放局面。同时,我们还需不断深化对高等教育国际化的认识。首先,高等教育国际化不仅是人才培养、科学研究和社会服务等方面的国际化,还需要关注个体的国际化,包括实现国际发表、参与国际同行评议、建构国际学术网络、获得国际学术声誉等。其次,高等教育国际化应是双向的国际化。高等教育国际化的主体是多元的,我国既需要借鉴欧美等高等教育发达国家的先进制度,也需要不断挖掘本土特色,形成相对优势,讲好中国故事。最后,也是最重要的,就是我国高等教育国际化必须能够产生为国际同行所接受和认可的知识观、价值观。

高等教育国际化具有丰富的内涵和多元的形态。就人的维度而言,需要保持传统的跨国和跨区域流动,更需要积极推动"在地国际化",改变高等教育国际化的精英主义取向,推动高等教育国际化向更加民主的方向发展。就制度和知识维度而言,我国高等教育需要在原创性制度和知识上发力,高等教育研究者既需要关注他者,也需要认识自己,更好地凝练、发挥自身的文化资源优势,促进中国高等教育内涵发展,提升高等教育竞争力,建设高等教育强国,这将成为我国高等教育国际化的根本目的[1]。

面向未来,高等教育国际化应推动大学命运共同体的构建,实现优质高等教育的国际共享,所有国家的高等教育都可能成为知识的"创造者"和"守护者",高等教育不平等现象得到有效缓解,"中心—边缘"的概念将逐渐成为历史。推动大学命运共同体的建设需要充分认识到"亦步亦趋,终为奴仆;借鉴超越,方成主家",也需要摒弃狭隘的民族主义和国家主义思维,让大学的价值

---

[1] 张慧.加快和扩大新时代中国高等教育对外开放的策略研究.重庆文理学院学报(社会科学版),2020(5).

在全球范围得以彰显。正如联合国教科文组织指出的,教育和知识是一项全球共同利益,它关乎个人尊严、能力、福祉和人类社会的可持续发展①。

(五)优化高等教育资源配置,让高等教育发展成果惠及更多群体

马丁·特罗(Martin Trow)曾撰文指出,在高等教育普及化阶段,高等教育的观念、功能、课程与教学形式、入学条件、学术标准、管理模式和利益相关者的关系都将发生显著改变。其中,最根本的变化就是上大学的诉求明显不同。高等教育高质量发展需遵循全纳发展理念,让高等教育资源和成果惠及更大的群体。在普及化阶段,适龄青年的个性需求将更加多元,高等教育必须提供各种各样的高等教育教学模式。尽管我国高等教育毛入学率已超过50%,但这意味着仍有一半的适龄青年未能享有接受高等教育的机会,尤其是优质高等教育资源仍集中于东部发达区域、重点建设高校和城市家庭。实现高等教育高质量发展应全面扩大优质资源的覆盖面,让更多个体和高校有能力有资格享有平等的发展机会。

高等教育高质量发展应努力实现发展机会和成果共享。就个体而言,应逐步增加个体接受高等教育的机会,让高等教育资源惠及每一个个体。因此,应重点改革传统单一的、统一的全国高考制度,根据高校发展和个体需要,逐步探索高考分类改革和高校招生综合录取机制,充分尊重和激发每个人的个性潜能。具体而言,高校可探索"套餐式"招生录取模式,学生根据自己感兴趣的专业选择对应的学校。政府应适当调整高等教育倾斜化发展战略,弱化高校行政等级序列分类形式,合理配置优质高等教育资源,扩大高等教育资源覆盖面。这就需要政府转变职能,改变角色,弱化领导职能,增强服务能力,强化市场意识,夯实高校办学主体地位。如高校办学经费划拨标准应以各校实际培养成本和办学效益为依据,而非单纯按高校的行政等级秩序执行,以有效调动高校办学活力,扩大高等教育资源覆盖面(如图1.3.1)。

---

① 联合国教科文组织.反思教育:向"全球共同利益"的理念转变?.联合国教科文组织总部中文科,译.教育科学出版社,2017:30.

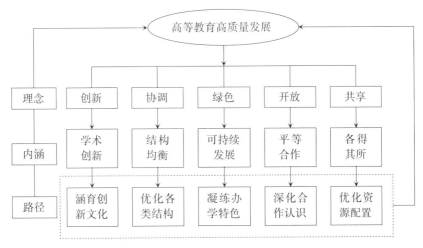

图 1.3.1　高等教育高质量发展的理念、内涵与实施路径

高等教育高质量发展应是多元主体共建的结果。共建意味着需要打破政府作为高校唯一领导者、建设者的治理结构。显然,政府主导的高等教育办学模式难以契合多元化的现实需求。我们应积极吸纳更多的社会力量以不同形式参与办学,以满足不同人群对高等教育的多元诉求。高等教育治理模式需要进一步优化,努力构建一个由政府、校长、教师、企业和社会力量共同构成的决策机构,更好地平衡冲突中的需求与期望,推进高等教育建设主体的多元化和建设能力的现代化。

(原载于《重庆高教研究》2022年第1期)

新时代劳动教育的价值旨趣与逻辑转向

　　人类的发展史就是一部劳动史。劳动是人类得以存续与发展的基础,劳动创造了人类、创造了社会,也创造了璀璨的精神文明。马克思认为,"劳动是一切价值的创造者"①。这既是历史唯物主义的逻辑起点,也是人类历史发展的事实基点。习近平总书记在2018年全国教育大会上强调,把劳动教育纳入培养社会主义建设者和接班人的总体要求之中,明确提出构建德智体美劳全面培养的教育体系。2020年3月20日,中共中央、国务院发布《关于全面加强新时代大中小学劳动教育的意见》(以下简称《意见》)。《意见》对新时代各级各类学校的劳动教育做了顶层设计和全面部署,意义重大,影响深远。时至今日,劳动教育之于国家、社会和个人发展的重要地位不曾改变,教育与劳动生产相结合的教育理念不曾改变。新时代劳动教育亟需拓宽教育视域,建构更为完整的育人体系,让更多的社会资源融入其中,形成强大的"教育融合力"②。

一、追本溯源:新时代劳动教育的价值意蕴

　　劳动作为人类基本的生存方式,蕴含着深厚的价值旨趣。人类通过参与物质性与非物质性劳动推动社会进步,实现个人发展。劳动教育是一种旨在让受教育者通过劳动实践,形成劳动教育价值观、淬炼劳动素养的教育活动③。马克思在《资本论》中对劳动的本质做了深入分析,指出"劳动首先是人和自然之间的过程,是人以自身的活动来中介、调整和控制人和自然之间的物质变换的过程"④。新时代劳动教育具有多维、立体的价值内涵:在目标上,更加强调价值观的形成;在内容上,既要习得劳动知识,训练劳动技能,又要涵养劳动态度;在形式上,既体现为体力劳动,又包含脑力劳动,并致力于促进二者的有效

---

① 马克思恩格斯选集(第三卷).人民出版社,1972:239.
② 李政涛.当代教育发展的"全社会教育"路向.教育研究,2020(6).
③ 檀传宝.劳动教育的概念理解:如何认识劳动教育概念的基本内涵与基本特征.中国教育学刊,2019(2).
④ 马克思恩格斯选集(第二卷).人民出版社,2012:169.

融通。新时代劳动教育具有树德、增智、健体、育美等综合育人价值。劳动实践既是个体实现自我对象化的对象,又是个体从对象化的现实世界反观自我的载体,也是劳动者丰富社会关系属性的重要媒介。

(一)劳动教育的根本宗旨在于全面树立新时代劳动价值观

在资本主义社会,由于剥削阶级的存在,劳动者是被剥削的对象,"不劳而获"的资本家与"劳而不获"的工人之间的阶级对立始终存在。正如马克思指出的,"劳动者的生存被贬低为其他一切商品的存在的条件"[①]。在此背景下,劳动者生产的财富越多,他的生产能力和规模越大,他就越贫穷。这就是马克思所指的"异化的、外化的劳动"[②]。在社会主义社会,剥削阶级几近消亡,人民得以通过劳动实践释放体力与脑力潜能,劳动实践从资本家的剥削手段变成人的发展方式,由负担变成快乐;劳动由被动行为变成主动行为,劳动者成为劳动的主体。

新时代劳动教育的根本宗旨在于强化劳动观念,弘扬劳动精神,树立劳动教育价值观。新时代劳动教育价值观有其独特的内在意蕴:一是本源性价值。新时代劳动教育观充分意识到劳动的经济价值与社会地位,认为劳动一方面创造了经济财富,另一方面也创造了人类社会、人类文明和人类自身,劳动自身具有重要的价值意义,劳动者具有"无上光荣"的地位。二是主体性价值。新时代劳动教育观旨在强调劳动者的主体性与主动性。过去,劳动者被自身生产的劳动产品、劳动过程和劳动价值等生产要素所奴役,"异化的劳动"成为资本主义生产劳动的常态。新时代劳动教育价值观旨在通过社会主义生产实践实现"拨乱反正",让劳动者自食其力,在生产实践中实现价值复归。换言之,个体参与劳动并非孤立地追求创造财富的"物质世界的现实性",而是同时致力于生产"人类社会生活的现实性"。[③]个体通过劳动实现了从"自在意义"的生产世界向"自觉意义"的人类世界的跨越。三是教育性价值。大工业生产加剧了社会分工,出现了脑体高度分离现象。新时代劳动教育遵循教育与生产劳动相结合原则,在劳动文化习染中,培养体力与脑力相得益彰的社会主义

---

① 马克思.1844年经济学—哲学手稿.刘丕坤,译.人民出版社,1979:5.

② 马克思恩格斯选集(第一卷).人民出版社,2012:58.

③ 胡君进,等.马克思主义的劳动价值观与劳动教育观:经典文献的研析.教育研究,2018(5).

劳动者,在尊重劳动者个体需求基础上培养"全面发展的人",从而彰显劳动的社会价值。

(二)劳动教育在于传授劳动知识,训练劳动技能,涵养劳动态度

劳动教育是形式与内容、数量与质量的有机融合。新时代劳动教育致力于在新时代劳动教育价值观的指引下,帮助受教育者习得劳动知识,涵养劳动态度,训练劳动技能。

劳动知识是学生实践劳动的基本前提。苏霍姆林斯基把劳动知识称为"认识性劳动":当一个掌握了丰富劳动知识的人投身于生产实践时会表现出强烈的求知欲,其思维更具条理性和逻辑性,并致力于通过实践检验在学校获得的原理和结论。教育的魅力在于借助不影响学生成长的方式,将劳动知识融入到认知性劳动过程中,由此促进学生个体兴趣的发展。[1]苏霍姆林斯基指出,学生从植物栽培和动物饲养等农业生产活动向工业生产劳动转变的过程中,个体的认知性劳动发挥着关键作用。劳动知识的传授既要考虑到真实生产实践中的复杂性与多样性,又要兼顾受教育者可接受的程度和个性需求,即所有劳动知识的传授都应善于发掘并尊重生产劳动中的教学规律。

劳动技能是劳动者从事生产实践的重要手段。劳动实践的复杂性与多样性意味着对劳动技能的特殊要求。文明人与野蛮人的区别在于文明人能有效地发明、制造和使用非身体性工具,以创造物质财富,满足个体需求。因此,懂得使用劳动工具,掌握基本劳动技能,是开展劳动教育的基本前提。技能与工具是实现教育与生产劳动相结合的媒介,懂得使用工具和掌握技能不仅有利于提高劳动生产效率,创造更多的经济社会财富,更重要的是,还有助于个体树立正确的劳动价值观和积极的劳动态度。因此,学校在开展劳动教育过程中应在时间、师资、经费、场地、设备等方面予以充分保障,全面统筹各方力量,形成育人合力。

劳动态度是劳动者对劳动要素(包括劳动对象、劳动过程、劳动情感等)所表现出来的一种心理倾向。马克思、恩格斯曾对工业社会劳动进行过严厉的批判,认为彼时的劳动是一种异化的劳动。在资本家眼里,工人仅仅是积累财

---

[1] 苏霍姆林斯基.苏霍姆林斯基论劳动教育.萧勇,等译.教育科学出版社,2019:130.

富的简单工具,是"活的机器"。工业社会的劳动是一种被剥削的劳动,是一种丧失主体的劳动,也是一种"死的"劳动。劳动对于工人而言是被迫行为,"只要肉体的强制或其他强制一停止,人们就会像逃避瘟疫那样逃避劳动"[①]。资本主义社会所开展的劳动教育是一种具有强烈功利性、剥削性和非人性的活动,劳动者对于劳动的态度往往是被迫、无奈、抵触,是一种消极的劳动态度。新时代劳动教育致力于帮助学生树立积极的劳动态度,坚信劳动受人推崇。"功崇惟志,业广惟勤。"劳动态度的培养是通过劳动教育和劳动体验,让学生认识到劳动的价值性与复杂性,在参与劳动过程中产生体力的满足感、创造的挑战性和智力的充盈度,从而培养对劳动的热爱与重视。在劳动教育过程中,个体所参与的劳动越复杂、越重要、耗费时间越长,劳动价值就越大,劳动就越具有启发性,学生就越感兴趣。换言之,受教育者对体力劳动的困难、挑战和身心不愉快的切身体验,是其产生劳动兴趣的根源。因此,学校要有针对性地让青少年在接受劳动教育过程中激发内生动力。

二、叩问现实:新时代劳动教育的顽疾旧象

劳动教育要想真正入脑、入心,必须切实融入个体精神生活,进入集体生活,使热爱劳动成为青少年成长过程中最重要的品质之一。劳动教育让个体在创造社会财富的过程中实现智力的充实与完满、道德的丰富与规训。然而,当社会劳动的分工、时间、工具、形式发生革命性变化时,劳动教育在认知、目标、主体与实践方面难以与时俱进,导致"旧象""顽疾"频现。

(一)劳动教育观念机械化

受传统观念影响,家庭、学校和社会对劳动教育都存在不同程度的认知偏差,认为劳动只是单纯的技能学习、休闲娱乐或惩罚工具,对劳动价值的具身体验和基本尊重付之阙如,劳动的教育性价值面临式微。劳动教育观念机械化诱使劳动教育"在学校中被弱化,在家庭中被软化,在社会中被淡化"。教育者由于对劳动教育的重要性和内涵存在认知不足,往往将劳动教育简单理解

---

① 马克思恩格斯选集(第一卷).人民出版社,2012:54.

为一种体力活动,淡化了劳动教育本身具有的丰厚育人价值,忽略了劳动教育所具有的"鲜明的思想性"、"突出的社会性"和"显著的实践性",忽视了劳动教育可能蕴藏的精神创造性、道德丰富性和智力丰满性,劳动教育沦为简单的机械活动。同时,由于教育者与受教育者对劳动教育的机械认知,既有的劳动教育大多形式单一,难以实现有效对话。

事实上,伴随社会分工和经济产业发展,消费性劳动、创新性劳动、复合性劳动等新型劳动形态初见端倪,对劳动教育提出了新的要求。而劳动教育的偶发性让受教育者无法获得持续的劳动体验,难以真正融入劳动教育之中,"三天打鱼,两天晒网"的劳动教育模式使受教育者的获得感、成就感、荣誉感大打折扣。单一的、滞后的、机械化的劳动教育观严重窄化了劳动教育的本质内涵,弱化了劳动教育在"培养全面发展的人"的教育方针中的地位与影响,束缚了师生对劳动教育的精神创造性,限制了公众对劳动教育的认知水平和发展的可能性。而劳动知识与劳动实践的长期割裂又进一步削弱了劳动教育的内在价值。

(二)劳动教育目标工具化

劳动教育是劳动者与劳动对象之间交互作用的过程,是彼此对话的过程,也是实现自我增值的过程。劳动教育目标工具化导致劳动者自身"不在场",劳动教育深陷"只见物,不见人"的窘境。当前,学校劳动教育中以劳动技术替代劳动教育本身的现象频发,出现了劳动知识、劳动技术、劳动技能与劳动观念、劳动意识、劳动素养的割裂,致使劳动教育出现严重的工具化趋向。工具化的劳动教育目标割裂了学习成效与劳动价值的内在互补性,忽略了高尚人性和人道精神的培育。工具化的劳动教育过于注重劳动的显性功能,将其视为劳动教育的唯一准则,并在劳动教育中占据支配性和主导性地位,与促进人的自由发展和自我完善的劳动教育初衷相背离,劳动教育异化为政治驯化与经济社会建设的服务工具①。事实上,劳动实践并不单纯意味着"做",劳动教育只有在科学原则和道德规训的前提下,才可能具有育人的性质。劳动教育如果仅限于体能训练或技能培训,人将被物化为"政治人"、"经济人"或"技术

---

① 徐海娇.劳动教育的价值危机及其出路探析.国家教育行政学院学报,2018(10).

人",人的自由、个性以及全面发展的价值诉求必将被遮蔽,出现马克思所说的"人从人那里的异化"。也正如苏霍姆林斯基所言,人们对劳动教育的认知态度与目标定位决定了社会发展程度与道德水平。

工具化的劳动教育目标人为地割裂了劳动者与劳动实践的内在关联,难以培养劳动者对劳动的"温情与敬意"。工具化的目标导向会加剧劳动者的功利、狭隘与非理性,劳动者必将毫无幸福感可言。在物化的劳动中,劳动者在劳动过程中只能流于形式,不可能有真正的投入与付出,劳动的教育可能性与育人价值必将丧失殆尽。"人生育人,而劳动则把人造就成真正的人。"[①]受教育者只有意识到经由自身努力创造的价值,体认到劳动教育的社会意义,才能生长出对劳动的热爱,即劳动必须具有教育性。劳动形塑人的本质,而人的本质就其现实性而言是一切社会关系的总和[②]。人作为类存在物的属性决定其必须通过与他者的互动形构社会关系,因为劳动本身是有意义的生命实践。人的劳动是实现人与自然界、社会生活交往对话的媒介,人通过劳动建构社会关系,而社会关系并非通过外力施于人本身,而是内生于人的劳动实践之中。劳动教育如果只是凭借强制性外力,而非自觉的内驱力,极易诱发受教育者的抵触,且强制力量越大,抵触情绪越显著。劳动教育长期以来在工具理性的诱致下异化为"灌输式教育",麻痹、抑制了个体创造性,让个体意识处于淹没状态。

(三)劳动教育主体单一化

当前,我国劳动教育在学校、家庭、社会之间存在明显的主体分离现象,劳动教育面临"孤岛"困境:学校成为劳动教育的单一主体,而家庭与社会却始终"不在场",导致劳动教育价值式微。在家庭中,当今时代的父母忙于繁重的工作,无暇顾及子女的教育问题,即便有所兼顾,也仅限于课程学习。更有甚者,部分家长包办、代替了孩子在学校仅有的诸如"大扫除""做值日"等劳动活动,让孩子彻底与劳动活动"绝缘"。在社会上,持续弥漫的消费主义、投机主义、享乐主义、不劳而获乃至贪污腐化等消极思想正在消解劳动教育的成效,不正当的社会风气正在侵蚀积极的劳动教育价值观。教育的本质在于促进人的社

---

① 苏霍姆林斯基选集(五卷本)(第一卷).教育科学出版社,2001:624.
② 马克思恩格斯选集(第一卷).人民出版社,2012:135.

会化,人只有生存于社会并服务于社会才可能实现真正意义上的发展。单一主体的学校劳动教育模式让学生脱离了真实的环境,置身于封闭、孤立、人造、单向的环境,缺少与自然的对话、与社会的互动、与家庭的连接,习染了"自然缺失综合征"①。这种"去自然性""去公共性"的劳动教育难以让学生有亲身体悟,无法真正促成学生愿意并善于劳动,更遑论引导学生在劳动教育中实现创造性生活和完美型道德的理想目标。

在前工业和工业时代,割裂的劳动场域催生了"占有性主体",而非"交往性主体"。哈贝马斯指出,人的生产劳动过于倚重劳动工具,过分关注工具理性,过度重视生产力和生产技术的提高,忽视了语言的作用,忽略了人与人之间的交往对话所潜藏的制度化、规范化影响。②劳动教育的重要目的和归属在于形成劳动集体。集体劳动是培养个体热爱劳动的道德品质的关键途径。它使个体通过参与集体劳动,为集体创造物质财富,服务于集体的长远发展。忽略了这一劳动要素就难以形成对劳动教育的热爱。然而,由于偶发性、随意性和运动式劳动普遍存在,加之对劳动教育规律缺乏足够认知,劳动教育主体仍相对有限,限制了家庭、学校和社会三方协同育人机制的形成,致使劳动教育成为教育领域的"平庸之恶"。

(四)劳动教育实践"去生活化"

教育源于生活,并最终服务于生活。当前劳动教育中关于劳动知识、劳动技能的传授与劳动态度的培养仍旧遵循学科训练和应试教育的路径依赖,认为在学校就能完成劳动教育的所有环节,无需参与社会生活。"它教人离开乡下向城里跑。它教人吃饭不种稻,穿衣不种棉,做房子不造林。它教人羡慕奢华,看不起务农。它教人分利不生利。它教农夫子弟变成书呆子。"③陶行知这些对乡村教育破败所发出的感叹同样适用于当前的劳动教育。劳动教育演化成一种碎片化、人为化、真空化的教育教学活动,它抽身于真实的生活环境,在一种"仿真"的环境中进行,割裂了学生与社会的联系。久而久之,劳动教育必将蜕化成一种无根的教育,一种空心化的教育。"一个恶魔般的幽灵带给这个

---

① 洛夫.林间最后的小孩.郝冰,等译.中国发展出版社,2014:中文版序言1.
② 哈贝马斯.作为"意识形态"的技术与科学.李黎,等译.学林出版社,1999:50.
③ 陶行知.中国教育改造.安徽人民出版社,1981:79.

时代的最可怕的礼物是：有知识而没有行动的能力，有见识而没有实干或克服困难的能力。"[1]

高度城市化发展趋向的实质是精英化价值观的盛行。这种城市化趋向导致学校教育、家庭教育和社会教育都在追逐"外显化"的目标："短、平、快"的教育活动，琳琅满目的奖项证书，光彩夺目的"选秀"活动……凡此种种都昭示着现实中的劳动教育大多脱离了真实社会生活，也拒绝真实社会生活的介入。劳动教育丧失了对劳动主体意愿和需求的充分观照，沦为一种被迫式、强制性的活动，异化为满足劳动以外的其他各种需要的手段[2]。脱离了真实生活的劳动教育难以让学生形成内在的精神自觉，无法对生活树立严肃的态度，更难以涵育高尚的人性与人道精神。苏霍姆林斯基认为，脱离真实生活场域的劳动教育，其内在精神力量与动力很快就会消耗殆尽，其思维的活力随即停止[3]。"去生活化"的劳动教育隔离了学生的精神生活与劳动生活，使其丧失了对智力、道德进行自我判断的可能性、对自我成长进行反思的机会，以及维系个体持续发展的自尊感。不过，面对自然，人可以且应当发挥个人的主观能动性，但不可能完全实现"人为自然立法"。

三、回归理性：新时代劳动教育的逻辑转向

为确保劳动教育在实践中"不落空，不跑偏，不变味"，丰富劳动教育价值内涵、拓展劳动教育价值目标、践行劳动教育个体功能、转化劳动教育实践逻辑，成为新时代劳动教育的基本遵循。新时代劳动教育应有效兼顾劳动者、劳动工具与劳动对象三者之间的统一关系。

（一）脑体并用：新时代劳动教育的内涵深化

《墨辩》提出三种智识："一是亲知；二是闻知；三是说知。"其中，"亲知"就是躬身实践，从实践中得来；"闻知"就是从旁人的讲述中得来；"说知"就是自己主观臆断而来。"闻知"与"说知"只有扎根于"亲知"基础之上方能产生效能。

---

① 裴斯泰洛齐.裴斯泰洛齐教育论著选.夏之莲,等译.人民教育出版社,2001:175.
② 马克思.1844年经济学—哲学手稿.刘丕坤,译.人民出版社,1979:47.
③ 苏霍姆林斯基.给教师的建议.杜殿坤,编译.教育科学出版社,1984:247.

劳动意识只有真正渗透到学生的精神世界、思想情感、道德意志,并由此萌生崇高而美好的理想目标,才能让学生产生并逐渐巩固对体力劳动的内心需求。马卡连柯认为,如果劳动未能与其并行的政治教育和社会教育同步进行,就难以产生实质性效用。[①]缺少脑力支持的体力劳动是没有意义的,只是单纯的物质消耗或体力消耗。同样,脑力劳动也并非单纯的思考,思维只有在明确的目标驱动下并致力于产生一定的结果,才具有劳动的性质。由于学生在学习过程中脑力劳动占据主导,教师应充分发掘脑力劳动的教育可能性。"未来教育对所有已满一定年龄的儿童来说,就是生产劳动同智育和体育相结合,它不仅是提高社会生产的一种方法,而且是造就全面发展的人的唯一方法。"[②]

无论是体力劳动或脑力劳动,其越严肃、越有意义,对学生的劳动教育和影响就越大,学生就越能体会他所付出的努力所带来的收获。个体应通过"脑体结合"逐步在劳动实践中形成自觉的劳动态度,养成"整合的劳动观",因为"脑体结合"充分体现了认识自然规律性与学生的具体劳动活动相联系的特点。青少年能够自觉意识到在劳动中付出努力的成效与意义,相信劳动中蕴含智力性因素、属于创造性活动,这是其持续参与劳动的关键驱力。换言之,当学生掌握了与体力劳动相关的科学理论知识,享有充沛的精神文明和劳动文明,就能真正实现体力劳动的创造性与脑力劳动的建设性,以及最大程度地发挥劳动教育的可能性。当脑力劳动成分得以充分融入体力劳动中,学生的个人兴趣与内在潜能就能得以充分激发。

体力劳动与脑力劳动要实现有效结合,需对劳动教育进行全面、科学的设计。"脑体结合"只有满足以下四个教育条件的前提,才能释放其最大的教育效能。首先,劳动教育应具有多元、明确的目标。多元的劳动教育目标有利于引导学生以充沛的体力投身于劳动实践,充分激发其内在的求知欲与探索性。在多元教育目标指引下,学生会在参与体力劳动过程中自觉运用所学的理论知识,将已有认知融入体力劳动之中。其次,劳动教育应在集体实践活动中完成。教育是实现人的社会化的重要途径。学生只有融入劳动集体,构建互惠性劳动关系,在活跃性活动中实现同侪合作,才能充分激发个体潜能。再次,

---

① 马卡连柯.马卡连柯全集(第五卷).刘长松,等译.人民教育出版社,1956:100.

② 马克思恩格斯选集(第二卷).人民出版社,2012:230.

劳动教育应致力于创造社会财富。劳动教育不应限于校园的"仿真环境",而应主动融入真实社会,让劳动教育的"实验性目标"趋近"生产性目标"。劳动教育只有真正创造了社会财富,才能真正激发学生的内生性、创造力和无限潜能。最后,劳动教育应遵循量力性原则。由于劳动实践本身具有复杂性和多样性,教育者无法完全把握所有劳动要素。因此,受教育者在参与劳动实践过程中,无论对自身体力还是脑力,都应充分意识到力所能及的程度。"劳动教育的目的,在谋手脑相长,以增进自立之能力,获得事物之真知,及了解劳动者之甘苦。"①换言之,劳动教育中的脑体并用旨在实现"劳力上劳心""用心以制力"。

(二)系统设计:新时代劳动教育的体系再造

"为造新房绘图易,为改旧房绘图难。"②新时代劳动教育呈现多元叠加态势,生产与技术、知识与价值、信息与文化、时间与空间等劳动要素的相互耦合与迭代比以往任何时代都更为复杂,更加迅速。劳动教育要落到实处必须借由完备的劳动教育课程体系,包括明确课程目标、遴选课程内容、设计课程方案、制定课程评价标准等。第一,明确劳动教育课程目标。新时代劳动教育旨在帮助受教育者形成尊重劳动、热爱劳动、奉献劳动的劳动观念,塑造人人平等、勤俭奋斗、创新奉献的劳动精神,养成热心参与、脑体并用、持续改进的劳动习惯。如通过日常生活劳动,培养学生独立生活能力,传承勤俭节约的家风;通过服务性劳动,强化社会责任和奉献精神;通过生产性劳动,培养吃苦耐劳、精益求精、创新进取的品质。第二,遴选劳动教育课程内容。新时代劳动教育课程应凸显多样性、层次性和结构性等特征,有效回应劳动教育目标,契合学生发展需求,包括课程单元、组织方式、时间分配、师资配备、场地设计等。第三,搭建劳动教育实践平台。我们要将劳动教育目标融入劳动教育课程,需实现空间转移和内容转化,为劳动教育搭建多元化实践平台。如学校可围绕校内劳动、校外劳动、农场劳动和社会服务公益劳动创设实践基地。第四,制定劳动教育课程评价标准。在明晰目标、创新方法和优化路径基础上,如何完

---

① 陶行知全集(第2卷).四川教育出版社,2009:331.

② 陶行知.中国教育改造.安徽人民出版社,2019:25.

善评价机制是劳动教育的"最后一公里"。劳动教育应重视参与者的体验感、获得感和价值观,通过形成性评价,强化劳动体验,树立劳动观念,端正劳动态度,培养劳动习惯。

(三)自我实现:新时代劳动教育的功能内化

在资本主义社会,劳动出现了明显异化,劳动者受苦,不劳动者得福,工人成为资本家攫取剩余价值的工具,社会在畸形发展中蹒跚前进。新时代劳动教育需有效兼顾社会功能与个体功能,从受教育者的素质、兴趣与需要出发,鼓励其自愿选择劳动,让劳动者在劳动中有获得感、参与感、幸福感。个体能否正确、充分地认知自己在集体中的地位、责任与义务,将在很大程度上影响其在道德、智力和审美上的完满程度。在把人置于首要地位的社会里,劳动往往能释放出强大的创造力①。

"一个人是千万人的出发点。"②劳动教育只有赋予劳动者内在生命力,才能真正实现劳动者的自我价值,才能实现创造性转化。如果受教育者只是单纯享用学校和社会所提供的物质与精神财富,劳动教育注定无法生根。苏霍姆林斯基在总结帕夫雷什中学劳动实践时发现,"只有当一个人认识到劳动中有一种比获得满足物质需要的资料更重要的东西,即精神创造及自身才能和天资的发挥,只有在那时候,劳动才能成为快乐的源泉"③。劳动教育若要焕发受教育者内在的生命力,需充分认识到劳动教育既非训练技术、谋取利益的手段,亦非改造思想、惩罚规训的工具,而是要让受教者充分发挥自身的才能与智慧,创造物质与精神价值,体验自我劳动带来的荣誉与尊严。不过,人的自我意识培养需要兼顾教学内容和教学过程中所遵循的普遍性原则。

新时代劳动教育致力于促进学生个体的创造性发展,"敢探未发明的新理","敢入未开化的边疆"。人通过劳动与自然界、社会活动建立对象性交往关系,劳动借由对象性的交往关系释放个体生命的价值。由此,当我们探讨知识本身是否有价值意义时,不仅需要关注知识的科学性、系统性、合理性,更需

---

① 班建武."新"劳动教育的内涵特征与实践路径.教育研究,2019(1).

② 陶行知.中国教育改造.安徽人民出版社,1981:85.

③ 苏霍姆林斯基.帕夫雷什中学.赵玮,等译.教育科学出版社,1983:362.

要关注获取知识的主体是否以及如何建构与自然界、社会活动之间的交往关系①。受教育者只有扎根实践，汲取本土文化，成为劳动的亲身体验者，才能收获发自内心的体验感、幸福感和自我实现感。个体在劳动实践中产生的深度自我体验会对其产生持续深远的影响，包括时间上的持续效应、空间上的扩展效应以及态度上的内化效应。因此，我们不能让受教育者的创造激情陷溺、枯槁，而应让他们循着群己相益的道路前进。

(四)多维融合：新时代劳动教育的逻辑转向

新时代劳动教育具有典型的公共性特征。劳动作为个体自主性活动，是人类本质的复归。阿仑特认为，人类的所有社会活动都取决于一个普遍的事实，即"人是生活在一起的"②。如何让人真正成为社会中的人是新时代劳动教育的价值使命。海德格尔指出，"社会的人的感觉不同于非社会的人的感觉"③。构建协同育人的劳动教育场域必须多方合力，充分发挥家庭、学校和社会在新时代劳动教育中的潜在影响。教育要想激发人的内生力量，必须秉承人与社会相结合的理念，以塑造个人品德，提升工作能力，谋求家庭幸福，同时满足社会发展的需求④。学生应通过集体劳动实现甘苦共尝、精神相通、感情融洽、人格感化，并在日常化家庭劳动教育、规范化学校劳动教育和多样化社会劳动教育中，培养劳动意识，增强劳动能力。

为此，我们应有效融合各种力量，在家庭、学校与社会之间广泛开展劳动教育实践。第一，家庭应发挥在劳动教育中的基础作用。卢梭认为，"家庭生活的吸引力是针对不良社会风气的最好的解毒剂"⑤。家庭要在引导受教育者参与日常生活劳动中扮演重要角色。家庭要树立崇尚劳动的良好家风，家长要通过日常生活的言传身教、潜移默化，让学生养成从小爱劳动的好习惯。第二，学校要发挥在劳动教育中的主导作用。学校要切实承担劳动教育的主体责任，确保劳动课程设计合理、师资队伍配置到位。同时，应充分保障劳动时

---

① 舒志定.劳动凸显教育的存在论旨趣：读马克思《1844年经济学哲学手稿》.教育研究,2020(10).
② 阿仑特.人的条件.竺乾威,等译.上海人民出版社,1999:18.
③ 马克思恩格斯文集(第一卷).人民出版社,2019:191.
④ 裴斯泰洛齐.林哈德与葛笃德.北京编译社,译.人民教育出版社,2005:739.
⑤ 卢梭.爱弥儿：论教育.李兴业,等译.人民教育出版社,2017:21.

间,即保证劳动教育每周一个课时,每学期都有劳动周,课上课下相结合,校内校外一体化。教师要始终践行学而不厌、诲人不倦的师德标准,在生活的发荣滋长中汲取养料,扩充自我容量。陶行知认为,对于开展劳动教育课程的教师而言,他应具备农夫的身手、教师的头脑和社会改造家的精神。第三,社会要发挥在劳动教育中的支持作用。学校要充分利用社会各方面资源,为劳动教育提供必要的保障,如联合政府部门、企业公司、工厂农场、群团组织等社会组织协同育人,培植受教育者的生活力,吸引其参与志愿活动、实践活动并改进社会,用社会的"活势力"发展受教育者的"活本领"。

"周虽旧邦,其命维新。"新时代劳动教育是一种以满足个体需求为前提的劳动教育新形态,致力于在社会关系中复归人性,体现人的物质性与精神文化价值。迟滞的文化传统与社会观念导致劳动教育不断式微,新时代劳动教育应统合最新劳动资源,以训练受教育者的"知识力"[1]为价值根本,让劳动教育焕发新活力,"培养人的自我意识"[2],使新时代劳动教育冲破认识隔阂与场域限制,形成一种能够通达内外的能力。新时代劳动不再追求简单的矛盾对立统一关系,而是在不断否定、扬弃、肯定和转化的过程中,追求"矛盾多元决定和开放性发展"[3]的理想境界。面对新时代出现的"非物质性劳动""数字劳动"及其他劳动形态,需借助马克思主义的存在论批判和政治经济学批判予以回应。审视新时代劳动辩证法中的"多元决定基础上的转移和压缩"[4],正视受教育者的个体需要,强调对大学生创造性脑力劳动教育的启蒙、熏陶和训练[5],重拾劳动教育的认同感与价值感,重获劳动教育的自信,让劳动教育在新时代时空场域中焕发活力,实现人事相趣,应成为新时代劳动教育的精神鹄的。新时代的劳动教育应致力于达成身体、心理、认识、情感、意志等要素的协调统一和高度融合,实现"具身化建构"[6]的过程。

(原载于《大学教育科学》2021年第4期)

[1] 晏阳初.平民教育与乡村建设运动.商务印书馆,2014:251.

[2] 康翠萍.培养人的自我意识:新时代高等教育质量观追问.大学教育科学,2019(5).

[3] 肖绍明,等.新时代劳动教育何以必要和可能.教育研究,2019(8).

[4] 阿尔都塞.保卫马克思.顾良,译.商务印书馆,2006:213.

[5] 张海生.高校劳动教育的意涵、价值与实践:一种本体论、价值论和方法论的解析.大学教育科学,2021(1).

[6] 林克松,等.走向跨界融合:新时代劳动教育课程建设的价值、认识与实践.湖南师范大学教育科学学报,2020(2).

高校课程思政的生成逻辑与推进策略

教育部印发的《高等学校课程思政建设指导纲要》指出："高校课程思政要融入课堂教学建设,作为课程设置、教学大纲核准和教案评价的重要内容,落实到课程目标设计、教学大纲修订、教材编审选用、教案课件编写各方面,贯穿于课堂授课、教学研讨、实验实训、作业论文各环节。"构建新时代中国特色高校课程思政体系,要坚持正确的政治方向,围绕立德树人根本任务,着力研究课程思政规律,推动课程思政改革。

一、从思政课程到课程思政的创造性转化

思政课程与课程思政同属于大的高校思政"生态圈"。就本质而言,思政课程是高校为实现思政教育目标而专门开设的一系列课程,具有鲜明的政治属性,属于"具体的显性课程"。课程思政则将社会主义价值观念、政治观点和道德规范有机融入专业课程教学中,属于隐性教育。高校专业课教师根据学科属性和教学需要,有针对性地将政治观念、国家认同、文化素养、法治意识与道德修养等融入专业教学中,帮助大学生树立正确的世界观、人生观与价值观,履行传播知识、传播思想、传播真理,塑造灵魂、塑造生命、塑造新人的时代重任。

思政课程与课程思政既有密切联系又有所区别。思政课程与课程思政在本质上具有内在的、必然的联系。首先,思政课程与课程思政肩负共同的时代使命。二者同为思政教育体系的有机组成部分,共同肩负立德树人和传播社会主义主流意识形态、价值观念和道德规范的时代使命。其次,思政课程与课程思政拥有共同的政治使命,发挥共同的育人功能。高校思政课程与综合素养课程、专业课程相互补充、密切配合,共同开展世界观、人生观、价值观和心理健康教育。最后,思政课程与课程思政在内容与机制上具有内在融合性。作为高校思政教育系统工程的重要组成要素,二者在目标定位、课程设计、内容组织、资源供给、方法选择和评价机制等方面互学互鉴、相互协作。同时,思

政课程与课程思政又有着各自的特殊性。思政课程通过显性课程对大学生进行社会主义核心价值观教育,在立德树人过程中发挥价值引领作用;课程思政基于专业课和通识课等隐性课程,潜移默化地坚定学生理想信念、厚植学生爱国主义情怀、培养学生科学精神与职业素养。

二、高校课程思政的生成逻辑

课程思政不是"课程"与"思政"简单的物理相加,而是一种化学反应。课程思政与思政课程在历史演进、政策变迁与实践探索中有其内在的逻辑遵循。

历史逻辑,即在继承文化遗产中涵育道德修为。课程思政作为一种思政教育理念,即"课程承载思政"与"思政寓于课程",强调在知识传授中凝聚价值理念,在价值引领中积攒文化底蕴,注重在课堂教学、社会实践与自我反思中实现内在统一。我国素有重视德育的传统。早在春秋时期,孔子就提出"子以四教:文、行、忠、信","文"意指以文献、典籍为核心的智育,"行、忠、信"分别指代德性、忠诚与诚信,皆属于德育范畴。孔子反复强调"行有余力,则以学文",即只有德行修为达到一定标准,方可接受文化知识教育。近代著名教育家陶行知曾言"千教万教,教人求真;千学万学,学做真人",意在强调所有教学内容都承载着发展德性的使命。西方教育思想集大成者苏格拉底主张"美德即知识",强调美德不仅有助于知识传授,其本身也是一种知识,而且美德的形成需要教育。德国著名教育家赫尔巴特强调"道德可塑性",认为道德力量的发挥需通过广泛的教育和综合思想的共同作用。事实上,以德育为核心的思政教育理念蕴藏在浩如烟海的人类文化遗产中。作为教育理念的课程思政强调文化传承与价值引领共存,具有扎实的理论基础和悠久的历史积淀。

政策逻辑,即在稳步推进中打造思政教育生态圈。课程思政作为一种教育理念早已蕴藏于政策演变之中。新中国成立伊始,中央政府和教育行政主管部门就重视思政教育理论和专业课的思政教育功能。改革开放以后,党和政府进一步强化思政教育与专业教育的有机互动。1987年《中共中央关于改进和加强高等学校思想政治工作的决定》提出了把思想政治教育与业务教学工作结合起来的原则。2004年《关于进一步加强和改进大学生思想政治教育的意见》指出"坚持教书与育人相结合"。2010年《国家中长期教育改革和发展规划纲要(2010—2020年)》明确要求"把德育渗透于教育教学的各个环节"。2017年《关于加强和改进新形势下高校思想政治工作的意见》和《高校思想政治工作质量提升工程实施纲要》相继提出了"三全育人"理念和"十大育人体系"。2020年教育部发布《高等学校课程思政建设指导纲要》,强调"建设高水平人才培养体系,必须将思想政治工作体系贯通其中,必须抓好课程思政建设,解决好专业教育和思政教育'两张皮'问题"。课程思政建设在一系列政策的持续驱动下稳步推进。

实践逻辑,即在改革探索中擘画现代化思政教育体系。课程思政建设的关键在于实践。近年来,我国政府和高校围绕课程思政进行了持续有益探索。上海高校借鉴基础教育"学科德育"的发展模式,围绕思政课程进行了全方位改革。在发展理念上,强调全要素综合育人,知识传授与价值引领协同并进;在改革思路上,落实党委主体责任,推动全员育人,充分挖掘思政教育资源;在改革框架上,构建思想政治理论课、综合素养课和专业教育课"三位一体"课程体系。上海高校聚焦思政课、综合素养课和专业教育课开启了改革试点。第一,针对思政课,推出了"问题来自学生、声音来自一线、点评来自权威"的"超级大课堂",打造区域共享的思政教育公开示范课。第二,针对综合素养课,全面改革通识教育课程,强化价值引领。上海各高校结合本校发展优势,制定了高校思想政治理论教育课程建设方案,推出"中国系列"品牌课程,将精神理念、价值标准、哲学艺术与道德规范潜移默化地蕴藏于知识传授之中。第三,针对专业课,基于不同学科特殊性,充分挖掘思政元素。如上海中医药大学人体解剖课在传授解剖技能的同时,强调对生命的敬畏、对利他主义的推崇;华东师范大学环境问题观察课程通过定期实地观察与课堂讨论,在专业入门期唤起学生的环保意识与科学精神。此后,许多高校相继围绕课程思政展开多元探索。课程思政建设作为一项系统工程,涉及领导者、管理者、教师、学生等多元利益主体,包含目标设置、体系建构、教学管理、教材编写、课堂设计、学业评价等诸多环节。高校需做好顶层设计,统筹协调,助推课程思政落地落实、见功见效。

三、高校课程思政建设的推进策略

习近平总书记在全国高校思想政治工作会议上强调："思想政治理论课要坚持在改进中加强，提升思想政治教育亲和力和针对性，满足学生成长发展需求和期待，其他各门课都要守好一段渠、种好责任田，使各类课程与思想政治理论课同向同行，形成协同效应。"在学校思想政治理论课教师座谈会上，习近平总书记再次强调："要完善课程体系，解决好各类课程和思政课相互配合的问题。"高校课程思政建设要遵循思想政治工作规律、教书育人规律和学生成长规律，充分挖掘专业教育的思政元素，提升亲和力与针对性。

转变观念，即从"专业成才"到"德性成人"。高等教育的本质在于通过传授知识、培养能力、启迪智慧，提升个人的生命价值与道德修养，培养服务社会发展的人才。人才培养需以德为先、修身为本，只有在良好的德行引导下，个人才能实现真正意义上的发展，才能补足精神上的"钙"。高校教师要不断提升自我，夯基垒台，立柱架梁，努力成为"四有"好老师，做学生锤炼品格、学习知识、创新思维和奉献祖国的引路人。要摒弃"思政教育只是附加任务"的错误观念，结合专业教学优势，遵循学生成长、成才规律，在协同育人中做到"德智并举""德业融合"，提升专业育人成效，担当起为党育人、为国育才的责任和使命。

转化内容，即切实提高教师思政教学能力。当前，高校课程思政存在"简单植入"和"单向灌输"的现象，未能满足学生成长发展需要和期待。课程思政需适时转化内容，提质增效，做到落细、落小、落实、入耳、入脑、入心。第一，寻找好"料"。专业课与通识教育课教师要充分寻找课程中的思政元素，努力挖掘课程思政的"富矿"。譬如，在讲到经济学的"寡头市场理论"时，可引用美国政府对中国华为5G技术制裁的案例，鼓励学生收集资料，认清美国政商勾结的真实面目，激发学生科技强国、科技报国的信念。第二，合理搭配。专业课教师要与思政课教师密切配合，互通有无。专业课教师要主动向思政课教师寻求帮助，把握课程思政方向，瞄准课程思政焦点，遴选课程思政内容，提升课程思政素养。同样，思政课教师也要借鉴专业课素材，扩充思政教育"库存"。第三，灵活呈现。教师要以学生关注的焦点或社会热点问题为突破口，以课堂为基础,以学生为主体,以问题为核心,因势利导,提升学生参与感、获得感。

转移主体,即让学生成为真正的课堂主角。课程思政要取得成效,必须从学生主体出发,关注学生的观念、心理、行为,充分尊重学生的独立性、能动性与创造性。教师要主动倾听学生的成长烦恼,关注学生的内心诉求,聚焦学生的思想困惑和实际困难,实施有针对性的个性化教学。要尊重学生的主体地位,把握学生的认知规律和学习特点,让学生自觉成为学习主角,在实质性参与中体认课程思政的魅力与价值。当代大学生多属网络"原住民",对知识的态度、对价值的认知方式不同以往。面对新时代大学生,高校教师要运用新媒体新技术使工作活起来,增强课程思政的时代感和吸引力。

转换思路,即着力挖掘课程思政新元素。专业课是课程思政建设的基本载体。教师要梳理专业课教学内容,结合不同课程特点、思维方式和价值理念,深入挖掘课程思政元素,并将其有机融入课程教学,达到润物无声的育人效果。要改变传统灌输式的教学模式,尝试运用小组讨论、辩论、角色扮演、现场观察、实践调查等教学方式,让学生在多元文化中构筑立体的德育思维。大学生正处于人生的"拔节孕穗期",高校教师应以润物无声、盐溶于汤的方式悉心栽培和合理引导,让课程思政成为大学生成长的灯塔。高校教师应配有两副眼镜:一副是望远镜,探明未来长远的发展趋势;一副是显微镜,观察具体事物的构成要素。课程思政建设需要教师的耐心、亲和力与内在魅力。只有增强授课的艺术性和实践性,把握学生的兴奋点、难点和痛点,实现整体性的"漫灌"和有针对性的"滴灌"有机融合,做到因地制宜、因时制宜、因材施教,鼓励多样化、个性化探索,才能打造出有深度、有效度、有温度的课程思政"金课"。此外,高校应充分利用教师发展中心、网络教学中心等开展马克思主义世界观与方法论、中国特色社会主义理论体系、教师职业道德与职业伦理等专题培训,充分发挥教研室、教研组、课题组、教学团队等基层教学组织的作用,推动课程思政教研机制体系化、常态化,促进思政课教师与专业课教师互学互鉴、互融互通,形成"以老带新"的帮扶机制。

转向实践,即在中国大地上锤炼成长。课程思政的活力来源于实践,课程思政的最终目的在于服务实践。高校教师在开展课程思政过程中,要自觉在思维与存在之间架起一座实践的桥梁。理论只有作用于实践并在实践中不断创新发展才有生命力。高校教师要把思政小课堂与社会大课堂有机结合起来,把课程思政开到实践的最前沿,开到乡村振兴的第一线,用脚步丈量祖国大地,用心灵感知泥土芬芳,让大学生在亲身实践中了解国情、认识社会、升华思想、锤炼品格。实践是课程思政的源头活水。当然,课程思政并不存在放之四海而皆准的模式,需要结合不同专业课的具体实际,有针对性地展开探索,找寻专业知识与思政教育的"触点"。比如,新冠肺炎疫情期间,厦门大学健康教育学课程的教师带领学生深入社区,以多种形式进行疫情防控科普宣传。

（原载于《中国高等教育》2020年第2期）

通向普及化路径

——在规模扩张与质量保障之间

2015年5月21日,联合国教科文组织(UNESCO)在韩国仁川举行世界教育论坛(World Education Forum 2015),通过了具有跨世纪意义的《仁川宣言》(*The Incheon Declaration*)。《仁川宣言》所倡导的可持续发展和终身学习理念,为世界各国实现高等教育普及化提供了有力指导和现实参照。

一、高等教育普及化:变化中的全球图景

从20世纪中叶开始,世界高等教育经历了大规模扩张,大学生数量快速增长。据联合国教科文组织统计数据显示,二战后世界大学生数量为650万人,20世纪70年代增长到2810万人,90年代增长到6860万人,20世纪末已发展为8820万人,全世界高等教育规模在半个世纪里增长了近13倍。21世纪以来,高等教育规模仍在继续大规模快速增长中,预计到2030年,全世界大学生数量可能达到4亿。

与此同时,部分发达国家(地区)已基本实现高等教育普及化。据不完全统计,2010年高等教育毛入学在50%以上的国家(地区)有44个。其中,希腊、韩国、古巴、芬兰、波多黎各、斯洛文尼亚等国高等教育毛入学率均在80%以上,欧洲多数国家基本实现了高等教育普及化,拉丁美洲的智利、阿根廷等国相继实现了普及化,亚洲的部分国家和地区继韩国之后陆续实现了高等教育普及化。

《仁川宣言》为全世界教育发展构建了一个变革式图景,鼓励各国为创造全纳、公平、优质和终身学习机会而共同努力。到2030年,首要的目标是实现教育可持续发展,为各级教育提供包容性、公平性、优质的教育,全面展示2030年教育的新特征,推动宣言的有效实施。联合国教科文组织总干事伊琳娜·博科娃表示,《仁川宣言》的颁布与实施证明了我们的决心,即能够保证所有的儿童和青年人都有机会获得有尊严的生活所必需的知识和技能,并适时激发他

们的潜能,以一名有责任心的全球公民身份服务国家和社会。这将为进一步推动世界各国高等教育的深入发展提供行动指南和参考依据。

表1.6.1 2010年高等教育进入普及化阶段的国家和地区

序号	国家/地区	毛入学率(%)	序号	国家/地区	毛入学率(%)
1	希腊	101.69	23	圣马力诺	66.41
2	韩国	101.67	24	智利	66.34
3	古巴	94.17	25	意大利	65.38
4	芬兰	93.19	26	捷克	64.93
5	波多黎各	90.49	27	荷兰	63.70
6	斯洛文尼亚	90.25	28	中国澳门	63.40
7	立陶宛	86.57	29	爱尔兰	63.13
8	白俄罗斯	82.67	30	加拿大	61.88
9	乌克兰	81.91	31	以色列	61.85
10	冰岛	78.50	32	匈牙利	60.75
11	波兰	76.56	33	英国	59.85
12	西班牙	76.38	34	中国香港	59.03
13	罗马尼亚	75.23	35	保加利亚	58.35
14	奥地利	75.04	36	斯洛伐克	58.04
15	阿根廷	74.19	37	克罗地亚	57.07
16	瑞典	73.08	38	土耳其	56.75
17	丹麦	72.50	39	蒙古国	56.02
18	挪威	72.12	40	黑山	55.30
19	拉脱维亚	69.05	41	法国	54.88
20	爱沙尼亚	68.71	42	瑞士	52.80
21	巴巴多斯	68.31	43	乌拉圭	51.89
22	比利时	66.86	44	泰国	51.24

数据来源:世界银行官网。

二、保证质量与扩大规模：世界性的两难问题

世界高等教育大规模发展始于二战后。当时，经过短暂的医治战争创伤之后，社会进入了一个经济繁荣的时期。生产力的提高、科技的发展，亟需大量受过高等教育的应用型人才。马丁·特罗曾言，"在任何一个发达社会，高等教育的问题始终与高等教育规模的增长紧密联系在一起"。他认为，高等教育在不同阶段其表现也将出现显著变化，这些变化将涉及高等教育总体规模、高等教育观念、高等教育基本功能、大学教学与课程设置、大学生学习背景与群体构成、高等教育多样性、院校领导与管理决策、大学学术标准、学术管理形式以及高等教育内部管理问题等。不少学者提出，高等教育大规模增长将可能严重威胁学术标准，而所谓的标准问题其根本是教学与研究的质量问题。因此，普及化时期的高等教育质量保障与规模扩张矛盾，即是高标准、严要求与丰富性、激励性之间的矛盾。一方面，一批博学而富有想象力的学者在丰富的智力资源、文化、科学和学术氛围中教育经过严格选拔而且学习动机很强的学生。在另一个极端，学校充斥缺乏素养和才能的教师，他们在不利的条件下教育能力弱而且动机不强的学生——标志是薪水低、师生比不合理、图书少、实验条件差——是一个激励因素弱而且智力资源贫乏的环境。

高等教育普及化时代的学生构成将更加多元、复杂，今天的大学教授将面临更大的挑战，包括面对不同年龄、不同学业准备、不同学习方式和不同文化背景的学生。他们不仅要教给学生基本的知识，还需帮助学生学会批判地思考，更有技巧地书写和更恰当地表达。

毋庸置疑，学生群体的多元化必然给大学教学带来压力和挑战，学生的前期准备差异将显著扩大。高等教育有责任为学业准备不足的学生提供必要的专门课程以确保每位学生都有机会接受并在毕业时获得成功。同时，上述所有的情况均不能以牺牲学生最终获得学位的质量为代价。许多国家赞成扩张现有的教育系统。无论学校的功能如何，这包含了整个教育系统中在共同的较高质量标准下所达到的教育成就。这种双重的赞成——既赞成不断增长又赞成高质量的教育——形成了两难问题。

三、中国高等教育普及化:未来及其挑战

2030年,中国高等教育将从大众化阶段进入普及化阶段。从高等教育大国向高等教育强国转变最关键的问题就是如何有效权衡提升质量与扩大规模,即如何实现"既做大又做强"的宏愿。无疑,这会是一个艰巨的历史任务。一方面,中国需要保持一定的增长率以满足社会经济、文化发展和青年个人的需求;另一方面,中国还需调整高等教育结构并提升其质量,使得毕业生能在变化着的经济文化环境中满足人力资源和自我成长的需求。这对决策者的智慧和研究者的水平无疑是一个巨大的考验。

为适时有效应对即将到来的挑战,我们需要采取积极行动。首先,高等教育质量尤其是大学教学质量必须得到足够重视,这需要更多的教育投入、更优质的教师队伍、更科学且更具有针对性的教学评估。其次,高等教育结构需要进行及时调整,使之朝更加多元、灵活的方向发展,以适应不断变化的学生群体和劳动力市场的需求。再次,随着科技不断变革,高等教育应广泛使用信息技术,以此促进教学水平提升和资源广泛共享。最后,进一步推动高等教育国际化发展,在高层次和专业性领域参与国际合作,实现合作共赢。

(原载于《中国高等教育》2016年第17期)

高校智库建设：服务社会的应然与实然

智库（Think Tank），又称思想库或智囊团，是一种独立的公共政策研究机构，在美国被称为是继立法、行政和司法之后的第四种权力[①]。智库最早起源于二战时期的美国，是美军在战争期间用来讨论作战计划和策略的秘密场所。其后泛指任何以政策研究为己任，并对公共政策和舆论产生重大影响的政策研究机构，包括世界上久负盛名的美国布鲁金斯学会、兰德公司、卡耐基基金会等智库机构。随着全球化与信息化的逐步推进，国家之间综合国力的竞争不仅仅是"硬实力"的比拼，以思想、观念和文化为核心的"软实力"已成为世界各国竞相争逐的新焦点。而智库建设作为实现国家思想提升与文化创新的动力源泉，是治理国家的重要依据，也是国家"软实力"竞争的核心要素。

《国家中长期教育改革和发展规划纲要（2010—2020年）》指出：大学要积极参与决策咨询，主动开展前瞻性、对策性研究，充分发挥智囊团、思想库、作用。中共十八届三中全会强调要加强新型智库建设，建立健全决策咨询制度。"繁荣发展大学哲学社会科学，推动中国特色新型智库建设"会议重申建立中国特色新型智库的重要性，明确提出建设中国特色新型智库的总体目标和主要任务。2014年2月，教育部在《中国特色新型高校智库建设推进计划》中进一步就我国大学智库的建设目标、主攻方向、发展类型、队伍建设、成果推广、管理方式和组织领导等方面进行了详细说明，为大学参与智库建设指明了方向，提供了动力。中国要想在未来发展和国际竞争中屹立于世界民族之林，亟需发展和形成一批具有世界高水平和国际影响力的智库，中国的智库中心应首先诞生于大学。中国大学智库的建设将在思想创新、观念引导、政策制定、对外交往以及人才培养等多方面发挥关键作用。

[①] 谷贤林.智库如何影响教育政策的制定：以美国"教育政策中心"为例.比较教育研究，2013(4).

一、高校智库建设的应然向度

近年来,随着国家和政府的日益重视,不同类型智库积极以智力成果的形式为国家建言献策,在公共咨询与政府决策中的影响和地位逐步受到重视,其促进政府科学决策、谋划科学发展的"智囊团""思想库"地位愈加凸显。我国高校在参与智库建设的过程中拥有独特的优势:一是高校拥有全国近80%的社会科学力量、50%的两院院士,以及规模庞大的研究生队伍[①],为高校的智库建设提供了充足的人才保障。二是高校作为新知识和新观念的发源地,凭借自身的优势提供创造性思想,对政府和社会产生了深远影响。三是高校与政府之间天然的联系,有利于高校紧密围绕国家的发展需求,确定高校自身的发展重点和方向,在参与智库建设过程中,充分发挥雄厚的科研实力、丰富的数据信息、广泛的合作交流的优势。四是高校依托自身的研究基础和实力,能创造出既有战略性、前瞻性,又有操作性、针对性的研究成果,服务于国家和政府的发展需求。此外,与官方智库相比,高校智库建设具有较强的独立意识和宽松的学术氛围,可对政府的决策提出质疑和批判。

参与智库建设的关键在于能够找寻国家和政府在发展过程中切实需要解决的问题,高校应据此开展有针对性的咨询和研究工作。因此,在参与智库建设过程中必须与政府部门保持紧密联系。一是应时刻关注国家重大决策。高校需紧密关注国家政府的最新动态,及时提供动态监测、信息反馈、机制预警和实效分析。同时,高校要充分利用自身的研究优势,开展持续的战略规划研究和发展趋势分析,为政府决策提供前瞻性的动态信息和决策储备。二是密切关注现实问题,努力做到理论联系实际。高校要为优秀的智库建设人员提供良好的发展机会和平台,如推荐部分优秀的智库学者到国际、国内的相关部门进行挂职锻炼,亲身参与政府决策的咨询与制定,不断提升智库建设人员的实践能力。三是应密切关注和了解国家政府的现实需求。因此,需有意识地邀请政府工作人员参与高校研究课题的选定,共同探讨高校未来的研究重点和方向,并组建相应的研究团队联合开展研究,实现科学研究与决策咨询之间的有效衔接。四是要不断创新高校已有研究成果的推广机制,开拓成果发布

---

① 李卫红.高校在新型智库建设中的使命担当.人民日报,2014-2-16.

的新途径,完善专家咨询建议的报送程序,不断提升高校研究成果在政府决策过程中的影响力。

　　智库建设是不断推动国家制度建设和深化综合改革的有效契机,也是有效完善高校自身机构建设、学科建设、人才队伍建设、发展平台建设以及高校哲学社会科学繁荣计划的持续动力。从目前来看,我国智库建设呈现较为迅速的发展趋势。美国宾夕法尼亚大学"智库与市民社会项目"的统计显示,中国智库的数量在短短4年间增长了近5倍,数量在全球排名从第12位跃升至第2位,发展速度远超世界其他国家(详见表1.7.1)。

表1.7.1　中国智库在世界中的排名[①]

年度	世界智库数量	中国智库数量	中国智库数量占世界比例(%)	中国智库数量在世界的排名
2008	5286	74	1.4	12
2010	6439	425	6.6	2
2012	6603	429	6.5	2

　　然而,从实际影响力来看,我国智库与世界一流智库相比,还存在明显的差距。美国宾夕法尼亚大学下属的"智库和市民社会项目"小组通过一项《2012年全球报告》,该报告对全球182个国家的6603家智库进行了竞争力评估和排名,美国智库长期占据核心地位(见表1.7.2),在全球十大最具竞争力的智库当中美国占有一半,其中美国布鲁金斯研究所位居首位。位列全球前50名的智库当中,中国仅有3所研究机构入围,其中中国社会科学院(CASS)排名第17位。据相关报告,美国布鲁金斯研究所数次荣膺"年度智库",布鲁金斯研究所作为全美最具影响力的智库,在国家安全、国际问题、社会经济、创新政策、优秀政策研究项目以及国家政策影响力等几乎所有领域均位居世界前列。在大学智库当中,美国斯坦福大学的胡佛研究院、哈佛大学的贝尔佛科学与国际关系研究中心和英国萨塞克斯大学的发展研究所位列世界大学智库前3位。从综合竞争力来看,中国的智库至今无一家能够挤进世界前10强,而且在

[①] The Think Tanks and Civil Societies Program.The Global Goto Think-Tank2010:The Leading Public Policy Research Organization in the World.Pennsylvania:University of Pennsylvania,2011:12.

国际影响力和思想创新等方面与世界先进国家差距还比较明显。在最具创新性政策、最佳使用网络平台、最佳使用多媒体技术、最佳公众参与对外公关等领域的排名中均无我国智库入选。

表1.7.2　国外最佳大学智库前10名

排名	机构名称	所在学校	所在国家
1	胡佛研究院	斯坦福大学	美国
2	贝尔佛科学与国际关系研究中心	哈佛大学	美国
3	发展研究所	萨塞克斯大学	英国
4	国际发展研究中心	哈佛大学	美国
5	国际问题研究中心	巴黎政治学院	法国
6	地球研究所	哥伦比亚大学	美国
7	公共政策团队	伦敦政治经济学院	英国
8	跨大西洋关系研究中心	约翰斯·霍普金斯大学	美国
9	国际安全与合作研究中心	斯坦福大学	美国
10	国防研究中心	伦敦国王学院	英国

二、高校智库建设的实然困境

尽管我国高校在参与智库建设过程中取得了显著的成效,但也存在不少难以避免的发展困境,主要体现在以下几方面。

(一)定位模糊,发展特色不够明显

我国高校研究机构和研究人员发展迅速,其规模在世界高校首屈一指。但多数研究机构在参与智库建设过程中存在定位模糊、力量分散、研究资源难以共享、研究队伍素质和研究水平良莠不齐等问题,导致高校在参与智库建设过程中的优势难以得到充分发挥。

(二)偏重理论,问题研究相对较弱

目前高校普遍从事的是学理性的范式研究,注重理论的系统性,忽略了研究对实际的效用。智库承担为政府部门提供战略性研究和策略性建议的咨询角色,所开展的政策研究内容需直面现实问题,研究必须有用,并且能够在现有的利益格局和资源条件下解决现实问题。政策研究必须从现实出发,考虑到现有条件的制约、利益相关者的利益,以及在具体操作过程中的时空因素,也就是在理论研究有所突破的基础上要与现实问题紧密结合,为解决实际问题服务。

(三)创新不足,多为解读现行政策

目前我国高校在参与智库建设过程中,多为"行决策者之所想",即在政府部门相关政策出台之后的解读和阐释,无法发挥引领决策的作用。而且,高校现有的智库大多依附于政府或相关部门,缺乏相对的独立性和自主性,对出台的相关政策缺乏批判的勇气和责任。同时,智库对未来经济社会发展的监测和预警机制不够灵活,已有研究成果的创新性有待提升。

(四)标准单一,管理评价机制滞后

我国高校目前大多秉持"科研至上"的发展理念,科研考核的标准多倾向于学术研究和基础理论研究,对现实问题、战略规划和政策决策等研究重视不够。考核评价标准相对单一,对从事政策研究和战略研究人员的理论成果和社会贡献重视不够。同时,目前高校教师普遍要应对繁重的教学和科研任务,缺乏足够的精力从事政策研究,也一定程度上影响了高校教师从事智库理论和政策研究的积极性,制约高校智库建设发展的创新力量和发展潜力。

(五)数据有限,研究缺乏科学保障

由于受传统研究范式的影响,在我国高校开展的研究中,对实证研究尤其是对数据统计分析的研究重视不够。尽管近年来在这方面有所改善,但是限于目前资源共享机制尚不成熟,信息公开制度仍未建立,以及数据信息的缺失

与滞后,尤其是涉及具体机构、单位或组织的信息十分有限,致使许多科学研究很难开展,为高校参与智库建设、从事政策研究带来诸多不便。

此外,我国大学在发展智库过程中,还存在智库建设所需要的专门性高端人才短缺,学科建设过于分散,以及资金投入有限等问题。

三、高校智库建设的路径探讨

目前,我国正处在国家智库建设的关键时期,处于提升国家综合竞争力的过程之中。高校作为繁荣我国哲学社会科学事业发展的重要力量,是建设国家新型智库不可或缺的力量。相关数据显示,2008—2013年,5年间高校人文社会科学领域共出版著作约15万部,发表论文数量达158万篇之多,其中在国际刊物上发表的论文约2万篇。高校人文社会科学重点研究基地承担国家社科基金重大项目近70项,教育部重大课题攻关项目近100项,向中央、国务院各部委和地方政府提供咨询报告、政策建议6万余份,中央领导同志批示或省部级以上部门采纳的达千余份。大学哲学社会科学教学和研究人员总数达到42.6万人,聚集了全国80%以上的社科力量[①]。因此,在参与智库建设过程中,需以全面深化综合改革为发展动力和契机,紧紧抓住教育改革所开展的系列活动寻找有利的发展空间,不断发挥高校在国家智库建设中的作用。

(一)明确发展方向,立足本校寻求突破点

高校通过参与国家智库建设服务国家和社会,必须紧密围绕国家的发展战略方向和面临的重大现实问题,结合自身的发展特色和优势,开展有针对性的研究。一是要积极关注国家决策动向,建立决策跟踪机制。各高校紧密跟踪国家和各级政府部门作出的重大决策,及时监测动态、评估效果和反馈信息,有重点地开展战略和政策研究,并对未来的重大问题进行预测和预警,做到行决策者之想,想决策者之未想。二是加强与决策部门的联系,实现供需对接。高校要邀请相关决策部门参与制定和实行本校智库建设的目标和任务,

---

① 高靓.打造中国特色新型高校智库:写在繁荣发展高校哲学社会科学、推动中国特色新型智库建设座谈会召开之际.中国教育报,2013-5-31.

共同围绕决策需要开展政策研究,并联合组建政策研究团队,有效解决供需脱节矛盾,不断完善研究成果报送机制,并及时呈报已有的研究成果。

(二)理论联系实际,努力成为政策"发源地"

高校要努力成为政策思想"发源地",即能够为决策提供思想源泉,影响政策制定。一方面要积极围绕相关政策开展理论研究,产生新的政策思路;另一方面要时刻关注现实问题,通过自身的研究成果解决实践中存在的突出问题,进而为政府决策提供选择方案。相较于其他类型的机构而言,高校是学术研究的重镇,是思想创造和智慧产生的集中地,在人才和学术资源方面享有显著优势。高校要在政府决策中发挥影响力,需围绕自身的学科优势和学术传统开展有针对性的科学研究,努力形成大学自身的学术风格和研究特色,尽可能避免陷入大而全的窠臼,防范重复研究和资源浪费。高校应着力发展成小而精、具有鲜明专业特色的智库,发挥基础科学研究的优势,注重跨学科研究,加强学科间的整合,积极开展基础性和具有持久影响力的研究。与此同时,更多地倾向于应用取向或基于应用的科学研究。

客观而言,大学与智库并不存在天然的联系。智库是专门为有关机构提供战略性研究和策略性建议的咨询单位。而大学进行的学理研究是范式研究,即这种研究需要在某种范式下进行,讲究系统化、理论化。大学在参与智库建设的过程中,需要注意区分政策研究与理论研究之间的差别,在参与智库建设过程中要注重战略性和策略性研究。

(三)咨询与解读并重,搭建政府与民众间的"桥梁"

高校要参与智库建设,成为政府决策"内参政阁",需有效实现政策咨询、思想传播和观念创新。受传统文化影响,学术研究人员与政策决策者在看待问题的视角、立场等方面存在歧见。研究成果要直接影响和转化成政策还存在不少困难,二者之间并非线性关系,而是一种潜在的"启蒙""渗透"的间接关系。因此,高校一方面要为决策者制定政策提供智力支持,帮助决策者开拓视野,挖掘新的政策议题,从而形成新的决策思路;另一方面要对现有政策进行解读,通过各种渠道宣传政策内容。高校学术研究人员要善于利用多种渠道,努力创造与决策者、大众互动沟通的机会,将政府的决策以一种简明易懂的方式传递给公众,实现政策的"上下通达",为政策的制定和执行提供参考依据。同时,努力实现研究个体与研究团队之间,研究者、决策者与执行者之间,政府、大学与企业之间,国家与国际组织之间的有效合作。高校要为政府政策的制定与执行"搭建桥梁",努力实现多方的交流与合作,肩负起应有的责任和使命。

(四)改善评价机制,营造宽松的外部环境

高校要参与建设中国特色的新型智库,必须改变现有的科研管理和评价制度。不断提升高校科研质量,在重视基础理论研究的同时,鼓励大学教师开展应用性的政策研究,在考核评价标准上提升政策研究的科研评价权重,努力建设以政府、高校、企业和社会团体共同参与的多元科研评价机制,把国家发展过程中面临的关键性问题作为重心,改善目前单一的科研评价体制,逐步形成动态灵活的科研评价体制。同时,因为"多元经费投入是最大限度确保智库研究客观性和独立性的需要"①,大学要努力从政府研究资金、社会公益基金、民间资本以及国外资本等多种渠道获得研究经费。此外,高校智库可以尝试成立独立的基金会,以拓宽智库的经费来源。在一个智库的起步阶段,政府可以给予资金支持,运营一段时间后,影响力弱、竞争力差的智库应该被淘汰,而那些自我生存能力强的智库,可以自己成立基金会,拓宽资金来源,独立进行运作。②努力营造宽松的社会环境,进一步落实"百家争鸣、百花齐放"的方针,鼓励不同类型的智库深入开展社会调查,允许不同研究机构在参与智库建设过程中进行辩论、争鸣甚至批判,充分发动不同类型组织、机构参与智库建设。

(五)完善数据库建设,为决策提供科学保障

从全国智库建设的总体情况来看,现有的数据信息分析和处理技术亟需改善,而基本信息数据的缺失是制约智库建设质量提升的重要因素。目前,我国在数据信息方面存在的问题主要包括:统计制度不完善和数据质量差导致

① 侯定凯.人文社会科学的知识转化机制探析:兼论优质大学智库的培育.复旦教育论坛,2011(5).
② 朱虹.探索高水平中国特色新型智库建设道路.江西社会科学,2014(1).

相关数据信息更新滞后,信息反馈制度不健全,信息反馈不及时、不全面、不充分的问题凸显。对于部分欠发达地区高校,尤其需要重视数据信息平台的建设,依托大型数据库和调查中心,积极推动研究机构参与智库建设,并有效地服务当地经济社会发展改革的需求,努力在研究机构之间实现数据信息共享,避免研究过程中信息不对称。

四、高校智库建设的理性思考

高校在参与建设中国特色新型智库的过程中,需有效协调以下几对关系。

一是要正确处理基础研究与政策研究之间的关系。高校作为知识传播与知识创新的机构,要取得长效发展,必须重视对基础理论的研究,这也是由高校的基本功能决定的。与此同时,高校要参与智库建设,必须关注现实问题,积极开展战略研究和政策研究,为政府在重大问题决策上提供咨政参考。因此,高校既要注重基础性的学术研究,又要兼顾与现实直接相关的应用研究,以学术研究为基础,以政策研究为导向。

二是要正确处理政策咨询与人才培养的关系。高校参与智库建设,要求高校所开展的系列研究必须能有效地影响政府决策和舆论导向,服务国家发展战略,形成创造性的思想成果。研究成果不仅要著书成文,服务决策,促进发展,还要将相应的成果融入到教学过程中,渗入到课堂和教材当中。如成立于1943年的保罗·尼采高级国际研究院(SAIS)就是享誉世界的国际高等教育研究机构,连年被美国《外交政策》杂志评为美国最好的国际关系研究生院之一,该机构开设的研究生培养项目2005年位列该排行榜的第1名。

三是要正确处理好服务当前与引领未来的关系。大学一方面要紧密围绕国家和政府当前最关心的实际问题开展研究,提供系列的政策方案,并对现有的政策进行必要的解读、阐释。另一方面,大学要能未雨绸缪,对未来可能出现的重大问题进行预测和预警,成为国家未来的"瞭望者"。

总之,大学在参与国家智库建设的过程中,需妥善处理组织机构的权威与灵活、国内研究与国际研究、团队合作与独立研究、短期应急与长期承接等多方面的关系。"对于高等教育事业和高等教育研究的未来,学者们应该有所行动。过去的高等教育研究是解决供给的不足,现在的高等教育研究则是致力于需求的扩大化与多样化问题。"①高等教育事业和大学未来该走向何方,是每位大学学者必须深入思考的问题。服务社会是高等教育的重要职能,智库建设为服务社会提供了一个良好的平台。高校应紧紧抓住这一历史契机,围绕经济社会发展,尤其是高等教育事业改革和发展的重大现实问题开展战略性、前瞻性和全局性的科学研究,在学术领域发现真问题,夯实理论基础,助推经济社会发展,为政府决策提供战略支持,促进哲学社会科学的繁荣发展。

(原载于《高校教育管理》2014年第6期)

---

① 史秋衡,等.在反思与觉醒中寻求高等教育研究范式:2009全国高等教育研究机构协作组会议综述.中国高等教育,2009(8).

第

二　篇

世界一流大学建设

论一流大学建设的内在逻辑与现实境遇

过去二十年,各界对建设一流大学的呼声愈加强烈。虽然关于什么是一流大学可谓见仁见智,难以达成普遍共识,也缺乏公认、客观的评价标准,但这并不影响国家和民众对一流大学的神往。强国必先强教,强教必重高教,建设高等教育强国已成为社会主义现代化建设的题中之义。目前,我国经济已由高速增长转向高质量发展阶段,正处于转变发展方式、优化经济结构、转换增长动力的转型发展期。2018 年,中国高等教育发展成效显著:全国普通高校2663 所,普通本专科在校生2831.03 万人,当年招生790.99 万人,高等教育毛入学率达到48.1%。①党的十九大报告明确提出,优先发展教育事业,加快一流大学和一流学科建设,实现高等教育内涵式发展。毫不讳言,一流大学建设已然成为国家意志。

一、一流大学建设的复杂性

作为组织的大学最早起源于中世纪行会,而最初的大学就是模仿中世纪的其他机构建成,甚至包括大学概念本身也是从其他法人组织的称谓中得来。在此之前,不同国家(地区)也存在着各种类似的高等教育形式,如古罗马帝国、拜占庭帝国或中国,但都难以称为真正意义上的大学组织,因为它们尚不拥有特许状这一构成法人组织的关键要素。"大学是12 世纪西方基督教世界的产物,这不仅仅体现在大学的组织方面,而且表现在大学从教皇和国王那里获得到的特权和保护方面。"②因此,学界普遍认为西方中世纪大学就是现代大学的起源。

作为组织的大学,其形成过程无疑是复杂多变的。我们很难判断大学具体诞生于何时,也不清楚大学最初成立的标准是什么,更遑论大学的初始性质与使命。大学在变与不变之间挣扎,也在冲突与紧张中成长,我们很难为大学

① 参见2018年全国教育事业发展基本情况.
② 吕埃格.欧洲大学史(第一卷中世纪大学).张斌贤,等译.河北大学出版社,2008:9.

绘制一幅清晰的发展图像,大学的历史过于悠久,这份厚重的历史积淀为大学披上了神秘的面纱,使之有了超凡脱俗的"象牙塔"的隐喻。在克拉克·科尔看来,传统的大学不过是"一个居住僧侣的村庄",现代大学是"一座由知识分子垄断的工业城镇",当代大学则是"一座充满无穷变化的城市"。[①]科尔的这番描述对我们把握大学的文化内涵和精神价值具有一定的参考意义,但很难说足够准确。

大学是一个高度复杂的组织。首先,大学秉持的理念时移世易。大学理念作为大学的基因码,往往决定了大学未来的发展趋向。但大学理念的演进并非总是遵循达尔文的进化论。相反,作为理念的大学可以永恒,而作为大学的理念却总是变动不居。不同的大学在不同时期呈现出不同的发展模式,其实质反映了不同的大学在不同时代所作出的不同选择与超越。故而,当我们讨论大学是什么、可能是什么以及应该是什么的时候,我们给出的答案大多是相对的。其次,大学的内外部关系纷繁复杂。一部大学发展史就是一部抗争史,"高等教育的历史,很多是由内部逻辑和外部压力的对抗谱写的"[②]。从外部环境来看,大学作为一个法人实体,已难以致力于单纯的教学活动,它需要对周遭的社会问题予以回应。显然,今天的大学已难以规避世俗社会带来的影响。就内部环境而言,大学最大的挑战源于权力的分配。但无论是大学的行政权力,还是学术权力,其存在方式始终是不对等的。

作为组织的大学,其内部多数时候并非均质、整合,多样性是大学发展的真实内在诉求。大学作为一个自治组织,并不具有一个清晰而统一的愿景,其内部成员之间分歧多于共识,无序胜于有序,松散而非密切。这些决定了一流大学建设的复杂性。

二、一流大学建设的内在逻辑

任何大学都并非创校之初就是世界一流大学,总是要历经漫长而艰难的探索过程,因循一定的内在发展逻辑,才能逐步成长为世界一流大学。

① 科尔.大学的功用.陈学飞,等译.江西教育出版社,1993:26.
② 科尔.高等教育不能回避历史:21世纪的问题.王承绪,译.浙江教育出版社,2001:译者前言2.

（一）一流大学建设需立足教育本质与社会需求

从大学的职能来看，人才培养作为大学的基本职能决定了教学在高校工作中居于中心地位，"大学之所以称为大学，就在于培养各种类型、层次的专门人才，否则就不称为大学而称为科研机构或其他文化机构"[①]。但是，由于种种原因，不少大学重科研、轻教学，出现了基本职能倒置现象。也有的大学受市场因素影响，热衷于满足消费者需求和维系公共关系。大学无论是基本职能倒置，还是过度市场化，究其实质都背离了教育的本质。

2015年，《什么是美好生活：哈佛75年研究报告》发布。该研究报告指出，在构成美好生活的所有因素中，最关键在于健康的身心和亲密、和谐的人际关系，而非财富与成功。这一研究结论不禁让我们感慨今日大学教育与"促进个体不断成长"的初衷已然渐行渐远。1998年，联合国教科文组织世界高等教育会议发布《21世纪的高等教育：展望和行动世界宣言》，对高等教育的使命与责任作了明确界定：培养高度合格的毕业生及有责任的公民以满足人类各方面活动的需要。一流大学的教育本质并非抽象、空洞的，它往往内化于具体的培养目标。这些目标能够为大学生的成长提供科学的指引，帮助他们形成在未来发展中所必备的关键品质。德里克·博克认为，这些"关键的能力"至少包括懂得表达、善于思考、品德健全、具备公民素养、能够生活于多元化校园中、可以适应全球化社会、兴趣广泛以及具有明确的自我职业生涯规划。[②]

一流大学是知识经济时代的重要机构，需要主动回应知识经济时代的现实需要。从大学起源看，我们很难说是大学塑造了社会，还是社会孕育了大学。[③]但大学的诞生、发展无法与社会需要相割裂。无论是欧洲中世纪大学教师与城市之间的激烈斗争，还是洪堡将大学宗旨界定为服务国家发展需求；无论是《莫雷尔法案》所倡导的赠地学院致力于服务当地的农业、机械工业，还是范·海斯在执掌威斯康星大学时倡导的社会服务理念，无不彰显大学与社会发展的关联愈加紧密。无疑，一流大学的建设需依托并主动回应社会发展的需求，在探索、传授与应用知识的过程中寻求有机结合。

① 潘懋元.从"回归大学的根本"谈起.清华大学教育研究，2015(4).

② 博克.回归大学之道：对美国大学本科教育的反思与展望.侯定凯，等译.华东师范大学出版社，2012：45—53.

③ 吕埃格.欧洲大学史（第一卷中世纪大学）.张斌贤，等译.河北大学出版社，2008：10.

（二）一流大学需注重质量提升与多元发展

文化与价值观的多样性既是社会多样性的重要表征，又为个体创造力的发挥培育了社会土壤。"文化多样性提供了多种不同的方法来解决影响我们所有人的问题和评估生活的基本层面。"[①]大学职能的演化是对社会文化变迁的积极反应。作为一个特殊性组织，大学的变迁轨迹与知识的创造、流动休戚相关。无论是多元的世界观与价值观，还是多元的知识形态，都需多元的大学予以支撑。正是因为世界多样性的客观存在，我们难以凭借单一的标准与固定的概念来描述或概括世界的真实样态。今天的大学形态已远非中世纪纯粹的"学者行会"，也不尽是纽曼神往的"作为理念的大学"，甚至很难说是弗莱克斯纳笔下的"现代大学"。它的类型更加多元，功能更加分化，俨然成为一个"知性复合体"。我们难以断定这种复合体的特质究竟是天性使然，还是后天生成，但不断发展的事实无不在或隐或显地诉说着大学从单一向多元的形态变迁。

一流大学必然是多元的一流。多元不仅是一流大学的应有形态，也是一流大学必备的土壤与气候。就外部而言，一流大学需要多样化的高等教育生态系统。一流大学必须辅之以多元的标准为指引，因为多元是高等教育质量提升的保障。"一个合理的高等教育系统犹如一支乐队，既要有钢琴的演奏，也需要大、小提琴等的参与，如此才能奏出完美的乐曲。每一种类型的院校和学科都各有所长，都可能成为世界一流。"[②]任何一所大学都有其独特的发展历程与性格特质，因此任何单一的标准都难以全面反映大学的真实样态。就内部而言，大学作为一个探究的场域，应为多元价值的形成与发展涵育宽松的文化生态。多元的一流大学意味着大学需秉持开放的态度，公正地对待并接纳不同的观点。

一流大学应致力于实现有灵魂的卓越。中世纪大学能够得以存续，在很大程度上得益于其自身的稳定性。激进的大学常有，而稳健的大学需要社会支持，也为社会所需要，卓越而有灵魂的一流大学必然是在稳健基础上的永续发

---

① 联合国教科文组织.反思教育:向"全球共同利益"的理念转变?.联合国教科文组织总部中文科,译.教育科学出版社,2017:21.

② 潘懋元."双一流"为高等教育强国建设注入强大动力.人民日报,2017-11-19.

展。诚然,卓越并非一种客观的"评判尺度",因为"卓越不是一个固定的判断标准,而是一个在与其他事物相比较时含义固定的限定词"①。我们不妨把卓越视为一种自我激励的梦想,有灵魂则是一种矢志不渝的追求。毋庸置疑,实现卓越需要大学具备超凡的能力,并采取积极的行动;守卫灵魂要求大学在面临多重价值时作出理性抉择。概而言之,一所有灵魂的一流大学当以"尊严和尊重人性"为价值指导,以普遍主义等为行动原则,鼓励创新与发现,重视培养学生的生活哲学观,倡导学术自由,并为实现卓越而不断探索。

(三)一流大学建设需兼顾自主发展与外部监督

世界上最早的大学诞生于欧洲,也昭示着大学在欧洲历史上的地位为其他机构所难以比肩。欧洲学者在长期实践中所形成的知识传统孕育了大学及其所需的知识与方法,这有力地揭示了为何世界上最早的大学诞生于欧洲。可以说,大学是欧洲学者自由探寻知识的产物,这些大学几乎都是自然生长而成,并在此后自行运转。

长期以来,大学凭借"闲逸的好奇",自觉探究高深学问。一流大学无一不是基于内在的价值诉求自主探索的结果。无论是纽曼眼中的"知识本身即为目的"②,还是洪堡倡导的"由科学而达至修养"③;无论是弗莱克斯纳提出的"伟大的社会"④,还是克拉克·科尔首创的"多元化巨型大学观"⑤,这些都反映不同时期的大学大多历经较长的累积发展过程。价值的选择、时间的分配以及发展重心的偏好,往往反映了一所大学的个性特征。在面对复杂的环境、多重的任务和无尽的诱惑时,大学难免会同自身及其内部产生冲突,乃至斗争,但无一不是基于自身的使命与价值追求做出的主动抉择。不断演变的大学理念,反映不同时代大学所秉持的价值追求与趋向,但对于任何个体而言,所做出的抉择都是自发的行为。大学的自觉意味着主动探寻基于自身传统且符合发展愿景的治理机制,为未来发展排除制度性障碍。

---

① Readings B. The Universityin Ruins. Cambridge:Harvard University Press,1996:24.

② 纽曼.大学的理想(节本).徐辉,等译.浙江教育出版社,2001:23.

③ 陈洪捷.德国古典大学观及其对中国的影响.北京大学出版社,2006:30.

④ 弗莱克斯纳.现代大学论:美英德大学研究.徐辉,等译.浙江教育出版社,2001:7.

⑤ 科尔.大学的功用.陈学飞,等译.江西教育出版社,1993:26.

任何组织都存在惰性,因而需要借助政府、社会和市场等外部力量予以监督与规范。一方面,大学若未能秉持自身独特的价值理念,就容易变成另一种机构;另一方面,大学过于沉溺于理想的"象牙塔",难免滞后于社会的发展,因为单纯由理想提供的"疫苗"难以提供充分的"免疫"功能。纵观大学发展史,19世纪初的柏林大学,如果没有德国政府提供强有力的经济和组织支持,以"修养""科学""自由"等为精髓的古典大学观恐难以为继;20世纪初的牛津、剑桥,如果不是来自英国上议院的那场大辩论及其所产生的深远影响,也就无法适应新时代的社会需求;二战后的美国大学,如果不是源于二战期间德国反犹主义的猖獗,就不可能出现短期内数以万计的杰出科学家移居美国,而这对于美国科学界,尤其是对于发展中的美国研究型大学而言无疑大有裨益。

大学作为一个组织难免存在发展惰性。大学自身的惰性要求大学需主动借力政府、社会及市场的评估与监督。政府需在保障资源供给和政策规范的同时,对大学进行合理、有效、科学的监督与引导。值得注意的是,就政府而言,在建设一流大学过程中应扮演"监督"的角色,而非控制甚至包办;就社会而言,大学应积极吸纳社会力量参与办学,建立健全高校理事会制度;就市场而言,大学要审慎地借鉴竞争与高效的优势,使之更好地为一流大学建设服务。

(四)一流大学建设需平衡全球标准与特色发展

各国推动一流大学建设的动机是多元而复杂的。"每个国家都希望拥有,却没有人知道它究竟是什么,也没有人知道如何建成世界一流大学。"[①]无疑,世界一流大学建设需遵循全球共同的标准,但究竟什么是一流大学却莫衷一是。阿特巴赫和萨尔米认为,一流大学应"能够持续有效地扎根于当地和国家环境,并拥有全球形象和知名度"[②]。潘懋元总结了一流大学的三个基本标准:具备独特、卓越并能一以贯之的办学理念与实践,拥有一批大师级的教师,培养了一批具有突出贡献的著名校友。[③]本研究认为,一流大学需在如下多个方

① Altbach P. The Costs of Benefits of World-class Universities.Academe,2004(1).

② Altbach P.Salmi J.The Road to Academic Excellence:The Making of World Research Universities.Washington:The World Bank,2011:2-3.

③ 潘懋元."双一流"为高等教育强国建设注入强大动力.人民日报,2017-11-19.

面取得突出成效:在全球具有广泛影响的学术成就与声誉,充足的人力资源和办学经费,开放、自由而又不乏创新的治理机制,国际化的视野与水平,以及师生在全球范围的持续流动。一流大学建设需要参照标准,以便为观测和评价大学的发展成效提供适切的依据,但这种标准应具有相对的弹性,能为不同的大学实现自主与特色发展提供足够的空间。

不可讳言,当前评价一流大学的主流标准由发达国家制定。然而,世界本是多元的,它由一个个具体的、独立的主体构成。这意味着,如果不对作为具体的、独特的且不断变化的主体予以足够关照,我们所理解的世界标准就容易抽象化、程序化,就会被动地把个体国家纳入全球标准,从而丧失独立意识。如果所有的大学都盯着数量有限的大学排行榜,都要进入世界一流大学的行列,无疑是危险的,甚至是灾难性的。一流大学的建设固然需因循一定的全球标准,但更要对本国的历史、文化予以充分关照。中国教育传统中的许多特色,如传统儒学倡导的"求同存异、和而不同",各家学派在不断争鸣中共同进步的学术传统,以及传统书院的相对自治,等等,都可能对中国建设世界一流大学有所裨益。一流大学建设的精髓在于构筑一流的办学理念,而一流大学的办学理念往往是大学在国际标准、国家需求与区域特色的持续互动中生成。

三、中国建设一流大学面临的现实境遇

随着中国在世界舞台中扮演越来越重要的角色,中国大学努力汲取西方发达国家的先进经验,不断进行新的高等教育改革。但由于中国大学缺少制度累积,现代大学制度尚未成型,在迈向世界一流大学的过程中仍面临多重挑战。

(一)单向度的路径不利于可持续发展

一流大学建设涉及技术、制度和理念三个维度,且三者呈现交互式螺旋发展形态。换言之,一流大学建设需以一流的设施和技术为前提,并对一流大学的制度与理念展开同步探索。当前,中国大学在创建一流的过程中普遍陷入"单向度发展"的泥淖:单纯追求充裕的办学经费与一流的技术设备,盲目以学

术论文、科研经费和课题作为学术研究的量化指标,片面以"项目制"方式选择性资助若干所大学创建一流。我们需要的不是固化的发展指标,而是科学且灵活的评价制度。乔纳森·科尔认为,大学要建设成为"卓越之塔"取决于十三种要素的组合状态——科研产出、研究质量、基金项目、荣誉与奖励、高质量的毕业生、卓越教学、先进设备、捐赠基金、学术系统、学术自由、地缘优势、公共服务和卓越领导。

(二)模仿追赶型思维容易导致发展"脱序"

大学通常需历经漫长的演化过程。"历史的积淀赋予大学制度以独特的内涵,需要长时间涵养才能获得,无法在短期内实现跨越式发展。"[①]一流大学建设不能简单地模仿哈佛、耶鲁、牛津、剑桥,尤其当我们片面地关注经费和技术的一流,而疏于对制度与理念的关照时,往往容易引发"脱序"[②]现象。作为后发外生型模式,中国高等教育的发展长期处于模仿追赶状态,学界在不同程度上存在"西方中心主义"现象,并由此诱发"主体性迷失"。当前,国际学术话语权仍为少数几个发达国家所控制,国际学术文化基本由发达国家向发展中国家传播,发展中国家在很大程度上照搬发达国家的理论体系,以此形成极不对等的发展格局。对此,有学者认为,"亦步亦趋,终为奴仆;借鉴超越,方成主家"[③]。我们需要超越单纯的模仿路径,"舍本逐末的简化标准及不自量力的模仿竞争,不但不能达到国际一流的学术地位,反而会将本身的学术发展引入歧途,把原来要追求真正的国际学术水平的原意也彻底破坏掉"[④]。我们需要反思中国高等教育发展历程,总结既有的经验与教训;通过审视世界一流大学发展格局,分析现存的机遇与挑战;通过再认识与重构大学的使命,反思自身存在的短板与不足。

① 阎凤桥.我国高等教育"双一流"建设的制度逻辑分析.中国高教研究,2016(11).

② 金耀基.中国现代化的终极愿景:金耀基自选集.上海人民出版社,2013:12.

③ 转引自潘懋元.中国高等教育自主发展路径研究:学术理念、学术语言与学术评价的视角.高等教育出版社,2012:43.

④ 杜祖贻.借鉴超越:香港学术发展的正途.比较教育研究,2000(5).

(三)自主发展权受限有碍一流大学建设

作为欧洲中世纪大学精神圭臬的自治与学术自由,因受特许状保护得以存续。但这种发展模式由于与政府关系过于密切,导致大学在发展中颇受掣肘,尤其是在办学经费方面影响甚深。这可以从近年来德国柏林洪堡大学、法国多数高校以及俄罗斯圣彼得堡国立大学发展日趋式微中窥见一斑。中国高等教育同属自上而下的办学体制,高校享有一定的办学自治权,但这种自治大多限于大学内部。相反,美国在建国初期,虽然前六任总统都曾支持建立国立大学,但至今仍是一个"不可企及的梦"。这一"历史遗憾"却因美国联邦教育机构无权干预大学内部事务,为保障大学高度自治夯实了基础,更为美国孕育多元、灵活而又不乏竞争的高等教育生态系统提供了法理根基。据此不难发现,高校办学自主权受限难免会对一流大学建设产生消极影响。

(四)绩效评价盛行与一流学术背道而驰

各国一流大学建设催生了全球科研评估运动,世界高等教育正深陷史无前例的科研"军备竞赛"之中。这种全球性的大学排名对学者的学术工作产生了显著负效应,乃至无人能摆脱这种"标准化""同质化",乃至"商品化"的指标控制。大学作为自治性组织,应基于自身的理念、需求和目标作出变化,"大学应不断满足社会的需求,而不是它的欲望"[1]。受管理主义影响,当前大学普遍盛行基于表现的绩效评价体系,陷入"追逐排名"[2]的迷思,其本质是学术资本主义逻辑在大学大行其道,即实行基于外部物质主义激励的量化评价体系,"政府问责强调自上而下的单向控制,存在灵活性、实效性、针对性不够等问题"[3]。当前,各种基于"量化指标"形成的大学与学科排行榜固然可提供一定的参照,却难说全面、客观,因为不是所有有价值的事物都可以量化,也不是所有可以量化的都有价值。

---

① 弗莱克斯纳.现代大学论:美英德大学研究.徐辉,等译.浙江教育出版社,2001:3.

② 蒋凯.声誉追寻下的大学迷思.大学教育科学,2018(6).

③ 周光礼."双一流"建设的三重突破:体制、管理与技术.大学教育科学,2016(4).

四、结束语

一流大学不仅代表国家高等教育的综合实力,而且象征着国家科学与文化软实力。一流大学建设的愿景不应仅限于建成几所位居世界排行榜前列的大学,更应致力于构建一个富有强大生命力的高等教育生态体系。在这个体系中,既有声誉卓著的研究型大学,也有特色鲜明的行业型院校;既有深厚底蕴的古典大学,也有锐意改革的创业型大学;既有致力于引领世界发展的常春藤盟校,也有聚焦地方发展的应用型院校。一流大学不是孤芳自赏,而是在相互竞争与合作中实现联动发展;一流大学不是在世界排行中竞夺霸主,而是为培养卓越人才共同创建平台与营造氛围。建成一流大学不仅需要雄厚的经济基础,更取决于良性的学术环境与条件,以及对卓越理念矢志不渝的坚守与践行。同时,一流大学建设不是一劳永逸的身份固化,而是一个始终处于动态建设中的发展平台,可进可退,灵活调整。

一流大学的根本在人。大凡声誉卓著的一流大学,无不拥有一批基于内在动力与精神追求,富有想象力与创造力的学者、科学家,他们是一流大学建设的中流砥柱。历经四十余年的改革开放,中国的人力资源环境得以有效改善,但如果高校的人才选聘机制、考核评价机制和发展服务环境未能充分契合学术发展的规律,不能让高校学人在自主的学术环境中自由探索,充分发挥其想象力与创造力,人力资源大国就难以转变为人力资源强国。因此,如何激发高校学人的学术潜质与探索激情,让他们在扎根中国、服务中国的过程中有获得感、归属感、成就感,从而让一流大学为高等教育强国建设注入强劲动力,这是值得国家、政府与高校共同关注的议题。

(原载于《大学教育科学》2020年第2期)

新型研究型大学的生成逻辑、精神特质与动力机制

19世纪后半叶,当"石油大王"约翰·洛克菲勒(John Davison Rockefeller)向哈佛大学原校长查尔斯·艾利奥特(Charles William Eliot)问及"建成一所世界一流大学需要什么"时,艾利奥特的回答是"5000万美金和200年"。此后,芝加哥大学从创立到成为世界一流大学仅用了20年时间和5000万美金。可见,创建世界一流大学的时间可以缩短,但钱却不能少。事实上,在过去几十年,不少国家和地区凭借充足的财政资源已建成多所新型研究型大学,它们大多致力于以学术卓越推动国家实现科技创新。

一、研究型大学的变革图景

(一)传统研究型大学的诞生及其发展

在古典大学时代,大学长期以"象牙塔"自居,滞后于时代发展和社会需求。到18世纪,德国开始对哈勒大学和哥廷根大学进行现代化改革,但受多重因素影响,改革成效不尽如人意。19世纪初,时任普鲁士教育大臣的洪堡临危受命,扛鼎新人文主义和学术自由大旗,秉持"教学与科研相统一"之理念,主持创建了洪堡大学,成为研究型大学之滥觞。洪堡对学者的个人才华深信不疑,认为它是驱动大学发展的唯一动力。受之影响,耶拿大学、哥廷根大学、海德堡大学等多所研究型大学相继兴起,崇尚科学精神与推崇学术自由理念在德国高校蔚然成风。传统研究型大学因循古典大学传统,注重古典分析和社会价值,醉心于纯理性与思辨分析,重视学术自由与大学自治,以追求"闲逸的好奇"为精神圭臬。德国研究型大学历经一个世纪的发展日趋成熟,开始执世界高等教育之牛耳,成为引领世界各国高等教育发展的典范。

20世纪初,美国大量留学生远赴德国,学习德国先进的教育理念与现代大学制度。"从滑铁卢战役到第一次世界大战爆发,共有约一万名美国学生留学

德国。"①如果说柏林大学的诞生是科学研究的萌芽,创建于1876年的约翰斯·霍普金斯大学则标志着现代意义上的研究型大学的诞生。美国研究型大学的发展大致遵循两种不同的发展路径:一种以研究生教育为主,注重人才培养与科学研究相结合的新型美国大学,这类大学主要以约翰斯·霍普金斯大学为代表;另一种是对传统文理学院进行现代化改造,如哈佛大学、耶鲁大学、哥伦比亚大学和普林斯顿大学。②这类大学以提升学者和大学的声誉为价值鹄的,秉持默顿所提出的普遍性、公有性、无私利性和组织化的怀疑等科学精神特质。此外,由于希特勒对纯科学的蔑视态度和实行强硬的"反犹"政策,大批学者陆续流向美国,加之美国联邦政府为推动知识增长提供的充沛资源和制度保障,研究型大学作为一股新生力量逐步迈上美国高等教育舞台。美国联邦政府出于军事需求,在1945年颁布的《科学:无止境的疆界》中明确了政府资助大学开展科研活动的责任,而1958年出台的《国防教育法》则为联邦政府资助大学从事科研活动提供了法律保障。在《国防教育法》的推动下,美国联邦政府对大学科研资助额度从1959年到1964年几乎翻了一倍。③

传统研究型大学立足于高水平研究生教育,在一个相对宽松自由、免于传统偏见、少有商业需求、不计功利得失的环境中从事基础理论研究,致力于新的科学发现,积攒了广泛的学术声誉,在推动学术系统变革中发挥了关键作用。美国传统研究型大学的兴起、发展得益于教学与科研相统一的现代大学理念的确立、美国大学教授协会的成立、私人资本的参与和高层次"移民学者"的流入。然而,由于传统研究型大学过多关注科学知识增长本身,对知识的应用价值和知识生产情境的变化缺乏足够关注,对外部环境和社会需求的变化不够敏感,主动与工业界合作的意识不强,这些严重制约了研究型大学的发展。时代的进步和社会的需求呼唤研究型大学亟需进行范式转型和使命重置。

① 贺国庆,等.传统与变革的冲突与融合:西方大学改革两百年.高等教育研究,2013(4).
② 沈红.美国研究型大学形成与发展.华中理工大学出版社,1999:28-29.
③ ROGER L G. What Happened after Sputnik? Shaping University Research in the United Stated.Minerva,1997(4).

(二)研究型大学的现代转型与新型研究型大学的兴起

洪堡作为"现代大学之父"的最大历史贡献莫过于开创性地提出了"教学与科研相统一"的教育理念,并将其作为推动洪堡大学乃至整个德国高等教育进行现代化改革的行动指南。然而,何谓"教学与科研相统一"?其思想特征具体又表现在哪些方面?伯顿·克拉克(Burton R. Clark)在解读洪堡思想特征时认为该思想至少包含"四个结合":研究与教学相结合,哲学与经验科学相结合,科学精神与一般训练相结合,科学教育与广泛教化相结合。故此,我们过去对研究型大学的认知难免存在断章取义之嫌。

阿什比(E. Ashby)曾言,任何一所大学都是"遗传与环境的产物"[①]。大学作为一个生命有机体,总是在不断适应环境的变化中求生存、谋发展。无论是普莱斯(Derek Johnde Solla Price)所提出的从"小科学时代"到"大科学时代"的转型,还是约翰·齐曼(John Ziman)从"学院时代"向"后学院时代"的发展,都反映了当前科学建制和知识生产方式变革的必然趋势。后学院科学时代的本质是科技商业化,大学更加趋近于具有自利倾向的准市场组织,并逐步分化成"科学—政治""科学—经济",乃至"科学—经济—政治"共同体[②]。在传统研究型大学,推动科学家开展科学研究的根本驱力在于获得同行承认,而且这种学术承认存在明显的优势累积效应。科学制度同其他社会制度一样,是一个精心设计的产物,并对那些遵循学术规范、作出突出贡献的人予以肯定。正如罗伯特·K.默顿(Robert King Merton)所言,对绝大多数科学家而言,"增进知识是他的任务,实现这个任务亦即大大增进知识则是他最大的幸福"[③]。大学发展至今,其作为资源依赖型组织的特性显得尤为突出。学术资本主义的兴起,使得大学更加关注"市场行为"和"具有市场特点的行为"[④],优先关注可计算、可操作、具有使用价值的知识类型[⑤]。大学科研活动更加关注任务导向、产学结合和效用转化,秉承"知识创造价值"原则,是一个不断制度化、社会化和产业化的过程。

① 阿什比.科技发达时代的大学教育.滕大春,等译.人民教育出版社,1983:7.
② 李尚群.后学院科学时代的大学科研图景.高等教育研究,2007(10).
③ 默顿.科学社会学:理论与经验研究.鲁旭东,等译.商务印书馆,2003:395.
④ 斯劳特,等.学术资本主义.梁骁,等译.北京大学出版社,2014:10.
⑤ 毛亚庆.高等教育发展的知识解读.教育研究,2006(7).

1.知识生产模式变革与研究型大学现代转型

迈克尔·吉木斯(Michael Gibbons)等学者在系统分析知识生产模式变革及其对高等教育和市场的影响基础上,提出了知识生产模式1和模式2。过去的知识生产方式大多以学科为中心,学科组织边界明显,学科相对封闭,以发现新的知识为核心目标。随着现实问题复杂化、科学技术综合化和社会需求多元化的趋势不断加强,传统知识生产模式(知识生产模式1)已难以适应新形势的发展需求。相较于"模式1","模式2"更加强调在应用情境中生产知识,遵循跨学科原则,致力于推动学科交叉与组织多样性,强调社会问责和更广泛的质量保障体系。[①]作为一种特殊的知识生产方式,"模式2"不仅打破了学科传统边界,让不同领域的学者聚集在一起,更关键的是知识生产方式变革从根本上推动了大学科学研究模式的现代转型,"知识生产的情境化、集体性和跨学科协同性,知识生产的主体多元性和组织多样性,知识生产的社会责任和杂合式的质量控制标准"[②]。

吉本斯在随后的研究中进一步指出,在"模式2"中,不断变化的现实需要和实际要求会对科研共识产生极大影响,必须将不同类型的技能融合在一个有组织的框架中,而有组织的框架同样无法免于现实情况变化的干扰。[③]需指出的是,"模式2"并非完全取代"模式1",而是内生于"模式1"之中,是对"模式1"的有力补充。知识生产模式变革的实质是知识生产活动由过去线性的、个人主义的模式向跨学科、跨国界、整体性方向发展。知识生产模式的变革必将倒逼研究型大学实现现代转型,研究型大学的知识生产模式将更加强调现实情境性,更加凸显知识生产主体和组织的多样性,更加需要跨学科团队的协同攻关,更加注重研究成果的社会效应。

2.企业家精神与创业型大学

从本质来看,创业型大学的兴起是高等教育外部环境变革与大学自身发展需求双重力量共同作用的结果。20世纪中后期,受新公共管理主义思潮影

① 吉本斯,等.知识生产的新模式:当代社会科学与研究的动力学.陈洪捷,等译.北京大学出版社,2011:4-8.

② 李志锋,等.知识生产模式的现代转型与大学科学研究的模式创新.教育研究,2014(3).

③ 比彻,等.学术部落及其领地:知识探索与学科文化.北京大学出版社,2015:10.

响,各国政府在削减对大学资助额度的同时加强了对高等教育质量的问责,科研资助体制强化了大学间的激烈竞争,大学发展所面临的不确定性因素显著加强。随着学术资本主义的兴起和企业家精神的广泛传播,现代大学自力更生、自我发展、敢于冒险和追求卓越①的企业家精神在与持续变化的外部环境互动中得以充分彰显。企业家精神意味着大学更加强调发展战略规划,主动重构与政府、企业之间的关系,强化与企业在科学技术领域的深度合作,注重科学研究的技术转化,实现知识的增值与共享,致力于拓展更加多元的经费渠道,重视与所在区域经济社会发展的互动关系。

1998年,伯顿·克拉克(Burton R. Clark)较早对创业型大学的概念做了界定。他认为,创业型大学是"凭它自己的力量,积极地探索在如何干好它的事业中创新。它寻求在组织的特性上作出实质性的改变,以便为将来取得更有前途的态势"②。2003年,克拉克选取英国的沃里克大学、苏格兰的斯特拉斯莱德大学、荷兰的特文特大学、瑞典的恰尔莫斯大学、芬兰的约恩苏大学等五所欧洲创业型大学的改革实践进行系统研究。他认为,创业型大学中的"创业型"指的是"最可靠地导致现代自力更生和自我驾驭的大学的态度和程序"③。几乎同时,亨利·埃兹科威茨(Henry Etzkowitz)认为大学应有力整合教学、科研与创业之间的关系,并开创性地提出了政府—产业—大学"三螺旋结构"(Triple Helix)。埃兹科维茨认为,相较于传统研究型大学而言,创业型大学更注重通过及时有效地转化科研成果服务经济和产业发展,成为经济社会发展的引擎。受企业家精神影响,创业型大学表现出鲜明的精神特质,包括强有力的驾驭能力、更广泛的发展空间、多元的经费渠道、活跃的学术心脏地带和整合的创业文化。从本质来看,创业型大学作为一种新型研究型大学,既因循了传统研究型大学的基本职能,同时融入了时代元素和社会元素,变革了传统研究型大学的制度与观念。

3.大学排行榜与新兴大学

"新兴"最早用以描述经济领域中那些借助最近科技成果兴起的具有推动

---

① 杨兴林.关于创业型大学的四个基本问题.高等教育研究,2012(12).

② 克拉克.建立创业型大学:组织上转型的途径.王承绪,译.人民教育出版社,2003:2.

③ 克拉克.大学的持续变革:创业型大学新案例和新概念.王承绪,译.人民教育出版社,2008:导言9.

经济战略发展的高新技术产业。"新兴"一词具有明显的时间属性和质量属性。所谓时间属性,是指某一事物或组织的兴起与发展受时间因素作用明显;所谓质量属性,意味着发展质量对事物或组织发展具有决定性作用。新兴大学作为一种新的大学类型,无疑兼具以上双重属性:一方面,新兴大学作为高等教育组织的新生力量,萌生于新的时代环境,面临着新的机遇挑战、新的责任使命、新的发展形态;另一方面,新兴大学置身于日益激烈的竞争场域,必须强化战略思维和质量意识,凸显市场需求和应用导向,打造多元、灵活、有效的治理体系,秉持追求卓越的办学理念。

2016年《泰晤士高等教育增刊》对"校龄低于50年的150所大学"进行统计分析发现,瑞士洛桑联邦理工学院位居榜首。目前,学界所论及的新兴大学大多以此为基础。朱炎军等从时间、知识、管理和信念四个维度对新兴大学的内涵作了界定,并指出新兴大学兼具年轻化与高质量,重视需求与应用,强调多元供给与内部治理,追求卓越等特点。[①]伍宸认为,我国新兴大学以推动学校改革发展为价值起点,以引领未来为使命担当,以优质高等教育资源供给为己任。[②]刘楚通过分析17所世界新兴大学的发展现状发现,新兴大学大多通过产业化、国际化和院校合并等方式适应不断变化的外部环境。[③]需指出的是,新兴大学并非特指研究型大学,作为一种发展理念,它普遍适用于各种类型层次的大学。

4.有组织的创新与新型研究型大学

针对美国社会普遍存在的"创新断层""学科孤岛"等无组织创新现象,史蒂夫·C.柯拉尔(Steven C. Curral)等开创性地提出了"有组织的创新"理论。柯拉尔等认为,有组织的创新作为一种系统工具,致力于推动科学发现的技术转化,挖掘其所蕴藏的商业价值,以增进社会福利,其根本在于为实现技术突破营造有利的环境。柯拉尔等认为,引导好奇心(Channeled Curiosity)、跨界合作(Boundary-breaking Collaboration)和精心策划的商业化(Orchestrated Commer-

---

① 朱炎军,等.世界新兴大学:内涵、动力机制与发展策略.国家教育行政学院学报,2018(3).

② 伍宸.我国"新兴大学"的特征、内涵及实践品格.大学教育科学,2020(5).

③ 刘楚.世界一流年轻大学的战略选择与学科分布:基于17所大学的比较分析.湖南师范大学教育科学学报,2020(3).

cialization)是构成有组织的创新的三大核心支撑。①其中,引导好奇心是指大学领导者通过引导科学家关注研究成果的商业价值和社会影响,推动学者的内在求知欲与可行的目标实现有机结合;跨界合作强调多学科间的协作攻关,最大限度地追求研究发现的创新价值;精心策划的商业化旨在聚合相互补充的多重核心利益相关者,最大限度地推动技术商业转化。

　　如果说传统研究型大学为科技进步和高等教育发展之间架起了一座坚实的桥梁,②新型研究型大学则填补了基础研究与商业应用之间的鸿沟。新型研究型大学源于强劲的社会需求,旨在从传统单纯由学者好奇心驱动的高度专业化而社会影响有限的研究模式中走出来,通过知识生产与供给,让知识生产规律与教育规律精准嵌入所置身的社会环境并为服务对象创造独特价值。新型研究型大学在创新理念驱动下有战略性地开展基础研究,培养高层次创新人才,致力于突破传统科学研究范式。无疑,"新型研究型大学在投资主体上更加多元,在科学研究重心上更加关注需求,在人才培养上重视研究生教育,在学科建设上聚焦部分优势学科,在办学模式上强调更加灵活的学术制度和组织形式",③是一个融合了基础研究、技术转化、设计生产、市场开发等完整的链式结构。

二、新型研究型大学的战略定位与精神特质

　　乔治·凯勒(George Keller)认为,大学战略规划有别于凭经验办事、系统分析、管理科学,有其独特的价值。大学战略规划能积极地对待自身的历史地位,始终与外部环境保持动态平衡,注重科学决策而非静态文本,是基于理性分析基础之上的政治手段与心理影响的交互作用过程,强调组织的命运高于一切。④新型研究型大学鼓励原创性科学研究,侧重于基础科学研究、技术转化、生产、质量之间的互动关系,致力于从传统的"自由探索型研究向目标融合型、交叉会聚型、综合研究型研究"⑤转变。新型研究型大学致力于成为研究型

① 柯拉尔,等.有组织的创新:美国繁荣复兴之蓝图.陈劲,等译.清华大学出版社,2017:56.
② 沈红.美国研究型大学形成与发展.华中理工大学出版社,1999:28-29,5.
③ 彭湃.发展新型研究型大学的"为何"与"何为".中国科学报,2020-11-3.
④ 凯勒.大学战略与规划:美国高等教育管理革命.中国海洋大学出版社,2005:192-204.
⑤ 武建鑫.面向创新驱动发展战略的新型研究型大学实践路径研究.高校教育管理,2021(3).

大学中的"隐形冠军";聚焦某些最具优势、最有可能实现突破的研究领域,努力嵌入外部环境并为之创造独特价值。新型研究型大学作为研究型大学的重要组成部分,在承继传统研究型大学优良传统基础上,更加关注实际,直面现实需求,重视通过科技成果转化改善社会福利。通过对上述大学战略定位的梳理发现,全球新型研究型大学在持续发展过程中探索出许多共同的发展路径,凝练出普遍的精神特质。

(一)小而精,高起点,致力于培养顶尖创新型人才

新型研究型大学教师规模整体较小,属于典型的"袖珍型"。例如,南方科技大学的教师数量为1310人,上海科技大学的教师数为557人,师资规模最小的是2018年成立的西湖大学,仅有125人,韩国浦项科技大学的教师数946人。从学生规模来看,南方科技大学共有学生总数9069人,其中研究生数量占据"半壁江山";上海科技大学学生数量为5006人,其中研究生数量占据三分之二;西湖大学目前拥有334位学生,皆为博士研究生。新型研究型大学通常拥有较低的生师比,以充分保障师生互动,启发学生思考,促进深度学习和创造性思考。新型研究型大学选择重点发展研究生教育是理性决策的结果。1876年,丹尼尔·科伊特·吉尔曼(Daniel Coit Gilman)在创办约翰斯·霍普金斯大学时就聚焦研究生教育,以打造高水平的研究生教育为目标。"新型研究型大学之所以备受重视,关键在于其建立了一种全新的跨学科科研和人才培养体系,而这些非另起炉灶不可。"[1]新型研究型大学将人才培养定位于研究生层次,旨在以高起点培养引领科技变革的拔尖创新型人才。西湖大学首创先招博士生再培养本科生的人才培养模式,通过一流的国际化师资队伍和高水平科学研究支撑顶尖创新人才培养。

(二)创新驱动,聚焦前沿,锚定成为科技领域的"隐形冠军"

如果说时间是新型研究型大学的基本维度,创新则是新型研究型大学的本质特征。德国企业管理学者赫尔曼·西蒙(Hermann Simon)在1990年首次提出"隐形冠军"(Hidden Champion)概念。所谓"隐形冠军",专指"市场地位位列

---

① 温才妃.新型研究型大学何以为"新".中国科学报,2022-1-11.

世界前三或在其所在大洲排名第一、年销售额低于50亿欧元,但公众知名度较低的企业"。①隐形冠军通常只服务于特定的市场对象,或满足客户的特殊需求,通常规模不大,但极具技术优势和市场优势。新型研究型大学大多遵循"小而精"的战略定位,聚焦国家发展和人类进步过程中的特定需求,关注特定科技前沿,努力占领科学研究高地,不断拓展科技应用高地,以创新引领未来。新型研究型大学要成为研究型大学中的隐形冠军必须善于从市场需求和技术转化中挖掘基础研究问题。事实上,科学研究的应用前景和市场需求越广泛,其挑战性、复杂性越大,就越需要借助基础研究寻求突破。例如,新加坡南洋理工大学致力于发展成为"科技密集型大学",韩国浦项科技大学立足成为"研究导向型科技大学",南方科技大学主动借鉴世界一流理工科大学的学科设置和办学模式,面向国家和珠三角地区战略性新兴产业发展的重大需求。

(三)需求导向,跨界合作,努力弥合创新断层并推动科技成果转化

过去,传统研究型大学大多存在"市场是万能的,创新是偶然的,个体是全能的"的片面认知。詹姆斯·H.米特尔曼(James H. Mittelman)认为,从全球发展趋势来看,"新兴全球模式大学从单一学者的独立探索转向旨在创新应用知识的跨学科团队合作。由于成本的增加和对技术型基础设施的依赖,这些活动依托于由部分大学、国家和企业组成的新复合体"②。新型研究型大学作为新兴全球模式大学的重要组成部分,必须致力于推动基于需求导向的跨界合作。在学院科学时代,学者大多通过个体式研究寻求新的科学发现,促进知识的不断增长,以获得学术同行的承认,积攒广泛的学术声誉。在后学院时代,随着现实问题日益复杂化,由学科专业化和学科壁垒引发的问题愈发凸显,"现代科学研究已成为一项集体性的活动,它不仅离不开政府巨大的投资和一贯支持,而且也需要大学本身的支持"。③推动跨界合作需要大学主动构建一种基于相互依存的组织化环境。

新型研究型大学致力于弥合传统研究型大学存在的科学研究与技术转化

① 彭湃.办新型研究型大学可采用"隐形冠军"思路.中国科学报,2021-9-14.

② 米特尔曼.遥不可及的梦想:世界一流大学与高等教育的重新定位.马春梅,等译.上海交通大学出版社,2021:36.

③ 博克.走出象牙塔:现代大学的社会责任.徐小洲,等译.浙江教育出版社,2001:212-213.

之间存在的"创新断层"问题,聚焦基础研究和重大战略研究,瞄准现实需求,注重问题导向,推动科学研究与产业转化之间深度对接、全面融合。柯拉尔认为,构建有益于跨界合作的环境需满足六个条件:通过信念和信任进行领导,创造相互依存,跨越学科边界的合作,联系业界,连接大学,寻求与政府代表的积极对话。①美国经济社会在长期发展过程中存在不少认知偏差;认为是政府的过度干预诱发了经济危机,个体聪明才智是创新的原动力,创新源自诸多偶然事件。事实上,真正的危机并非政府过度干预,而是对自由市场的误解;科学家个人智慧固然重要,但绝大多数创造发明都无法脱离其所依托的社会环境和学者的专业网络;科学家每一次的"灵光一现"都是他们持续而有意识地努力的结果,是长期缜密、有意识、有目的的计划的产物。

不过,强调在应用情境中从事科学研究并不意味着否定基础科学研究的价值。新型研究型大学的管理者应将基础科学研究的应用有意识地引向有形的目标上,拓展科学家想象的空间,有意识地引导他们的好奇心与社会需求相关联。一项针对旧金山湾区企业的调查研究显示:"最好的结果往往出自需求驱动者,或者是那些利用对消费者需求的独到深刻见解去设计新的发明,从而强调市场现在或迄今仍未解决的问题。"②普林斯顿大学政治学家唐纳德·E.斯托克斯(Donald E. Stokes)基于科学家的自我定位和研究目标将科学家分成三种类型:波尔象限、爱迪生象限和巴斯德象限。斯托克斯认为,位于"波尔象限"的科学家基本上把追求纯粹的理解作为唯一的目的,他们只从事纯粹的、受好奇心驱动的研究,这类学者极少关注研究的实际用途;位于"爱迪生象限"的科学家则相反,他们大多在实际用途的驱动下从事科学发明;属于"巴斯德象限"的科学家往往既受纯粹科学研究驱动,又对解决实际问题感兴趣,这也是斯托克斯最感兴趣的一类科学家。③

繁荣的钟摆已逐渐远离了遗世独立、追求闲逸好奇的象牙塔,大学必须更加面向国家战略发展需求,肩负起对民族国家和世界经济社会发展的责任感。

---

① 柯拉尔,等.有组织的创新:美国繁荣复兴之蓝图.陈劲,等译.清华大学出版社,2017:91.
② 柯拉尔,等.有组织的创新:美国繁荣复兴之蓝图.陈劲,等译.清华大学出版社,2017:63-64.
③ 科尔.大学之道:美国名校的崛起、不可或缺的地位、必须保护的理由.冯国平,等译.人民文学出版社,2014:77-78.

事实上,从事基础科学研究往往受现实需求的激励,纯粹的基础科学研究与面向现实需求的应用研究之间并非线性对立关系,而是存在紧密的互动:许多重大现实难题的解决往往依托于基础科学研究,而基础科学研究又蕴藏着巨大的应用价值。新型研究型大学的战略定位和责任使命在于凝聚战略意识,有针对性地引导从事基础科学研究的科学家们的好奇心,并与技术转化、产品设计、商业研究之间产生持续互动作用。新型研究型大学所从事的科学研究不应局限于发明新的东西,更应该通过技术中介策略构建创新过程,实现"组合式创新"。①

(四)立足全球,开放办学,着力提升国际学术声誉与现实影响力

世界顶尖研究型大学大多致力于营造一种宽松、开放、世界性的环境,让师生过着一种"连绵、紧张而自律的精神生活"②。纵观全球,无论是洛桑联邦理工学院、卢森堡大学、马斯达尔理工学院、新加坡科技设计大学,还是香港科技大学、南方科技大学、西湖大学,这些新型研究型大学大多从全球聘请知名学者担任教师。瑞士洛桑联邦理工学院在创校之初就着眼于从全球聘请最好的教师,使该校从一所技术学院发展成为世界一流理工学院。2000 年该校教师中外籍教师仅占 1/3,2017 年外籍教师比例已达到 2/3,几乎翻了一番。③这些高水平的师资大多来自哈佛大学、斯坦福大学、加州理工学院等世界一流大学、科研院所和高科技企业。香港科技大学在创校之初就致力于从全球延揽师资,创立初期 80% 的教师拥有世界顶尖研究型大学的博士学位或曾任职于这些院校。

寻求跨国合作始终是新型研究型大学的战略使命。新型研究型大学跨国合作就是要突破国家的界限,寻求乃至创造替代性空间。诞生于 2007 年的新加坡科技设计大学(Singapore University of Technology and Design)在创立伊始就独辟蹊径,学校从一开始就竭力深思一所现代化的技术导向型大学所需的核心要素。学校遵循独特的组织结构和学位体系而建立,并未设置传统院系,

① 哈格顿.组合式创新:增长的机会与突破路径.唐兴通,等译.电子工业出版社,2020:51.

② 项飙,等.把自己作为方法:与项飙谈话.上海文艺出版社,2020:5.

③ 阿特巴赫,等.新兴研究型大学:理念与资源共筑学术卓越.张梦琪,等译.上海交通大学出版社,2020:28.

其培养之道和科研方法连同其设施和空间分配都是为了促进"多学科性"的发展。①该校在本国大型合作教育与合作研究计划——新加坡—麻省理工学院学术联盟（Singapore-MIT Alliance）基础上成立了"新加坡科技设计大学—麻省理工学院国际设计研究中心"，并由新加坡科技设计大学下设的管理委员会（Management Committee）负责监管。新加坡科技设计大学为促进中西文化融会贯通，主动与浙江大学在开设选修课、开展重大科研项目和组织交换生方面开展跨国合作。培养国际化顶尖研究型人才是新型研究型大学的战略愿景与责任使命。

三、新型研究型大学发展的多重动力机制

（一）引导好奇心：将科学家的好奇心引导到有组织的目标上

斯托克斯将科学家划分为波尔象限、爱迪生象限和巴斯德象限三种类型并对其加以界定，其本身就蕴藏着明显的价值倾向，最具影响力的科学家应属于既受纯粹科学研究驱动，又对解决实际问题感兴趣的"巴斯德象限"。事实证明，当大学将科学家的好奇心有意识地转向解决现实问题时，科学研究潜藏的力量是无限的。柯拉尔认为，引导好奇心指的是将由好奇心驱动的研究引导到解决现实世界中的问题、提升社会福利的方向上去。②

大学领导者要想有效引导科学家的好奇心需着力解决以下问题：一是要有充分的想象力。大学领导者必须能够对所要追求的挑战目标进行清晰的界定，并据此与科学家进行深入沟通，激发他们参与挑战和合作的热情与欲望。大学领导者所追求的挑战目标应具有重大、广泛的现实意义，能够兼容不同学科的研究范畴，促进学术研究与社会福利之间的有机融合。二是致力于打造技术平台。能够激发科学家创新热情的是解决现实生活中重大挑战的技术平台，而非生产具体的实用产品，因为前者是后者的基础。三是致力于实现具有战略意义的长远目标。受学科惯习限制，传统研究型大学的学者大多习惯于

① 阿特巴赫,等.新兴研究大学:理念与资源共筑学术卓越.张梦琪,等译.上海交通大学出版社,2020:113.
② 柯拉尔,等.有组织的创新:美国繁荣复兴之蓝图.陈劲,等译.清华大学出版社,2017:63-64.

在单一学科内部从事科学研究,研究视野往往较为局限,难有突破性成就。大学领导者必须具备战略眼光,瞄准具有战略意义的研究难题,这类问题的解决通常需要融合多学科力量持续攻关。新型研究型大学致力于成为大学群体中的隐形冠军,要求大学领导者必须有意识地引导科学家的内在好奇心,将科学家内在的驱动力量转移到更具现实价值、更具挑战的现实问题上。

大学将科学家的好奇心引向具有商业价值和增进社会福利的研究领域存在一定的风险。如可能会束缚科学家的想象力,制约原始创新的发展,诱致科学家兴趣与现实需求之间的冲突,从而削弱科学家的学术热情,这需要大学领导者审慎对待。同时,具有商业价值的科学研究有时与社会公益事业之间可能存在观念上的冲突,从而让大学陷入道德两难境地。

(二)推动跨界合作:创造有利的学术环境,实现政府、市场、大学跨界合作

吉本斯认为,在真实情境中生产知识是推动知识生产模式转变的关键因素。在真实情境中生产知识意味着需要借助不同学科和个人的信息流动,打破学科之间、大学之间、大学与社会机构之间、大学与政府之间的界限,努力使科学研究更具创新价值和现实意义。推动跨界合作需要构建组织化环境,"组织化环境反映员工对组织化结构的共同认知"[①]。多数研究证明,研究者大多倾向于在跨学科、跨组织和跨越学科边界的学术环境中从事科学研究,因为这样的组织环境更容易迸发出新奇的想法并为组织内部成员所接受,而对新想法的认可又会进一步激发更加新奇想法的诞生。

首先,实现跨界合作的前提是拥有共同认可的发展信念且彼此信任。相较于过去等级化的社会秩序,现代化的组织管理更具扁平化色彩,更加强调平等、影响力、信任和倾听。等级制度对推动组织或个人之间的合作已难奏效,必须依托一个更具整合意义、为大家所认可的发展信念,让大家都能体认到合作的普遍意识和广阔的发展前景。同时,领导者必须有效激发拥有不同技术、能力和知识的合作者之间的信任。事实证明,那些能够彼此信任的合作团队往往能够取得更多的创新成功。作为新型研究型大学的典型代表和卢森堡唯

---

① 柯拉尔,等.有组织的创新:美国繁荣复兴之蓝图.陈劲,等译.清华大学出版社,2017:90.

一的大学,卢森堡大学位居"校龄低于50年"的大学排行榜中的第14位,其迅速崛起的动力在于卢森堡大学有效契合了政府、大学校长和教职员工的期待,即通过创办一所新型研究型大学实现教育卓越。其次,有意识地建构相互依存的关系。合作主体之间相互依存的关系有助于激发合作主体扬长补短,在发挥各自优势中增进合作。南方科技大学作为一所以理工医科为主的新型研究型大学,在借鉴世界一流理工科大学发展模式基础上,始终服务于创新型国家和深圳国际化现代化创新型城市建设需要,得益于粤港澳大湾区、深圳先行示范"双区"等政策利好,即大学与城市的持续互动成就了彼此。最后,努力实现跨越边界的合作。这里所指的边界包括不同学科之间、企业与大学之间、大学与大学之间、大学与政府之间的边界。最有意义的创新往往来自拥有不同领域经验者之间的持续互动,需要多样化输入。洛桑联邦理工学院为打破长期存在的"院系孤岛"现象,推动实现了"纳米—生物—信息—认知"的融合,成为该校科技创新的引擎,通过实施"学校项目"(School Projects)在具有广泛影响力的项目中推动不同学科师生进行合作,在航天、能源等领域建立跨学科中心作为连接实验室、工业和社会的桥梁,建立融学生宿舍、宾馆、会议中心、餐厅、商店等为一体的劳力士学习中心,建造了容纳数十家大型公司和数百家创业公司的"创新广场"(Innovation Square)。

(三)精心策划的商业化:引导大学科研向生产实际转化,创造更多社会价值

在后学院科学时代,大学对提升国家综合竞争力的作用愈加凸显,将成为创新的引擎和科技产业的先导。研究型大学创新潜力的激发需要"精心策划的商业化"。柯拉尔认为,所谓精心策划的商业化是指有目的地将多方互补的人才资源集中并加以协调——研究人员、专利局官员、企业家、金融投资者以及公司——使技术商业化的利润最大化。[①]精细策划的商业化需要建立在相互理解的基础之上,需要关注科学研究、知识产权、技术专利保护、风险投资与产品研发等一系列活动。它突破了传统研究型大学关注基础研究以寻求新的

---

① 柯拉尔,等.有组织的创新:美国繁荣复兴之蓝图.陈劲,等译.清华大学出版社,2017:107.

科学发现的单一目的,更加重视将科学研究发现转化为具有实用价值的技术产品和服务。

精心策划的商业化要求新型研究型大学必须更加贴近市场,致力于瞄准实际生产转化科研成果。"随着大学的发展,学业较好的研究生往往倾向于从事学术研究,而不是进入企业界——少数几家注重高质量基础研究的大公司除外。由于受这些趋势的影响,企业科学家与大学学术研究领域的同行们能趣味相投的越来越少,他们之间非正式接触和联系也随之减少。"[①]这就要求大学必须努力营造一种支持商业化的行为。柯拉尔为精心打造的商业化提供了六条定律:"协调参与者网络,宣传榜样的力量,改进学术研究商业化的激励,任命行业联络官,增强技术转化和行政执行效率,引入企业和商业方面的专业知识。"[②]对于新型研究型大学而言,实现精心策划的商业化最重要的在于大学领导者必须是有力的协调者,将学者、大学管理人员、政府官员、投资商和社会公众有机地结合起来,让科学研究—技术研发—产品设计—市场推广多环节实现无缝对接。同时,有效的激励政策和评价标准对实现精心策划的商业化同样重要。这并非否定传统基础研究的价值,而是为了更充分地挖掘科学研究的潜在价值而有针对性地拓宽学术视野和可能影响。郄海霞用"三维九要素"分析了美国研究型大学与城市的互动关系,她提出的技术要素主要指:大学基础研究成果的技术转化,大学应用研究中的技术部分直接推动城市高新技术产业的发展,城市高新技术产业反哺大学科研,为其提供实践场所和资金支持。[③]香港科技大学在创校之初就始终致力于在政府、商界和产业界之间寻求合作。

四、余论

新型研究型大学作为知识生产模式转变的产物,深受企业家精神影响,努力在政府、市场与大学之间架起沟通的桥梁,致力于培养拔尖创新型人才,锚

① 博克.走出象牙塔:现代大学的社会责任.徐小洲,等译.浙江教育出版社,2001:156.
② 柯拉尔,等.有组织的创新:美国繁荣复兴之蓝图.陈劲,等译.清华大学出版社,2017:109.
③ 郄海霞.美国研究型大学与城市互动机制研究.中国社会科学出版社,2009:87.

定成为高等教育机构中的"隐形冠军"。新型研究型大学大多受到政府的强力支持,在创立之初就拥有雄厚的财政资助,具有"高起点、小而精"特色,借鉴世界一流理工科大学的学科设置与发展模式,努力寻求错位发展。诚如德里克·博克(Derek Bok)所言:第一,研究型大学不应承担其他组织或机构同样能够出色完成的任务;第二,新增的每一个项目都应该使大学的教学和科研活动得到加强;第三,新项目如果一开始就无法激发现有教师们的热情,无法博得他们的积极支持,那么通常就不应该得到批准实施。①无论是作为新型研究型领航者的斯坦福大学,或是位居"校龄低于50年"大学排名榜首的洛桑联邦理工大学,抑或是作为后起之秀的南方科技大学,概莫能外。

不过,汉斯·彼得·赫蒂格(Hans-Peter Hertig)认为成功的三项基本条件是环境、经费和领导力。大多新型研究型大学在创校之初基本都满足了上述三个条件,均取得快速发展。菲利普·G.阿特巴赫(Philip G. Altbach)认为,这些学校大多以国家经费作为坚实的基础,同时结合竞争性科研经费、工业合作伙伴关系、经费筹集活动,以及基础设施筹资的创造性方式始终至关重要②。但是,如果新型研究型大学自身缺乏自我造血功能,对外部依赖性越强,风险则越大。随着民粹主义在欧洲不断崛起,少数国家霸权主义在多国渗透,全球经济发展下行导致政府财政拨款每况愈下,来自多方的问责让大学领导者疲于事务性工作,这些都将在一定程度上影响新型研究型大学的未来发展态势。基于表现主义的学术评价机制将制约学术研究更广阔的发展视野,政府财政吃紧与大学有限的经费渠道致使大学面临更大的发展不确定性和可能的风险,这些都是新型研究型大学在未来发展中必须思考与回应的议题。

(原载于《教育发展研究》2023年第5期)

---

① 博克.走出象牙塔:现代大学的社会责任.徐小洲,等译.浙江教育出版社,2001:87-88.

② 阿特巴赫,等.新兴研究型大学:理念与资源共筑学术卓越.张梦琪,等译.上海交通大学出版社,2020:34.

自我革新的大学与人类命运共同体的构建

　　大学肩负着人才培养、科学研究、社会服务、文化传承创新、国际交流合作的重要使命。面对世界百年未有之大变局,大学的内生属性让其始终对外界的干预持有强大的韧性,对不同文明兼收并蓄、吐故纳新,体现并强化了大学的多样性、开放性和包容性。互惠互利、求同存异是命运共同体的典型特质,它强调共同体的主体间性与主体交互性。大学作为典型的组织,通过对知识的传播、生产与应用的持续变革强化命运共同体的角色与意识,为推动人类命运共同体积蓄力量。当前,站在全球视野的高度,为构建人类命运共同体贡献力量是时代赋予大学的责任。

一、大学的内生属性与人类命运共同体的构建

　　19世纪以来,"现代性"及其社会意义成为西方学者普遍关注的焦点。德国著名社会学家斐迪南·滕尼斯在《共同体与社会》一书中提出了"共同体"的概念,指出所谓共同体是"与拥有相同身份、特质、本能、职业、地域、习惯和记忆的人群相关,是人与人结合而成的'现实的有机的生命'"。滕尼斯认为,"共同归属的意识"与"对相互依赖状况的确认"是维系共同体的内在驱力。换言之,共同体的精神实质在于"承诺",是一种始于身份,成于信任,终于契约的生命有机体、心灵有机体与灵魂有机体。维系命运共同体的存在需要在其内部形构一种彼此依赖、相互信任、互惠互利的合作关系,是一种动态的主体间性。人类命运共同体作为共同体的典型代表,以国际共同体为在场方式,以利益共同体为外在驱力,以价值共同体为根本遵循,凸显集体主体性,而非个人主体性。人类命运共同体是共同体的最高形态和终极目标,"向善"是其核心伦理与共同理念。

　　人类命运共同体并非单纯强调原生性的静态"共同性",而是不同利益主体在交流互鉴中逐步凝练的"文明总体",是并存于不同共同体间利益与价值的"最大公约数",即人类命运共同体强调"同质",而非"等量"。共同体并不因

对"同质"的追求而否定"多元"的价值；相反，人类命运共同体致力于在多元主体间实现互联互通，寻求价值共识。

人类命运共同体之"共同"并非单纯强调趋同，而是如何使拥有不同身份、文化、职业、传统与信仰的个体与集体共存共荣，荣辱与共。人类命运共同体以历史唯物主义为哲学基础，超越传统民族国家视域，对现存建立在资本主义剥削性社会关系基础上的人类利益共同体进行批判性反思。人类命运共同体强调以"全球性思维"补充和完善"民族性思维"，从全球的、历史的、人类的视角和用辩证的、积极的、建设性的思维分析和解决人类共同面临的现实挑战，为维系人类生存、开创美好未来和超越现代性理论创造新的贡献。

中国特色社会主义进入新时代以来，习近平总书记深刻把握人类社会历史经验和发展规律，汲取中华优秀传统文化的思想智慧，从统筹中华民族伟大复兴战略全局和世界百年未有之大变局的战略高度，创造性地提出并不断丰富发展构建人类命运共同体的重要思想。党的十九届六中全会通过的《中共中央关于党的百年奋斗重大成就和历史经验的决议》明确指出，"构建人类命运共同体成为引领时代潮流和人类前进方向的鲜明旗帜"。构建人类命运共同体，是马克思主义中国化时代化的最新成果之一，科学回答了"世界向何处去、人类怎么办"的时代之问，体现了全人类共同价值追求，反映了中国发展与世界发展的高度统一，对中国和平发展、世界繁荣进步都具有重大而深远的意义。

对于大学而言，无论是传播知识、创造知识，还是运用知识服务社会发展，大学始终致力于人类文明的共同发展，着眼于解决人类发展过程中的共同难题。开放性、多样性和包容性是大学的内生属性。大学的开放性强调以开放的立场书写人类的秩序与规则，最大限度地关照每个主体的利益与声音，共担全球治理责任，共享人类文明成果。大学跨越时空阈限，从虚化的共同体、固化的共同体转向真实的共同体、发展的共同体。大学服务于人类命运共同体的建设与完善并非依靠单纯的宏大理想，而是在大学之间的互动关系中建构一种平等、共享的交往秩序体系。在这种交往秩序体系中，大学的"命运"才可能实现互联互通，人类的命运在普遍交往中形成并强化共同利益。大学的多样性强化了知识的无边界性和多样性，意味着不同的大学愿意保持并公开承认自身的独特性与差异。大学培育和蕴藏的多元知识形态是人类文明多样性的生发条件,为多元文化的繁荣发展夯实了基础,为推动构建人类命运共同体提供了"内在稳定器"。大学的包容性则意味着大学并非固化的关系结构,而是具有内在的张力。2016年,联合国教科文组织(UNESCO)提出"共同利益",即"人类在本质上共享并且互相交流的各种善意",它是由人结合而成,而不仅仅是个人美德的简单累积,并且在相互关系中实现善行,人类也正是通过这种关系实现自身的幸福。作为组织的大学之间无疑享有共同的利益,这种共同的利益不仅是既定关系和相互融合的事实存在,也是构建未来共同发展的价值设定与意义追求。大学始终能够在与不同利益主体的交互作用中寻求发展,其根本动力就在于大学具有海纳百川的发展韧性。大学由此成为全球利益的"稳定器"和"解压阀",为人类命运共同体的发展编织了强大的关系纽带。

二、作为命运共同体的大学及其自我革新

在人类历史发展过程中,大学作为不同文明交流互鉴的载体,承载着人类共同文明的结晶。大学能够跨越延绵不断的文明冲突与战争存续至今,就在于大学始终承载并遵循人类文明赖以存在的基础,即普遍真理与道德共识。在大学命运共同体内部,每个成员怀着对客观真理、智识理想和"共同的善"的普遍追求。

大学作为社会子系统之一,其存在与发展受社会内外部关系影响显著:一方面,大学作为独立主体在不断重构关系;另一方面,大学又作为客体始终受到关系的作用。大学的内生属性催生了大学善于自我反思的特质,作为命运共同体的大学总是着眼于群体的共同利益与未来发展,在知识传承、发展、创新与应用之间寻找平衡,妥善协调本土性与全球性的冲突关系。大学既是知识交流的推动者,也是知识创新的受益者。

"共同的善"是大学追求的永恒价值。当大学单纯地服务于某个区域性组织时,就容易故步自封,裹足不前。因此,大学只有从全球视域思考和解决问题时,才能强化人类命运共同体的属性与价值。作为命运共同体的大学需要与时俱进,也正通过知识的传播、生产与应用等方式实现创新性变革。

其一,就知识传播而言,大学共同体在过去相当长时期都以传播已有的确定性知识为唯一使命。当时围绕知识传播所形成的师生共同体是一种单向的共同体,师生共同体以单一主体性为存在形式,缺乏类本质的主体间性:教师成为实体性主体,学生却是非实体性主体。进入 21 世纪,随着世界范围内高等教育的大众化、普及化,师生关系得以优化,从传统的教师主体向师生双主体转型,师生的主体间性得以凸显和强化,师生共同体以实质性交互推动大学命运共同体的演进和发展。伴随高等教育普及化和终身教育理念的深入,师生共同体的外延得以拓展,大量"非传统学生"以正式或非正式方式纳入大学共同体,形构多元的主体间性。而互联网与教育的深度融合进一步丰富了大学共同体的活动形式,线上线下有机互动实现了时间、空间和知识的"三维融合"。"互联网+教育"对大学命运共同体的影响无疑是深远的,它突破了传统制度藩篱,让知识的传播方式更加多元化、人性化、个性化,有效强化了命运共同体的主体性和主体间性。

其二,就知识生产而言,大学命运共同体的组织形态逐步向多样化方向发展。19 世纪初,柏林洪堡大学提出的"教学与科研相统一"原则让大学命运共同体的实践范畴得以拓展,从单纯的知识传授向知识传播与知识生产并举转变,二者互为助益。二战期间,出于战争的需求,大学命运共同体与民族国家联合形成更大的命运共同体,不少研究型大学与政府部门在科学研究上成为战略同盟。大学命运共同体走出象牙塔,超越了师生双主体间性,凸显了"政府—市场—大学"交互主体间性。进入新世纪,研究性教学的兴起与知识生产模式的转变让大学命运共同体的主体和场域发生了逻辑转向。就前者而言,研究性教学强化了学习者在大学命运共同体中的角色与地位,学习者不再是单纯的知识接受者,他们在接受知识的同时也在生产知识,实现了主体多样性身份的跃迁。就后者而言,吉本斯等创造性地提出了"知识生产的新模式",实现了知识生产场域的变迁,从传统的象牙塔拓展到其他实践场域,更加强调应用情境、异质性和交互性。

其三,就知识应用而言,大学命运共同体作为知识的核心生产者,在过去注重外显化的实用价值,追求技术的先进性和利益的最大化。随着全球风险性、复杂性和不确定性加剧,许多问题不再是区域性或国家层面的问题,也不单纯是技术性问题,而是需要全世界各国人民集合各领域优势联合攻关,人类命运共同体所要解决的是包括新冠肺炎疫情、全球气候变暖等全球性挑战。大学命运共同体不再单纯地追逐知识生产的优先权、科学技术的先进性与科研实力的竞争力,而是强调对全球共同利益和"共同的善"的关注,强调与人类命运共同体休戚相关问题的破解,强调将先进科学知识转化为先进生产力的成效,强调命运共同体间的互惠互利,而非争夺竞争。

三、大学要在推动人类命运共同体建设过程中发挥独特贡献

构建人类命运共同体并不否认个体的存在价值。相反,人类命运共同体旨在寻求一种"真实的人格认同"和"开放而创造性的自我"。人类命运共同体致力于克服在资本主义逻辑下形成的世界市场经济秩序。由资本主义逻辑形构的世界市场经济秩序是一种不平等的、具有浓郁的霸权主义色彩的、为少数利益群体服务的旧的国际秩序。人类命运共同体旨在以"共同的善"和普遍的"互利共赢"为价值前提,在生产性活动和精神性活动中找寻"最大公约数",致力于唤起各个区域、民族、国家的共同性需求,实现共商共建共享共赢的全球治理秩序和达致"共同的善"的智识基础。概而言之,人类命运共同体旨在发展生产力、变革生产关系、释放创造力,进而实现一个和平共处、开放包容、互利共赢的、具有更广泛意义的世界秩序。

大学作为典型的命运共同体不仅充分认识、分析人类命运共同体存在的普遍挑战,也在强化主体间性,加强对人类命运共同体的研究。人类命运共同体不是自在的世界性实体,而是不同利益主体在全球范围内持续交互作用的结果。大学在建构与发展人类命运共同体过程中遵循历史唯物主义哲学观,用动态的、发展的、辩证的眼光推动人类命运共同体进程。当前,大学要在推动人类命运共同体建设过程中发挥独特贡献,需要彰显自我变革意识,在传播人类文明和推动文明互鉴中发挥更大作用。

大学既是矛盾的载体,又是化解矛盾的力量。大学对普遍真理的永恒追求有力缓和了文明冲突,化解了人类风险,降低了不确定性。大学传递的具有

普遍意义的伦理价值对维系人类命运共同体的主体间性发挥了重要作用。柯林斯在"互动仪式链"理论中指出,人类在共同参与实践活动中分享共同的情感体验可能催生四种深层性的情感:群体团结、个体情感能量、代表群体的符号和道德感。这种共同道德体验的形成需要共同的价值观为前提,大学正是形塑共同价值观的最有效载体。大学命运共同体在强化"共同体的宽容度"和扩大"主体间的信任度"上发挥着积极效用,为推动人类命运共同体的构建发挥效力。

（原载于《中国高等教育》2022年第3期）

孺子牛、拓荒牛、老黄牛：一流大学的精神图像

习近平总书记2021年4月6日在厦门大学建校百年之际致信祝贺。他在贺信中充分肯定了厦门大学在过去百年办学中所取得的突出成就,指出厦门大学"形成了'爱国、革命、自强、科学'的优良校风,打造了鲜明的办学特色,培养了大批优秀人才,为国家富强、人民幸福和中华文化海外传播作出了积极贡献。"习近平总书记还对厦门大学全面贯彻党的教育方针、落实立德树人根本任务、建设世界一流大学等方面提出了殷切希望。

2021年是中国共产党成立100周年,是"十四五"开局之年,也是推进"双一流"建设的关键之年。在这个特殊时刻,擘画以生为本、创新求索和甘于奉献的一流大学精神图像,重温"孺子牛""拓荒牛""老黄牛"的精神意蕴,对于推动一流大学建设具有深远的时代意义。

一流大学的精神是理性的、包容的、个性化的,也是无私的、创新的、奉献的。一流大学坚持以生为本的培养理念,具有国际视野和全球胜任力的卓越人才,以开拓创新的精神引领时代发展,以无私奉献的态度推动社会进步。一流大学所蕴含的"孺子牛""拓荒牛""老黄牛"精神有助于启迪智慧,洗礼灵魂,升华思想,守护良知,发展个性,涵养正气。一流大学的精神既需要充分发扬共性特征,实现互认互惠;又需要尊重个性差异,焕发多元活力。

一、孺子牛精神生动诠释了一流大学以生为本的育人理念

"孺子牛"出自《左传·哀公六年》,书中记载:"汝忘君之为孺子牛而折其齿乎?而背之也!"寓意父母对子女的舐犊之情。后来,鲁迅《自嘲》中的"横眉冷对千夫指,俯首甘为孺子牛"使"孺子牛"精神得以升华,成为以人为本、一心为公的精神隐喻。

《汉书·艺文志》曰"秉要执本"。大学作为一个教育机构,培育人才是根本。大学必须回应"培养什么人、怎样培养人、为谁培养人"这一根本问题。注重以生为本,坚守育人初心,"培养担当民族复兴大任的时代新人"是一流大学

矢志不渝的追求。人才培养是一项长周期、慢变量支配的复杂系统工程,建设一流大学必须重视本科教育,秉承以生为本的育人理念,筑牢育人基石。

一是坚持高质量育人。一流大学大多通过延揽饮誉世界的名师、营造自由宽松的学术氛围培养杰出人才。坚持高质量育人要求大学必须在人才培养目标、教育教学内容、课堂组织方式、学业评价手段等方面坚持高标准、严要求。高质量育人必须构建连接大学与社会互融互通的桥梁,让学生在启迪智慧的同时体悟社会存在,培养具有"家国情怀、担当精神、引领能力"的栋梁之材。

二是坚持三全育人。培养一流人才要求大学理念与实践相结合,课内课外相融通,知识与能力相支撑,德智体美劳相促进。坚持三全育人应致力于打造"强基础、宽口径、重实践、多元化"的人才培养体系,实现时间、空间和知识"三维融合",形成人人、时时、处处育人大格局。

三是坚持个性化育人。一流大学建设必须落实以人为本的办学理念,坚持以学生为中心,以学生的学习为中心,以学生的个性化学习为中心,彰显人才培养的引领性、人文性、时代性和开放性。笔者在美国对布朗大学教师发展中心主任访谈时获悉,该校有的教师一年无偿为学生提供教学咨询累计多达400余学时。正是这种"一对一"的个性化咨询让布朗大学享誉世界。坚持以生为本的办学理念还应全面实现学生自由转专业、自由选课程和自由选老师,全面推行学分制,为学生自由而全面的发展提供制度保障。

二、拓荒牛精神擘画了一流大学创新求索的发展动力

世界上没有任何一种牛会天然地自我拓荒,它总是在身处困境时积极探索、开拓进取,才形成了"拓荒牛"的形象。"拓荒牛"预示着不畏艰险、勇于开拓、敢闯会创、务实肯干的创新求索精神,激励着历代中华儿女奋勇拼搏,不懈奋斗。

2021年3月,习近平总书记在福建考察时指出,"十四五"时期我们国家再往前走,必须靠创新,随大流老跟着人家是不行的。创新是时代发展的第一动力,是推动社会进步的根本源泉。大学不仅是传承知识的象牙塔,更是推动知

识创新的动力站,大学要始终立时代之潮头、发思想之先声,注重基础研究,强化原始创新。大学要实现创新发展,必须坚持问题导向、目标导向、需求导向,破除发展桎梏,激活发展活力,优化创新生态。

一是坚持问题导向,聚焦现实需求。恩格斯曾言:"社会一旦有技术上的需要,这种需要就会比十所大学更能把科学推向前进。"科学创新是推动社会进步的不竭动力,社会需求是实现科学创新的源头活水。一流大学的科学研究必须始终聚焦经济发展、民生改善和国防建设等现实需求,在服务国家富强、民族复兴和人民幸福的过程中发现真问题,努力攻克"卡脖子"难题。二战期间,美国众多研究型大学广泛参与国防研究事业,尤其在原子弹、雷达、火箭等领域的研制中发挥了不可替代的作用,大学自身科研实力也得以极大提升。

二是强化基础研究,夯实创新基石。习近平在科学家座谈会上的讲话中指出,基础研究一方面要遵循科学发现自身规律,以探索世界奥秘的好奇心来驱动,鼓励自由探索和充分的交流辩论;另一方面要通过重大科技问题带动,在重大应用研究中抽象出理论问题,进而探索科学规律,使基础研究和应用研究相互促进。要明确我国基础研究领域方向和发展目标,久久为功,持续不断坚持下去。近年来,我国大学在量子信息、干细胞、铁基超导、中微子、脑科学等领域取得了不凡成就和显著进步,但与世界主要发达国家相比仍有不小差距,其根本在于我们的基础研究发展相对滞后。一个国家要想掌握基础科学知识,实现原创性突破,必须重视并开展以揭示客观规律为目的的基础研究。

三是推动科研育人,培育科学精神。"每一个学生都是一个研究者,每一个研究者都是老师。"研究型大学在推动科教融合方面具有得天独厚的优势,在与教师合作开展科研的过程中,青年研究生科研潜力和创造力得以有效激发。有数据显示,我国每一篇高水平科研论文中有三分之一的贡献属于在校研究生。推动科研育人需要大学教师将高水平的科研成果转化为高质量的课堂教学内容,促进科教融合,让高水平科研化作一股强劲的育人力量。习近平总书记指出:"科学成就离不开精神支撑。科学家精神是科技工作者在长期科学实践中积累的宝贵精神财富。"高水平原创科研成果既离不科学家的科研水平和学术造诣,更需要科学家精神的支撑引领,包括爱国、创新、求实、奉献、协同和育人精神。

四是完善科研评价,释放创新活力。科研评价犹如指挥棒,牵引着科研发展方向。当前,我国高校科研评价制度不健全、评价体系不完善、评价方法不规范,学术研究简化为论文发表和课题申请,导致学术风气丕下,学术文化式微。《深化新时代教育评价改革总体方案》的出台为扭转科研不正之风和提振科研士气创造了改革契机。推动科研评价改革兴利除弊,必须努力涵育尊重科学、热爱科学、信仰科学的学术文化,悉心呵护学术人的好奇心,有效激发学术人自由探索的欲望,用心培植实事求是、潜心研究、严谨治学的学术生态。

三、老黄牛精神深刻揭示了一流大学甘于奉献的责任使命

"老黄牛"任劳任怨、甘于奉献的精神形象深入人心,成为中国人民和中华民族生生不息、艰苦奋斗的精神动力。一流大学需要秉承"老黄牛"甘于奉献、勇于担当的精神传统,为国家和经济社会发展提供知识资源、智力资源和人才资源。

党的十九届五中全会指出:"坚持创新在我国现代化建设全局中的核心地位,把科技自立自强作为国家发展的战略支撑,面向世界科技前沿、面向经济主战场、面向国家重大需求、面向人民生命健康。"建设"中国特色、世界一流"的大学必须扎根中国大地,紧扣国家社会发展重大战略需求,不断强化服务理念,优化服务布局,拓展服务范围,提升服务内涵。建设一流大学要积极推动与国家部委、地方政府、行业企业的深度合作,努力探索产学研用合作新模式,致力于服务新发展格局。甘于奉献的"老黄牛"精神要求大学必须与时俱进,努力打造与社会互联互通的桥梁,推动大学与社会实现信息相通。我国大学通过大力推动科研成果转化,在新能源、新材料、人工智能、电子信息、生物医药、智能制造等领域产出了一批具有国际领先水平的高显示度科研成果,有力支撑了相关产业的转型升级和新兴产业的崛起。

以生为本的"孺子牛精神"、创新求索的"拓荒牛精神"、甘于奉献的"老黄牛精神"充分彰显了一流大学的办学理念、发展动力和责任使命,成为一流大

学的文化底色和精神图像。百年恰是风华正茂,未来仍需风雨兼程。站在"两个一百年"的历史交汇点,我国大学必须始终以习近平新时代中国特色社会主义思想为指引,坚持立德树人根本任务,扎根中国大地,胸怀"两个大局",锚定世界一流,充分发扬孺子牛、拓荒牛、老黄牛精神,以矢志不渝的信心与决心、久久为功的恒心与耐心,以沉潜之力,争创世界一流。

(原载于《厦门大学报》2022年4月26日)

第三篇

地方本科高校发展

建设应用技术大学的逻辑与困境

2014年4月,在河南省驻马店市举办的"产教融合发展战略国际论坛"上,178所高校通过了《驻马店共识》,以积极响应国务院的战略部署,逐步探索向应用技术大学转型发展。《驻马店共识》致力于呼吁社会各界关心和支持地方本科院校的发展,推动地方本科院校向应用技术大学转型,"期待国家加快部分地方本科高校转型发展的顶层设计,加快高校设置、评价、拨款和管理制度的改革,为转型发展创造良好的政策环境"[①]。地方本科院校向应用技术大学转型是我国高等教育领域的一次重大改革。因此,需对建设应用技术大学的逻辑和面临的困境进行深入思考和重新建构,以期为推动地方本科高校转型发展有所裨益。

一、建设应用技术大学的逻辑

(一)历史演进的逻辑

现代意义上的大学肇始于欧洲中世纪后期。早在10世纪左右,欧洲手工业、商业得以快速发展,市民阶层觉醒并逐步活跃于中世纪欧洲舞台。为了更好地维护自身利益,商人和手工业者自发组织行会,并逐渐发展成为商业、修辞、法律方面的专门学校。事实上,中世纪大学主要目标在于职业训练,培养专业性应用型人才。这种专业性应用型人才的内涵主要有:一是注重学科的实用性,无论是法学院、医学院、还是神学院,皆旨在培养专门人才。二是课程与教学内容突出实用性。中世纪大学大多强调实用性,"正是由于中世纪大学课程的实用性质,大学生似乎对大学所提供的教育是满意的。大学课堂常常座无虚席"[②]。此时的大学多采用讲授(Lecture)、辩论(Disputation)的教学方式,其中课堂讲授和辩论旨在提升学生的解释和辩论能力,以提升将来在议会

---

① 董少校.应用技术大学评价标准亟需重建.中国教育报,2014-5-9.
② 贺国庆,等.外国高等教育史.人民教育出版社,2003:59.

会议、教会会议和法庭上的辩论技巧。三是毕业生大多从事非学术性工作。中世纪大学在根本上还是为了满足社会发展的需要,尽管职业性或营利性并非大学的本质属性,但无可置疑的是,早期中世纪大学培养人才的目的还是相当有限的,即训练从事具体职业的专业人员。"牛津和剑桥两校很明显地认为设立大学是为给教会和政府培养服务人员……就大学毕业生而言……在当时,他们都做实际工作者而不做思想家,做主教而不做神学家,做政治家而不做哲学家,做学校领导人而不做学者。"[①]可见,当时社会发展的需求形塑了大学培养人才的实用性。

此后,至十七八世纪乃至当今的大学,大多致力于满足社会发展的实际需求,包括德国的高等专业学院(Fachhochshulen)、英国的城市大学与多科技术学院、美国的专门学院以及日本的高级专门学院,无一不以培养应用技能型人才为旨归。

(二)高等教育分类的逻辑

在研究高等教育理论问题时,如何有效地划分高等学校类型可谓是一个世界性难题,也是一个迫切需要解决的问题。早在18世纪以前,高等教育机构基本上只有大学一种组织形式,高等学校就是大学。但随着大学逐步发展,到19世纪时期,欧洲高等教育机构从单一的大学组织形式分化出单科学院和应用型高等专科学校。[②]就高等学校分类标准而言,目前世界上普遍采用三种分类方式。

第一种是美国卡耐基教育促进基金会(Carnegie Foundation for Advancement of Teaching)的分类方法。该机构曾先后在1976年、1987年、1994年、2000年和2005年对高等教育机构的分类标准进行修订。以最新的2005年分类标准为例,该分类标准将美国4385所高校大致分成副学士学位授予机构、学士学位授予机构、硕士学位授予机构、博士学位授予机构、特别中心(Special Focus Institutions)和部落学院等6种类型。其中,副学士学位授予机构数量共1811所,占全部高等教育机构数量的41.30%;学士学位授予机构数量共735所,占

① 阿什比.科技发达时代的大学教育.滕大春,等译.人民教育出版社,1983:9.
② 潘懋元.潘懋元文集卷三·问题研究(下).广东高等教育出版社,2010:14.

16.8%；硕士学位授予机构数量690所，占15.8%；博士学位授予机构数量282所，占6.4%；特别中心机构数量806所，占18.4%；部落学院32所，占0.7%；此外，还有少数机构（26所）没有进行归类，占0.60%。

第二种是由我国学者武书连提出的按类和型进行分类的标准。其中，类反映的是大学的学科特点，结合各学科门类的比例，分为文科类、理科类等13类。型表现大学的科研规模，按科研规模的大小将大学分为研究型、研究教学型、教学研究型、教学型等4种类型，每所高校的类型由上述类和型两部分组成，类在前，型在后。

第三种是国际教育标准分类法的分类。联合国教科文组织（UNESCO）批准的"国际教育标准分类法"是一个有助于按照国际商定的共同定义和概念对各类与政策相关的教育统计提出标准报告的框架，从而确保所产生的指标的国际可比性。该分类法将高等教育分为两个阶段：第一阶段相当于专科、本科和硕士生教育阶段，第二阶段相当于博士生阶段。第一阶段又可分为5A、5B两类，5A类是理论型，5B类是实用型。5A类学习时间较长，一般为4年以上，目的是使学生进入高级研究项目或从事高技术要求的专业。5B类学习年限较短，一般为2—3年，也可延长至4年或更长时间，学习内容面向现实，适应具体职业需求，提供实用的、技术的、适合职业发展的课程。

上述三种高等教育分类标准中，联合国教科文组织批准的"国际教育标准分类法"所参照的并非单个国家或地区的高等教育，而是比较全面地覆盖了世界各国高等教育机构分类的基本情况，能较广泛地适用于不同国家的高等教育机构分类，具有更大普适性。

（三）实然与应然的逻辑

1.满足社会发展对应用型人才的多样需求

20世纪以来，大学服务社会的意识和功能日益凸显，大学逐步从社会边缘走向社会中心。建设应用技术大学首先是不断满足经济社会发展对不同类型人才的需求。教育外部关系规律认为，教育系统与其他社会子系统以及社会诸多要素之间的关系是教育要受社会经济、政治、文化等制约，并对社会经济、政治、文化的发展起作用。①人类社会不仅需要"认识世界"的人才,更需要"改造世界"的人才,而对后者的需求远远大于前者。正是由于社会经济发展对应用型人才的需求旺盛,而现有的应用技术人才又难以满足经济社会的发展需求,地方本科院校向应用技术大学转型成为一种适时的选择。

应用技术大学有别于学术性研究型大学和高职院校,是介于二者之间的新型院校。应用技术大学要求在动手能力方面超过研究型大学,在理论基础方面培养的学生强于高职院校。在发达国家,应用技术大学在高校总数占比超过4/5,相较于研究型大学而言,应用技术大学更强调实践性、专门性以及与经济社会发展的适切性,能较好地适应社会发展对人才的多样化需求。这就决定了应用技术大学"应用性"的内在规定性和必然性:一是人才培养目标强调能力本位,而非以知识作为唯一的目标;二是专业设置要求满足经济社会发展的需求,而非学科的完备;三是人才培养侧重于实践性教学以培养学生的动手能力;四是"双师型"教师的培养和发展是彰显学校人才培养"应用性"的根本保障;五是产教深度融合是实现应用技术大学可持续发展的关键。因此,应用技术大学的发展以应用技术人才为主要培养目标,凸显"应用性"是高校对经济社会发展对人才需求的积极回应。

2.化解部分高校发展危机的应然之举

一直以来,我国高等教育结构存在层次分明而类型单一的问题。潘懋元教授指出,除个别院校外,一般地方院校的人才培养应定位于培养应用型人才。②但在实际办学过程中,许多地方本科院校在人才培养、科学研究和社会服务等方面仍承袭研究型大学的发展模式,过分重视学术型人才而忽视应用型人才,存在典型的重学术轻应用、重理论轻实践的导向。地方本科院校要突破已有观念的束缚,必须从传统的"精英教育办学理念"和"学术型"培养模式的桎梏中解放出来,实现理论知识与实践能力的有效结合。当前适逢我国经济社会转型之际,不少地方本科院校在转型过程中,不断根据地方经济发展和自身实际情况进行调试,陆续提出了服务型、应用性、技术本科、行业特色、创业型等新的发展思路。

① 潘懋元.潘懋元文集卷二·理论研究(上).广东高等教育出版社,2010:538.

② 潘懋元.理论自觉与实践建构:高等教育的历史与未来.北京师范大学出版社,2014:534.

二、建设应用技术大学的困境

由于人自身理性的局限性和现实情况的复杂性,在建设应用技术大学的过程中不可避免地面临许多困境。

(一)地方大学自我认同隐藏危机

自我国大学制度诞生以来,大学自我认同危机始终没有得到有效解决,大学的"心理问题"呈现有增无减的趋势。大学如同个体生命一般,也在不断地追问自己"我来自哪里,我去往何方",大学试图在变化莫测的时代潮流中寻找自我,然而在实践中其身份危机愈演愈烈,茫然之举层出不穷。大学自我认同危机在地方本科院校身上表现得尤为明显。纵观地方本科院校的发展历程可以发现,作为我国高等教育系统重要组成部分的地方本科院校期望获得政府、社会和大学同行认同的心理伴随着其成长的全过程。它们期许获得三者的认同,却又困惑于认同标准的多元化。[①]这些多元化的标准并非全然一致,有时甚至相互矛盾和抵牾,地方本科院校在不同的标准间徘徊:是尽可能满足地方政府的标准和市场的要求,迎合经济社会发展对专门人才的需求,还是遵循大学发展的内在规律,获得教育部门和大学同行的认可? 也许理论上存在能兼顾二者需求的第三条道路,但现实中却难以找寻到第三条道路的足迹,地方本科院校正陷入非此即彼的艰难抉择之中。

地方本科院校自我认同危机的根源在于政府在分配教育资源的过程中,其分配标准的多样性引发不同大学行为的差异性,面对不同的分配标准,大学在资源面前的"趋利性"愈加明显。大学的自我认同危机对地方本科院校的影响是持久深远的,这种危机突出表现在大学对自身定位模糊不定,办学模式千校一面,办学特色日益衰减。应用技术大学的发展之路应指向何方是目前许多地方本科院校在转型过程中举棋不定的症结所在。目前地方本科院校所进行的转型并非基于理性的自觉,更多的是一种现实环境的驱动,是现实催生了理想,是形势助推了转型。

---

① 刘晖.转型期的地方大学治理.中国社会科学出版社,2008:62.

(二)行政统一规制与大学多元发展出现矛盾

我国高等教育在取得长效发展的同时,对高等教育管理体制的诟病同样不绝于耳。行政规制整齐划一,举办者、投资者与管理者之间权责不分等问题严重束缚了地方本科院校的发展。无论是中央政府还是地方政府,大多将地方本科院校视为其全面管辖的一个事业部门,并以强制性和统一性的行政规制加以管理,地方本科院校的发展长期处于"计划经济"模式下,《中华人民共和国高等教育法》赋予大学的自主权捉襟见肘,微乎其微。转型后的应用技术大学内涵、特点相较于传统地方本科院校,更强调行业性和地方性,而目前所采用的行政导向的管理模式有悖于地方本科院校向应用技术大学转型发展。应着力构建有利于应用技术大学发展的评价标准和机制,政府在加强顶层设计的同时,应允许部分院校自行探索,着力重构政府、社会和学校三者之间的关系,逐步推进管办评分离,构建有企业、行业参与的社会评价机制。同时,为大学自主发展提供足够空间,努力推动大学实现自我定位和自我管理,在行业、企业的参与下,依据市场需求动态调节人才培养方案,以满足经济社会发展的变化需求。

(三)不同类型院校转型面临分歧

英国著名高等教育学者阿什比曾言,任何一所大学都是遗传与环境的产物。无论是作为一种观念形态,还是作为一个组织形态,大学始终处于变革之中。在大学发展的历程中,始终需考量社会的政治、经济、文化发展态势的要求和高校自身的办学历史、办学特色、办学资源,以及学校的现实情况,科学选择满足社会需求和教育规律的发展之路。

在建设应用技术大学的实践中,不少地方本科院校原本就在工程技术学科领域具有明显优势,部分独立学院依托母体学校,结合自身的专业优势培养市场急需的人才,这些院校向应用技术大学转型通常较为容易,只需转变观念即可。但有一些院校由原来的师范专科升格为师范学院,或以文理经管类学科见长的地方本科院校,这些院校大多规模较大,在办学定位、人才培养、学科专业和办学条件等诸多方面均不适合转为应用技术大学,转型压力较大。对于这些院校,要分类指导,不能强求转型。

(四)应用型教师队伍建设遭遇瓶颈

随着《中华人民共和国教师法》《普通本科学校设置暂行规定》等相关法律法规的出台,以及近年来研究生学位授予数量的不断增加,高校教师的学历层次逐步提高,地方本科院校中拥有研究生学历的教师不断攀升,大量高学历的人才充实到地方本科院校当中,对学校长远发展和教师结构优化起到了保障作用。①然而就应用技术大学人才培养的规格和要求而言,现有单一的教师结构无法满足实际发展的需求。应用技术大学强调教师应具有丰富的在行业、企业工作或实践的经历,强调教师应具有实践操作能力。在面临转型的地方本科院校中,绝大多数教师缺乏到企业工作或锻炼的机会。这样的教师队伍如何适应学校的转型发展? 此外,不少高校在建设应用型教师队伍过程中遭遇专业学位研究生培养制度不完善、不成熟,业界人才难以在高校任职,以及教师转型存在困难等发展瓶颈问题。

要实现应用技术大学师资队伍的结构性转型,根本上需要建立一支符合应用技术大学发展的、素质精良、结构优化的教师队伍。应用技术大学教师队伍建设的关键在于强化教师的实践能力,包括技术应用型专业教师和理论型教师都要具备这种能力。同时,由于应用技术大学通常承担较多的工程项目,在提升教师实践能力的同时需构建团队化目标,不断强化团队实践能力和团队协作能力,这就需要依据具体专业项目和教师个体实践能力对教师团队进行整体设计与配备②。

三、结语

地方本科院校在办学过程中因过分倚重和承继传统大学的办学理路,形成了较为严重的思维惯性和路径依赖,致使地方本科院校向应用技术大学转型中一些关键性问题无法取得实质性突破。首先是人才培养的具体目标还未明确。处于研究型大学和高职高专院校"夹心层"的应用技术大学,其人才培养目标既不能盲目效仿研究型大学,又要有别于高职类院校。因此,需立足应

---

① 潘懋元.应用型人才培养的理论与实践.厦门大学出版社,2011:172.
② 吴仁华.建设应用技术大学需要解决六个问题.中国教育报,2014-5-12.

用技术大学所处的层次和水平,根据地方经济社会、区域产业结构和自身发展优势,有针对性地设定人才培养目标,并逐步落实到人才培养的各个教学环节中,努力提升人才培养的适切性。其次是专业布局无法与市场需求实现耦合。应用技术大学的专业布局需紧密围绕行业、企业的发展需求,地方本科院校要实现向应用技术大学顺利转型,应集中构建专业群,加强专业间的内在联系,努力实现集合效应,有效形成人才培养的行业特色或产业特色。最后是服务社会的能力、水平有待提升。由于现行的人才培养体系与行业产业的联系不够紧密,整体科研水平相对有限,导致地方本科院校服务社会的能力不强,产学研合作难以深入推进,进而影响到人才培养的质量。此外,如何提升实践教学在人才培养中的比重,如何突破现有发展观念的束缚,构建现代职业教育体系,等等,这些问题在短期内均无法得到有效解决。

(原载于《中国高教研究》2014年第8期)

中国高等教育发展水平省际差异透视
——基于高等教育发展指数的证据

一、引言

改革开放以来,我国高等教育取得了显著成效,世纪之交更以"中国速度"迅速发展,高等教育规模已跃居世界第一。数据显示,2013年我国高校数为2788所,高等教育学生数为37091277人,高校专任教师有1543862人。[①]毋庸置疑,我国已成为高等教育大国。但受政治、经济、文化和地理等多重因素影响,我国各省高等教育发展呈现不均衡甚至"极化格局"[②]。组织场域理论认为,国家是促成组织场域结构化和制度化的核心力量之一。长期形成的高度集权体制对任何公共部门的影响是显而易见的,而高等教育机构大多隶属于公共部门(民办/私立院校除外)并受之管辖。可见,我国高等教育发展水平深受政府决策行为的影响。同时,我国高等教育资源相对有限,因而"有限的资源与膨胀的规模之间、社会发展需求与人才培养水平之间的矛盾不断凸显"[③]。相较于基础教育,高等教育大多通过工程、项目等政策激励高校办学,而这些政策大多惠及少数高水平研究型大学,其政策具有明显"过滤效应"[④]和倾向性。其他学术水平不及研究型大学的高校只能望而却步,高校间发展差距随之不断扩大,而地区高校与政府、市场不同的互动加剧了省际间发展水平差异。

基于上述假设,本研究针对我国各省、自治区、直辖市高等教育发展水平和高等教育资源分布状况,尝试构建能客观反映我国各省高等教育发展现实图景的指标参数。

---

① 笔者注:该组数据中,高校、教师和学生数量均包括普通高等学校、成人高等学校和民办其他高等教育机构,具体参见中华人民共和国教育部官网.

② 刘华军,等.中国高等教育资源空间分布的非均衡与极化研究.教育发展研究,2013(9).

③ 赵琳,等.高等教育质量的院校类型及区域差异分析:兼论我国高等教育资源配置格局与质量格局.清华大学教育研究,2012(5).

④ 阎光才.年长教师:不良资产还是被闲置的资源.北京大学教育评论,2015(2).

二、文献回顾与研究设计

(一)高等教育发展水平差异现实图景

高等教育发展备受学界关注,但关于高等教育发展水平及差异的研究相对有限,且大多限于对衡量指标和统计方法的探讨。如赵庆年利用高等教育发展层次指数、平衡指数、开放指数、需求指数、实益率和结构指数等对我国高等教育发展水平进行评价,较为清晰地呈现我国高等教育发展现状。[1]詹正茂选取规模、效率和速度等3项指标对我国高等教育发展水平进行综合评价,认为建立指标体系应遵循目的性、科学性、系统性和可比性等原则。[2]许庆豫和徐飞采用变异系数测量指标对我国1990—2009年间高等教育发展地区差异进行统计,发现我国高等教育发展地区差异总体在缩小,均衡指数在上升,但地区差异缩小的速度在逐步放缓。[3]更多的研究侧重于从高等教育资源分布和外部投入视角对我国高等教育发展进行研究。如阎凤桥、闵维方借用经济学中的“木桶原理”(亦称“短板效应”),选择“教学、行政用房面积”、“宿舍面积”、“图书”、“仪器”和“食堂面积”5项指标对我国616所不同类型高校的办学资源进行测算,结果显示,我国高校无论是个体还是总体都不同程度存在“木桶现象”。[4]赵琳、史静寰等使用“中国大学生学习性投入调查问卷(NESS-China)”中的“教育收获”和“在校满意度”两项指标衡量我国高等教育发展质量,据此对比我国高等教育资源在东、中、西部之间的差异。[5]刘精明基于地区高等教育毛录取率指标,借用泰尔指数和基尼系数分析了高校扩招以来我国高等教育机会的地区差异和变化。[6]以上研究从不同角度论证了我国高等教育水平和资源分布不均衡的事实。也有学者采用信息技术手段对我国高等教育进行全景式扫描,直观呈现我国高等教育发展全貌。如刘华军等利用地理信息系

[1] 赵庆年.高等教育发展水平评价新概念及其评价.教育研究,2009(5).

[2] 詹正茂.我国高等教育发展水平的综合评价指数研究.科学学与科学技术管理,2004(9).

[3] 许庆豫,等.我国高等教育发展水平地区差异分析.复旦教育论坛,2012(4).

[4] 阎凤桥,等.对于我国高等教育资源配置中存在的“木桶现象”的探讨.教育与经济,1999(2).

[5] 赵琳,等.高等教育质量的院校类型及区域差异分析:兼论我国高等教育资源配置格局与质量格局.清华大学教育研究,2012(5).

[6] 刘精明.扩招时期高等教育机会的地区差异研究.北京大学教育评论,2007(4).

统(GIS)技术绘制了我国高等教育经费空间分布图,发现中国高等教育资源分布呈现空间非均衡特征,非均衡趋势愈演愈烈。[1]不独于此,薛颖慧、薛澜借用类似技术对我国高等教育绝对规模和相对规模的空间布局进行描述,通过建立数字化中国城市图和引入城市重心权重系统发现,我国高等教育并不存在严重的东、西部不均衡现象,而是各地区高等教育空间分布存在严重的不均衡现象。[2]

相较于从整体上把握中国高等教育发展水平,更多学者倾向于从微观视角分析我国各省高等教育资源分布。鲍威等通过对比1993—2005年我国各省高校生均支出发现,不同省域高校生均支出基尼系数在波动中略有增加,受地方财政收入和产业结构影响显著。[3]张凌等从投入总量、发展规模、师资水平和办学效益4个维度对我国区域高等教育资源配置差异进行比较,发现区域经济社会对高等教育发展影响显著。[4]刘亮认为东部地区内部和东、中、西部地区间差异是我国高校经费差异的主要表征。[5]也有学者对我国不同类型院校的经费进行比较,认为相较于公办重点高校和民办高校,公办地方本科高校处于腹背受敌的境遇[6],中央直属高校与地方院校间的经费差距在持续扩大[7]。鲍威、刘艳辉通过实证研究发现,我国高等教育资源配置差异是政府、市场和院校三因素综合作用的结果,且区域层面对院校层面影响显著。[8]此外,部分学者从历史视角对我国高等教育发展变化进行梳理,对比不同阶段的高等教育发展水平及其特征。沈鸿铭等以定量方法对新中国成立后我国高等教育资源分布地区差异的形成与演变进行分析,指出高等教育资源分布差异不仅影响高等教育升学机会,对地方经济、社会发展也具有潜在影响。[9]宋争辉认为,自近代以来,中国优质高等教育分布出现了从"东强西弱,呈阶梯状分布"到

① 刘华军,等.中国高等教育资源空间分布的非均衡与极化研究.教育发展研究,2013(9).

② 薛颖慧,等.试析我国高等教育的空间分布特点.高等教育研究,2002(4).

③ 鲍威,等.公平视角下我国高等教育资源配置的区域间差异.教育发展研究,2009(23).

④ 张凌,等.我国区域高等教育资源配置的差异性分析.高教发展与评估,2006(4).

⑤ 刘亮.中国地区间高等教育经费差异的因素分解.统计与决策,2007(6).

⑥ 彭勃,等.我国公立非重点高校发展前景探析.江西师范大学学报(哲学社会科学版),2006(2).

⑦ 鲍威.扩招后我国高等教育资金筹措机制研究.教育发展研究,2007(7-8A).

⑧ 鲍威,等.我国高等教育资源配置差异影响因素的多层线性模型分析.教育发展研究,2011(19).

⑨ 沈鸿敏,等.我国高校地区分布非均衡问题及其影响分析.教育发展研究,2008(1).

"东西强,中部弱"的转变。①

从既有文献看,关于高等教育发展水平的研究大多聚焦于高等教育外部资源,包括经费、设备、效益等,而对高等教育发展内部因素如高等教育毛入学率、教师质量、高校水平涉及较少。当前,我国正处于从高等教育大国向高等教育强国转型之际,亟需从外延式发展向内涵式发展转变,更需关注影响高等教育发展水平的内核要素。因此,研究高等教育发展水平及影响因素成为高等教育研究的题中之义。

(二)高等教育发展指数的引入与数据说明

国际上已有不少教育组织采用发展指数评估和监测国际教育发展水平。UNESCO每年发布的《全球教育统计摘要》(*Globle Education Digest*)使用16个统计表提供数百个统计指标数据,对世界各国教育发展状况进行统计。OECD每年出版的《教育要览:OECD指标》(*Education at a Glance:OECD*)采用系列教育指标反映OECD国家和伙伴国的教育发展状况以及教育与收入的关系。世界银行每年出版《世界教育发展指标》(*World Development Indicators*),为各国提供涵盖经济、人口、环境和教育等各方面的统计数据,其中关于教育的统计数据涉及教育投入、教育参与、教育效率、教育完成率、教育公平等5项指标。

为研究地区教育发展现状,世界银行南亚局人类发展部 Dhir Jhingran 和 Deepa Sankar选取教育发展水平差异较大的印度作为研究案例,针对印度19个邦(州)教育发展现状设计了一个由教育投入指数、教育公平指数和教育产出指数3个二级指标12个三级指标构成的教育发展指标体系。印度计划委员会(Plan Commission)委托印度应用人力资源研究所 Anil K. Yaday团队,针对印度各学区义务教育阶段存在的问题设计了一套涵盖教育机会、教育设施、教育资源和教育产出4个二级指标22个三级指标的教育发展指数。

对比上述两种教育发展指数发现,世界银行南亚局和印度计划委员会设计的教育发展指数中的二、三级指标数值均设在0和1之间,数值越大反映该地(学)区教育发展水平越高。在统计三级指标数值后,通过主成分分析法(Principal Component Analysis, PCA)等方式赋予相应权重,据此测算各项二级指标

① 宋争辉.中国优质高等教育资源区域分布非均衡化的历史演变与现实思考.高等教育研究,2012(5).

发展指数。同时,二者都注重对教育投入、教育公平、教育机会的考察。相较于 UNESCO 和 OECD 的教育指标体系,世界银行南亚局和印度计划委员会结合印度教育发展的特殊性,因地制宜,设置不少颇具针对性的发展指标,如不同部落的毛入学率、无饮用水学校的比例、有男/女厕所学校的比例等。

　　21世纪初,我国学者开始借鉴国际研究,构建适合中国教育发展实情的指标体系。谈松华和袁本涛以15岁以上人口识字率、预期受教育年限、中等教育毛入学率、高等教育毛入学率、每10万人口中高等学校在校生数、公共教育经费占 GDP 的比例、人均公共教育经费等7项指标构建了"我国教育现代化的评价指标体系"。[1]楚江亭参照 OECD 的教育指标体系,构建了一套由教育背景、投入教育的资源、受教育机会、学校环境与组织管理、教育产出、教学秩序与安全以及学生成绩等7项二级指标组成的教育发展指标。[2]王善迈等参考国内外研究并结合我国教育发展现状,构建了一个由3个二级指标和18个三级指标组成的教育发展指数,将教育发展指数分解为教育机会指数、教育投入指数和教育公平指数。[3]

　　从已有研究看,我国教育界已尝试使用教育发展指数描述中国教育的现实图景,但大多限于对国际和国外教育发展指数的翻译和评介,且集中于对基础教育发展的分析,鲜有涉及高等教育。当前,高等教育发展已成为政府关注的核心议题之一,增加高等教育投入,扩大高等教育入学机会和提高高等教育质量始终是高等教育发展的重要目标。如何全面、客观认识中国高等教育发展现状是实现高等教育大国向高等教育强国跨越的前提。本研究在借鉴国内外已有研究基础上,尝试构建涵盖高等教育机会指数、高等教育投入指数和高等教育质量指数3项二级指标4个三级指标的高等教育发展指数体系(如图3.2.1),以期呈现全国和各地区高等教育发展现状。在该指标体系中,以高等教育毛入学率衡量高等教育机会指数,以高校生均事业费衡量高等教育投入指数,以重点高校数量占本省高校总数比率和专任教师拥有博士学位比例

① 谈松华,等.教育现代化衡量指标问题的探讨.清华大学教育研究,2001(1).

② 楚江亭.关于建立我国教育发展指标体系的思考:兼论 OECD 教育发展指标体系的主要内容.教育理论与实践,2002(4).

③ 王善迈,等.我国各省份教育发展水平比较分析.教育研究,2013(6).

衡量高等教育质量指数。

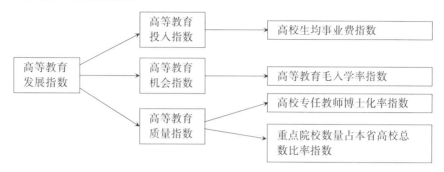

图 3.2.1　我国各省高等教育发展指标构成

三、中国高等教育发展省际差异分析

（一）高等教育机会指数

国际组织和地区大多以高等教育毛入学率衡量高等教育机会水平。毛入学率指数的计算方法一般是实际入学率与最优入学率的比值，其中最优入学率根据全国当前教育发展的实际水平和未来一段时期教育发展目标来定。根据《国家中长期教育改革和发展规划纲要（2010—2020年）》的规划目标，我国高等教育毛入学率到2020年将达到40%。据此，本研究将我国高等教育毛入学率最优值定为50%。需说明的是：一，在计算教育发展指数时，传统计算方法更多考虑的是高等教育资源供给，而非个体实际享有；二，适龄人口为本地区常住人口，而非本地区户籍人口，因此无需考虑流动人口对高等教育资源分布的影响；三，高等教育毛入学率大多被认为是本省生源在全国各类高校接受教育的人数与当地适龄人口（18—22岁）数的比值，前者包括本地生源在本省接受高等教育和在省外接受高等教育的人数。限于数据收集的现实难度，本研究将高等教育毛入学率定义为本省当年高考录取人数[①]与本省适龄人口的比值，由此高等教育毛入学率指数计算公式可表示为：

---

① 笔者注：高考录取人数根据各省高招办（教育考试院）官方公布数据整理而成，湖北、青海两省录取人数根据主流媒体整理。本地区适龄人口根据2010年全国第六次人口普查获得.

$$高等教育毛入学率 = \frac{本省高考录取人数 \div (本省适龄人口 \div 4)}{当年全国该项指数最优值}$$

毋庸置疑,以本省高考录取人数代替本省高校在学人数并非十分准确,二者存在一定差异,即在高考录取人数中有部分选择放弃升学(俗称"弃学")。所幸,从历年统计数据看,"弃学"者尚属少数,对高等教育毛入学率的统计影响不大。图3.2.2显示,2010年我国高等教育毛入学率最高省份是上海(49.9%),其他高等教育毛入学率较高的省份也大多位于东部地区[1],如北京(44.2%)、天津(41.1%)、山东(39.5%)、辽宁(34.8%)、吉林(33.1%)、浙江(32.1%)、江苏(31.7%)。根据设定的50%的最优高等教育入学率,我国高等教育毛入学率指数最高的省份为上海(0.998),其后分别是北京(0.884)、天津(0.823)、内蒙古(0.793)、山东(0.791),毛入学率指数较低的省份有西藏(0.279)、四川(0.318)、贵州(0.326)和云南(0.327)。高等教育毛入学率的高低取决于两方面因素:一是本省生源中被高校录取人数,二是本省适龄人口数量。当前者数量一定而后者较低时,其高等教育毛入学率也会偏高,如位于西部地区的内蒙古2010年适龄人口只有44.7万,而当年高考录取人数有17.7万人,使得该省高等教育毛入学率指数较高(0.793)。相反,安徽省2010年高考录取人数有37.8万人,但该省当年适龄人口超过172万人,故该省高等教育毛入学率指数偏低。

---

① 笔者注:本研究根据经济、文化和地域等因素,将全国划分为东、中、西部3个大区,其中,东部地区包括北京、天津、河北、辽宁、山东、上海、江苏、福建、浙江、广东、海南和广西等12个省市自治区;中部地区包括山西、内蒙古、黑龙江、吉林、江西、安徽、河南、湖北和湖南9省自治区;西部地区包括四川、贵州、云南、西藏、陕西、甘肃、青海、宁夏、新疆和重庆10个省市自治区。

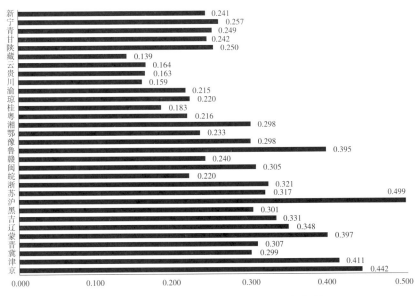

图 3.2.2　2010年各省高等教育毛入学率指数

(二)高等教育投入指数

据相关研究[①],教育发展与经济发展存在显性正相关,经济发展水平直接影响高等教育投入水平。本研究以高校生均事业费(含基础建设费)衡量各省高等教育投入水平,选取当年高校生均事业费最高地区作为最优值,由此得出高等教育投入指数计算公式:

$$高校生均事业指数=\frac{本省普通高校生均事业费}{当年全国该项指标最优值}$$

图3.2.3 显示,2010 年我国高校生均事业费最高省份是北京(46515元),我们把北京高校生均事业经费作为 2010 年最优值,据此推算各省高校生均事业经费指数。其他高校生均事业经费发展指数较高的省份有上海(0.793)、浙江(0.579)、江苏(0.483)、广东(0.462)、陕西(0.432)、重庆(0.412)。相较而言,河南、山西、江西、广西的高等教育投入指数相对较低,分别为0.232、0.254、0.263、0.266。对比发现,高等教育投入指数较低的省份大多经济欠发达,人口规模较大。

---

① 王善迈,等.我国各省份教育发展水平比较分析.教育研究,2013(6).

(三)高等教育质量指数

　　近年来,高等教育质量建设备受政府和教育部门重视,《国家中长期教育改革和发展规划纲要(2010—2020 年)》将"教育质量"作为我国未来十年教育发展的核心战略之一,而"全面提高高等教育质量"和"提高人才培养质量"更成为高等教育发展的核心目标。因此,研究我国各省高等教育质量成为当前亟待解决的问题。为客观反映我国高等教育发展的现实面貌,本研究以重点高校数量占本省高校总数比率和专任教师博士化率两项指标为评价依据。

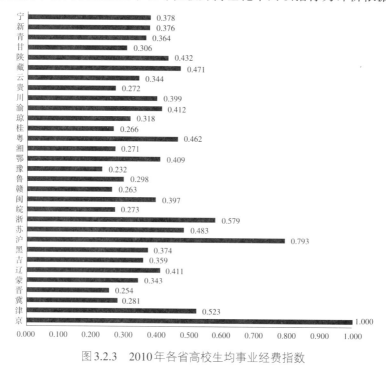

图 3.2.3　2010年各省高校生均事业经费指数

1.重点院校占高校总数比率

　　长期以来,优质高等教育资源对提升高等教育质量发挥决定性作用,而优质高等教育资源本身是一个相对动态的概念[①]。在我国,"985 工程"和"211 工程"高校无疑是优质高等教育资源的典型代表。考虑到"985 工程"高校均属于"211 工程"高校之列,本研究统计时只计算各省拥有"211 工程"高校的数量。如图 3.2.4 所示,北京、江苏和上海在拥有"211 工程"高校数量上占有绝对优

---

① 宋争辉.中国优质高等教育资源区域分布非均衡化的历史演变与现实思考.高等教育研究,2012(5).

势,其中北京拥有26所,江苏和上海分别有11所、9所,湖北和陕西各占7所。从全国范围看,我国116所[①]"211工程"高校中,东部地区68所,西部地区23所,中部地区25所。可见,我国优质高等教育资源呈现东部最多、中部次之、西部最少的格局。为较为准确地反映各省拥有优质高等教育数量,本研究以各省重点院校占该省高校总数比率作为衡量高等教育质量指标之一。图3.2.4显示,从重点院校占高校总数比率来看,以北京作为最优值并取值为1,西藏、上海、山西、青海分别为0.572、0.521、0.459、0.380,最低的省份是浙江,仅为0.003,其他较低的省份有河南(0.031)、江西(0.041)、广西(0.048)。需指出的是,西藏、青海尽管地处边疆地区,两省重点高校数量占本省高校总数比率指数明显高于大多数省份。

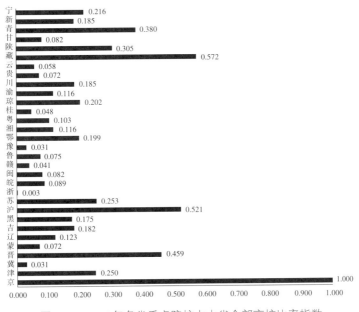

图3.2.4 2010年各省重点院校占本省全部高校比率指数

2.高校专任教师博士化率

"博士研究生教育作为高等教育的最高层次,其教育质量关乎国家社会经济和科学技术的发展水平,是衡量一个国家科学文化和高等教育发展水平的

[①] 笔者注:"211工程"高校名单教育部统计为112所,本研究为更准确地测算各省实际享有重点院校指数,将较早同时在不同省份设立2个校区的高校算作2所高校,包括中国地质大学(北京、武汉)、中国石油大学(北京、东营)、中国矿业大学(北京、徐州)、华北电力大学(北京、保定).

关键因素。"①高校专任教师中拥有博士学位的数量既是学术水平高低的直观反映,也是决定高等教育质量的关键所在。为使普通高校教师发展指标具有较好的可比性,本研究采取"统计数值/实际最优值"进行标准化处理,即:

$$高校专任教师博士化率指数=\frac{本省高校拥有博士学位教师比例}{当年全国该项指标最优值}$$

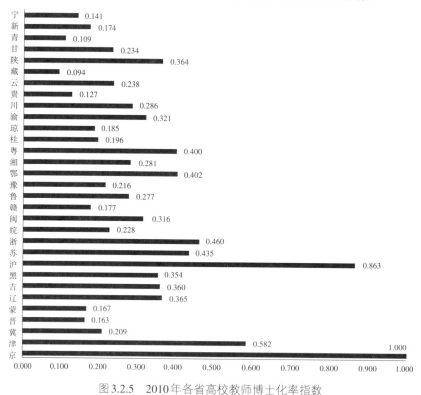

图3.2.5　2010年各省高校教师博士化率指数

　　图3.2.5显示,作为全国教育、文化中心的北京,其高校专任教师博士化率最高(44.2%)。以其作为全国最优值进行标准化处理后发现(标准化后北京高校专任教师博士化率为1),经济发达的东部地区普遍较高,其中上海为0.863,浙江为0.460,江苏为0.435,广东为0.400,中部地区大多在0.200—0.400之间,而地处西部经济欠发达地区的青海和西藏分别只有0.109和0.094,为全国最低。可见,就高校专任教师中博士化率而言,东部地区较高,西部地区较低,中部地区居中,且东、西部差异显著。

① 陈斌.中美学术型博士研究生培养模式比较研究.研究生教育研究,2014(6).

在统计4项三级发展指数后,本研究对3项二级指标进行分别赋权。目前,关于教育指数如何赋权学界没有统一标准,已有研究大多根据专家法或研究经验进行相应赋权。UNESCO为评估世界各国和地区全民教育目标的进展情况设计的由4个指标构成的教育发展指数,包括初等教育净入学率、成人识字率、小学5年级保留率和教育性别平等指数。该教育指数对每个指数进行平均赋权,即每项指数均为1/4。世界银行南亚局人类发展处设计的教育发展评价指标体系由教育投入、教育公平和教育产出3个二级指标构成,并对3个二级指标进行平均赋权,即各占1/3。王善迈等在对我国各地区教育发展情况调查基础上,设计了一套由教育机会、教育投入和教育公平3项二级指标构成的地区教育发展指数。该研究认为教育机会指数既反映出当前教育发展的数量与水平,又与过去的教育状况存在显著关联,应赋予更高的权重,据此将3个二级指标赋权为:教育机会占40%,教育投入占30%,教育公平占30%。[①]

本研究基于已有研究,结合各项指标重要性对高等教育发展指标进行赋权。其中,高等教育质量指数作为衡量地方高等教育发展规模和水平的关键因素,能较大程度反映该省高等教育质量的真实情况。同时,随着我国已逐步从高等教育大国向高等教育强国迈进,高等教育质量建设成为高等教育发展的核心议题。据此,对3个高等教育二级指数进行分别赋权,其中高等教育质量指数占40%,高等教育机会指数和高等教育投入指数各占30%,由此得出以下公式:

高等教育发展指数=30%×高等教育机会指数+40%×高等教育质量指数+30%×高等教育投入指数

综合统计3项二级指标和4项三级指标后,得出2010年各省高等教育发展指数排名(如图3.2.6)。其中,高等教育发展指数超过0.4的省份有6个,分别是北京(0.965)、上海(0.814)、天津(0.570)、江苏(0.473)、浙江(0.459)、辽宁(0.429),其他绝大多数省份高等教育发展指数介于0.300和0.400之间,部分省份高等教育发展指数低于0.250,如广西(0.239)、贵州(0.22)。对比发现,我国高等教育发展水平省际差异显著,最低省份贵州仅占最高省份北京的1/5左

---

① 王善迈,等.我国各省份教育发展水平比较分析.教育研究,2013(6).

右,且高等教育发展水平较高的省份均位于经济、文化水平较高的东部沿海地区,高等教育发展水平较低的省份大多位于经济、文化欠发达的西部地区,中部地区如江西、安徽两省高等教育发展指数不及西部欠发达地区的新疆、甘肃和宁夏,高等教育发展水平亟待提升。

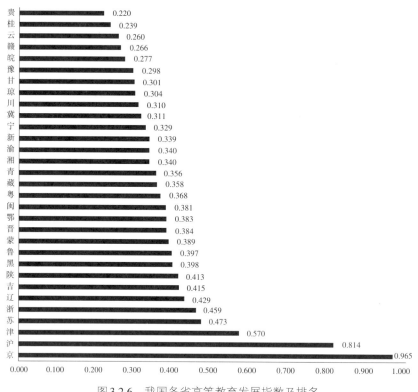

图3.2.6　我国各省高等教育发展指数及排名

四、研究结论与思考

本研究借鉴国内外已有研究,建构能客观反映我国各省高等教育发展真实样貌的发展指数模型,同时选取2010年为研究年份,使用当年各省高考录取人数、适龄人口、高校生均教育费、"211工程"高校和高校专任教师拥有博士学位比例等数据,对我国各省高等教育发展指数进行统计,将全国分成东、中、西三大地区进行比较。主要结论如下:

第一,通过建构高等教育发展指数模型发现,我国各省高等教育发展水平存在显著差异。具体而言,从高等教育毛入学率看,北京、天津、山东、辽宁、吉林、浙江和江苏等省均超过30%,西藏、四川、云南、贵州、桂林等省不足20%,其他省在20%—30%之间。从高校生均事业经费看,北京、上海、天津、江苏、广东、陕西均在20000元以上,其中北京位居全国之首,高达48515元。需特别指出的是,位于西部经济欠发达地区的西藏由于高校数量和学生数量较少,且受国家政策倾斜,高校生均事业经费突破了20000元。其他省大多在12000—20000元之间,而河南最低,仅为11249元。从重点高校占本省高校总数比率来看,北京和上海占有绝对优势,"211工程"高校分别为26所、9所。高校拥有博士学位的专任教师比例分布与重点高校占本省高校总数比率类似,不再赘述。

第二,从东、中、西三大区域看,我国高等教育发展水平呈东部相对较高,中、西部相对偏低的趋势。需指出的是,此趋势只是一种大致的、概括性的描述,其中也有个别省份较为特殊:如内蒙古尽管地处西部,该省高等教育毛入学率却仅次于北京、上海和天津,位居全国第四,而海南、广西尽管位于东部地区,两省高等教育毛入学率尚不及部分中西部地区;又如位于偏远地区的西藏高校生均事业经费位于全国第六,仅次于北京、上海、浙江、天津和江苏;再如西藏在重点院校占本省高校总数的比例仅次于北京,位列全国第二。

第三,高等教育发展水平受经济发展、人口因素影响显著。从高等教育综合发展指数来看,高等教育发展水平较高的省份绝大多数是经济发展水平较高的省份。这点可从高校生均事业费指标得到佐证。同时,高等教育发展水平也受本省人口因素,准确地讲是受适龄人口数量影响显著。由于高等教育资源的有限性(包括高考录取指标、教育经费投入、专任教师数量、重点院校数量等),当某省适龄人口较多时,必然稀释该省有限的高等教育资源,影响该省高校生均享有的高等教育资源和机会。

(原载于《复旦教育论坛》2016年第4期)

我国高校战略发展困境及其破解

在科学发展的时代要求下,高校必须综合考量现实需求和长远利益并作出科学的路径选择。为了回应"建设一个什么样的大学"和"怎样建设这样的大学"的历史诘问,战略发展成为高校发展模式变革的应然选择。新世纪以来,不少高校相继开始了战略规划的探索,并呈现良好的发展态势,但在具体实施过程中存在的一些深层次问题仍值得我们认真审思。

一、战略规划:高校发展模式的应然选择

二战以来,西方不少高等教育发达国家开始制定明确的大学发展战略,并以此指导高校的发展方向。战略规划作为一种目标明确、积极主动和面向未来的高校发展模式,能较为准确地把握未来的发展形势并进行有效预测、预警,从根本上决定高校的发展方向,而规划的有效落实则能助推高校不断向前发展。战略规划成为高校发展模式的应然选择。

(一)顺应外部环境变化的客观需求

二战后至20世纪70年代,美国高等教育经历了一段黄金发展时期,实现了从大众化向普及化的过渡,并由此构建起完备的高等教育体系。然而,随着注册人数逐年下降和财政支持数额锐减,美国高校在发展过程中遭遇严峻的挑战:大学的专业结构与教育计划遭遇外界非议、不断变化的学生需求、日益分化的大学课程、高等教育的内部竞争、技术方面的需求、教师发展的难题、外部控制的影响不断强化等多重因素强烈要求大学必须进行彻底的反省与改革。近十年来,我国社会环境也发生了急剧变化,尤其是经济全球化与知识经济初见端倪,高等教育由精英化阶段向大众化阶段过渡,国家倡导建设创新型国家以及从高等教育大国向高等教育强国发展的强烈诉求,要求高等教育必须适时作出战略调整。

(二)明确高校自我定位的现实选择

伯顿·克拉克曾言,"实施高等教育的最差的办法就是把所有的鸡蛋往一个篮子里装——高等教育最忌讳单一僵化的模式"[①]。高校要实现可持续发展目标必须对高校自身的发展全貌有清醒的认识和深刻的反省,对当前发展境遇进行全面系统的评估。潘懋元指出,除个别院校外,一般地方院校的人才培养应定位于培养应用型人才。[②]然而,由于长期受计划经济体制的影响,在实际办学过程中,许多地方本科院校在人才培养、学科专业、科学研究和社会服务等方面仍承袭研究型大学的发展模式,过分重视学术型人才而忽视应用型人才,存在典型的重学术轻应用、重理论轻实践的导向。[③]如此趋同化的定位正是缘于高校对自身特色优势把握不足,思路封闭,视野狭窄,割裂了高校与地方经济社会发展间的联系。战略规划与系统分析、渐进论、管理科学、长期规划以及凭经验办事的差异主要表现在六个方面:一是战略规划决策意味着大学或学院及其领导者是积极而不是消极地对待他们的历史地位;二是战略规划是外向性的,其着眼点在于使学校与不断变化的外部环境协调一致;三是在高等教育受制于市场经济条件和日益激烈的竞争情况下,制定大学战略规划是富有竞争性的;四是战略规划重在决策,而不仅是文本上的规划、分析和预测;五是战略决策是理性的、经济的分析,政治手段和心理影响交互作用的过程,因此,它是参与式的,对矛盾冲突具有很强的包容性;六是战略规划所奉行的是组织的命运高于一切。[④]

战略规划力图做好应对所有困难的准备,更迅速地抓住、利用新的机遇与潜在的变化。它要求学校正视来自其他学校的竞争,并期望学校做到在学术上更优异,在财政上更强大。同时,它尊重大学的个性和传统,对学校在全国各类大学中的特殊作用也持理性态度。战略规划一方面强调强有力的管理,同时也重视学校最优秀教授的咨询和合作的意义。高校要实现科学的自我定位必须进行战略性思考,必须客观审视自身的现状和所处的环境,在战略思维

① 克拉克.高等教育系统:学术组织的跨国研究.王承绪,等译.杭州大学出版社,1994:307.

② 潘懋元.理论自觉与实践建构:高等教育的历史与未来.北京师范大学出版社,2014:534.

③ 陈斌.建设应用技术大学的逻辑与困境.中国高教研究,2014(8).

④ 凯勒.大学战略与规划:美国高等教育管理革命.别敦荣,主译.中国海洋大学出版社,2005:192-201.

的指导下,积极应对已有的挑战与变化,努力克服它、驾驭它,并从中挖掘可能潜藏的机遇。高校要实现明确的自我定位,亟需了解现实情况,改革现有制度,改善生态环境,并在此基础上设计一个赖以生存并能超越它的战略规划。

(三)凝聚高校组织文化的有效举措

高校作为一个"松散结合的组织"由各自不同的要素组成,若要有效地整合这些要素,除需正式组织、非正式组织以及必需的"硬性"规章制度之外,还需借助"软性"的粘合剂,这就是被称作为"管理之魂"的组织文化,它以无形的"软约束"推动高校自行发展。"在任何文化的组合结构中,普适性文化特征提供了它的整个形式和内聚力,并且还提供了一个极为完整而稳定的内核。普遍的兴趣和偏好看来支配着这个内核,并且,由此支配着整个文化的组合结构。……换句话说,一种文化的普遍兴趣和偏好,赋予该文化的组合结构中所有其他稳定的、相互关联的要素以倾向性。"①

大学组织文化,概而言之,主要由精神文化、制度文化和物质文化三方面构成,且三者彼此相互依存,共同构成有机的大学组织文化系统。"大学文化是在大学长期的发展过程中,经历不断地历史积累和选择,逐步形成的一套大学思维范式和行动范式,是大学成员内在化的、共同的行为指向。"②大学组织文化,尤其是处于精神层面的文化对大学稳定与发展发挥着至关重要的保障作用。但是,如果大学的发展状态过于稳定,则可能丧失对社会应有的适应能力,甚至产生大学文化的路径依赖,而"路径依赖"的形成容易降低大学组织对外部环境变化的洞察力和反应能力。战略规划有助于大学克服文化"路径依赖"的负效应,实现大学文化的超越与升华。因此,在制定战略过程中,既要考虑组织的内部因素,还需考虑组织外部的影响因素(见图3.3.1)。

---

① 克鲁克洪,等.文化与个人.何维凌,等译.浙江人民出版社,1986:24.
② 魏海苓.战略管理与大学跨越式发展:中国大学战略管理的有效性研究.中国海洋大学出版社,2011:212.

图 3.3.1　组织内外部影响因素[1]

二、我国高校战略发展面临的现实困境

从世界高等教育发展趋势来看,战略规划的编制具有迫切性和长远意义,有利于形成清晰、明确、持久的发展道路,促进高校在不断发展中积累优势、持续成长。现实中,外部环境的紧迫性与高校内部的自我需求未能合拍,二者难以实现自发的契合,大多数高校仍处于无战略发展的状态,许多问题、困境与挑战仍需研究和亟待解决。

(一)编制战略规划的内生动力不足

就高校而言,只有战略没有规划,其未来的发展就存在很大的不确定性。因此,作为学校的领导团队需要有战略意识和规划意识,战略规划作为理论与实践之间的桥梁,能有效将二者结合起来。美国战略管理专家彼得森在分析美国大学战略规划历史时曾指出,规划在大学中一直都是存在的,主要表现为组织的使命、计划或领导者的远见。然而,一方面由于中国现代意义上的大学作为一个组织还未完全从政府机构中分化出来,自诞生之日起就浸染着强烈的国家主义色彩,整齐划一的行政规制严重束缚了高校的自主发展,更遑论战略规划;另一方面限于高校领导对高等教育缺乏足够的研究,轻视高等教育发展规律,对学校的核心价值和长远目标不尽明晰,学校领导习惯于凭已有经验和个人偏好办学,甚至看“市场行情”办学,盲目跟风,趋同发展,缺乏特色意识和自觉精神,且多热衷于标新立异,导致学校运行和发展缺乏必要的承继性和连续性,甚至有时会破坏已经积淀起来的传统和文化氛围。[2]可见,不健全的决策机制严重影响战略规划的制定,即便能够成形,也难逃形同虚设的宿命。

① 凯勒.大学战略与规划:美国高等教育管理革命.别敦荣,主译.中国海洋大学出版社,2005:204.
② 别敦荣.论高等学校发展战略及其制定.清华大学教育研究,2008(2).

(二)对内外部环境缺乏全面的分析

高校职能要求其不仅要培养人才和从事科学研究,还应关注社会需求,服务于经济社会的发展。当前我国正处于社会转型时期,高校应肩负起引领社会进步和推动社会发展的历史使命,成为社会发展的"动力站"。因此,高校必须对自身所面临的内外部环境有充分的认识和了解。我国高校要突破困境,实现发展,必须明晰自身所处的境地,坦诚地剖析学校的优势和劣势,全面掌握学校面临的机遇与挑战,并准确定位学校的发展重点和具体目标。潘懋元认为,在诸多教育规律中,有两条规律是最基本的:一条是教育与社会发展的规律,称为教育的外部关系规律;一条是教育与人的发展关系规律,称为教育的内部关系规律。其中,教育外部关系规律又可以表述为教育要受经济、政治、文化等制约,并对社会的经济、政治、文化等发展起作用。[①]科学、全面地分析高校所处的内外部环境就是认识高等教育内外部关系规律并将其运用于实践的过程。现实中,许多高校发展思路较为封闭,视野不够开阔,目标囿于眼前,人为地割裂学校发展与社会经济发展之间的联系,忽略经济社会在持续发展中蕴含着对高校有利的战略机遇,没有从国家高等教育发展政策的战略转型中寻求突破。同时,在加强学校服务地方、引领地方经济社会发展等方面重视不够,自满于现况,限制了学校的发展。

(三)战略规划的制定与实施缺乏组织基础

马克斯·韦伯根据权力性质不同将其划分为三种类型:传统的权力、感召的权力和合法的权力。传统的权力是世袭性的,感召的权力来自个人的魅力,而合法的权力来自科层制中法定的权力。他认为,合法的权力是现代社会科层化组织中权力的基本表现形式。就高校战略规划制定与实施的组织基础而言,从外部组织来看,目前我国高等教育行政部门还未设置专门的机构来组织、协调高校的战略规划,尽管在少数文件中略有涉及,也是近乎命令式的通知,更令人蹙额的是这些鲜有的文件通常是虎头蛇尾,雷声大、雨点小。同时,关于高校制定战略规划的原则与方法、基本内容与规划范围、法律地位与权力

---

① 潘懋元.新编高等教育学.北京师范大学出版社,1996:14.

保障、审批程序与执行方略、监督管理与评估反馈等方面皆语焉不详。从高校内部来看,在组织机构的设置上存在较大的随意性,有的高校战略规划机构挂靠在学校管理部门或研究机构,缺乏独立建制;有的规划机构建设滞后,包括管理不到位,规划人员多数兼职,精力和能力十分有限;还有的规划机构属于临时性部门,领导需要的时候临时组建而成,缺乏承接性和持续性。此外,不少高校规划部门由于缺乏必要的专项经费支持,无法开展有效的实证调查,缺少有效的信息保障。

(四)缺乏对战略规划有效性评估

对于任何一所大学而言,必须对自身的办学现状和成果有充分的认识和了解,否则就是对大学的不负责。事实上,不少高校战略规划属于应景之作,许多战略规划制定出来之后便被束之高阁,遑论效果的评估。从我国高校战略规划的制定来看,大多没有采用科学的方法和手段,很多规划是由学校规划与政策处(室)根据领导的意见和所掌握的有限情况拼凑出来。很多规划缺乏对学校发展形势的研究,看不到国家和地方在经济发展过程中存在的潜在机遇,看不到学校在高等教育改革与发展大潮中面临的竞争与挑战。有的规划缺少对学校自身的研究,看不到学校的优势和内在发展要求,不愿意触及或不敢正视学校发展面临的困难和深层次问题。还有的高校在制定规划时就没有打算按规划来办学,之所以要制定规划是因"形势"所迫。很显然,这样的规划是没有太多实践价值的。

三、提升高校战略规划效力的路径选择

乔治·凯勒在《大学战略与规划:美国高等教育管理革命》一书中系统地阐述了大学战略规划理论,并指出大学在制定战略规划的过程中需考量即将面临的诸如竞争不断加剧、组织频繁更新、形势日益复杂等问题与挑战,大学必须根据自身的情况,审时度势,抓住历史契机,寻求更大突破。

(一)重视研究,努力推进战略规划制度化建设

乔治·凯勒在谈及规划"不是什么"和"是什么"的问题时,对战略规划的必要性和重要性作了最好的诠释,也印证了高校发展战略规划实乃有规律可循。开展战略规划研究是高等教育发展的时代要求,是现代大学发展的内在诉求,也是战略规划制定与实施的有力保障。因此,高校领导应拾起管理新工具,充分调动校内外成员参与规划制定、实施的积极性和自主性,努力推进高校战略规划制度化建设。大学发展战略规划制度化需遵循以下几个原则:一是具备明确的顶层设计和指导思想,即教育主管部门根据所处时代的特征,能够围绕大学战略规划制定核心要素,包括对主体、规则、程序、执行和评估提供全面的指导;二是拥有共同的战略目标和价值观念,全校教职工对学校未来的发展持有共同的目标和观念,愿意为实现全局性目标共同努力;三是明确发展战略规划的重点和特色;四是构建有效的行动规范,注重统筹发展;五是建立大学发展战略规划的机构和队伍,因为大学战略规划能否有效实施以及能在多大程度上产生效果均有赖于大学教职员工的共同参与。

(二)统筹规划,准确把握学校内外部形势

身处激变时代的大学需要洞悉其正在和即将面临的新形势。就内部环境而言,需对大学的学科建设、课程与教学计划、科研成果、人才引进与发展、国际交流与合作、基础设施使用与需求、图书馆藏书、学生的个性特征与学习现状等信息数据有充分的把握,并据此判断哪些数据对学校未来的战略决策有重大意义。就外部环境而言,高校必须时刻关注外部环境变化,抓住经济社会持续发展带来的有利契机,在国家高等教育发展政策的战略转型中寻求突破。机遇是客观、公平的,高校只有不断研究机遇、抓住机遇、利用机遇,才能明确方向,找准定位,顺势而为,在国家经济社会发展、行业发展和地方经济社会发展中有所作为,成为引领高等教育改革与发展潮流的中坚力量。

(三)加强协作,创新战略规划运行机制

当今高等教育的多数变革源自外界的压力和变革的结果,其中高校间的

不良竞争环境成为高校变革的重要动因。日本大学非常重视对国立大学的管理,国立大学法人化改革的主题之一就是制定大学的中期(通常是5—10年)发展规划,发展目标和规划要经过大学评价委员会和学位授予机构等审定,最后报文部大臣审定通过。这些中期目标和计划,以及评价委员会对学校的评价结果、财务报表等,学校有义务向社会公开。[①]高等教育行政部门应发挥必要的宏观调控职能,指导高校制定战略规划,避免高校间恶性竞争,努力实现错位发展。就高校内部而言,作为事关学校发展全局的战略规划不应只是由学校规划人员制定,而是学校领导和广大教职工乃至学生群体等集体智慧的结晶,是在校内广泛认同基础上形成的行动指南。

(四)及时反馈,科学组织战略规划评估

当前,在我国高校中鲜有关于战略规划实施效果的实验性研究,即使在美国也不多见。乔治·凯勒也曾指出提高战略规划有两种方法屡试不爽:一是尖锐地质疑,提出质疑应当表现出真正的好奇心,不带有任何的先入之见或谴责之意;二是要求人们就如何在自己的领域获得更高质量提出建议。但战略规划的有效性应以何种方式呈现于公众始终悬而未决。因此,积极围绕战略规划开展科学性评估显得尤为重要和紧迫。何谓科学的战略规划? 我国著名战略规划专家别敦荣教授为我们描述了具有"中国特色"的科学的战略规划应具备的特征,它包括符合整个高等教育发展的规律,适应社会发展的需要,符合学校的发展实际以及具有现实可操作性等,这些都为我们科学有效地评估高校战略规划提供了可资参照的标准。

(原载于《现代教育管理》2015年第5期)

[①] 赵文华.我国高等学校发展战略规划的价值、挑战与策略.高等教育研究,2006(3).

大学发展战略规划制度化：要求、价值与挑战

　　战略规划作为沟通理论与实践的桥梁，促进了理论与实践的有效结合，明确了未来发展的目标和实现目标的可能途径。规划的目的在于通过科学的组织和计划实现现有资源利用的最大化，提升组织绩效。随着高等教育的迅速发展，大学在时代的洪流中不断变革，不再是昔日故步自封、拒绝现代管理理念的组织，告别了"有组织的无政府机构"时代，"一个有意识地进行院校规划的新时代已经到来"。①大学发展战略规划是一种积极主动、目的明确、面向未来的管理方式，其任务在于谋划全局、谋划长远、谋划重点。②要使发展战略规划对大学发挥持续引领作用，制度化成为应然之举。

一、大学发展战略规划制度化的要求

　　战略一词最初是以技术知识的形态存在于知识体系之中。随着人类文明的进步和科学技术的发展，战略的内涵随之得以拓展。战略一词被广泛应用于社会科学，并被各领域的研究者和管理者赋予新的涵义。大学战略是指大学在对外部环境和内部条件充分了解的基础上，对大学发展的战略方向、战略任务、战略步骤、战略途径等方面开展的具有全局性和长远性的谋略。美国学者乔治·凯勒在《大学战略与规划：美国高等教育管理革命》一书中视大学战略规划为推动高等教育改革和发展发生实质性改变的根基，并指出大学战略规划始终处于一个未完成的状态。同时，乔治·凯勒还特别强调规划"不是什么"的问题：规划不是一幅制定出来的蓝图；……不是一种占卜或蒙骗未来的尝试。战略规划意味大学及其领导人是积极而不是消极地对待其历史地位与未来发展；战略规划的着眼点在于使学校与不断变化的外部环境协调一致；战略规划所奉行的是学校命运高于一切。大学战略与大学规划是紧密相连的两个

---

① 凯勒.大学战略与规划：美国高等教育管理革命.别敦荣，主译.中国海洋大学出版社，2005：前言与致谢1、2.

② 别敦荣.论大学发展战略规划.教育研究，2010(8).

系统要素,二者相辅相成:一方面大学战略为大学规划提供指导方略,指明了前进方向,是大学战略规划设计和实施的前提和基础;另一方面大学规划是大学战略得以实现的有效载体和路径,是将大学战略付诸实践的有力保障。大学发展战略规划制度化是指战略规划从制定、实施到评价、监控的全过程,即大学将全面分析自身的外部环境和内部条件、明确学校发展愿景和阶段目标、适时进行战略选择这一制定大学战略规划的过程制度化。大学发展战略规划制度化彰显学校战略规划规范化、稳固化和持续化特征。

判断大学发展战略规划制度化的要求涉及以下五个方面:一是具备明确的顶层设计和指导思想,即教育主管部门根据所处时代的特征,能够围绕大学战略规划制定核心要素,对包括主体、规则、程序、执行和评估等方面提供全面的指导。二是拥有共同的战略目标和价值观念,全校教职工对学校未来的发展持有共同的目标和观念,愿意为实现全局性目标共同努力。同时,战略目标应有详细的时间、全面的内涵、可测量的成果和明确的责任。三是明确发展战略规划的重点和特色。在大学战略制定和实施过程中,战略重点的选择是战略产生效果的关键。"一所大学如果试图办成满足所有人需要的万能机构,那不是骗人的,就是愚蠢的。"[1]因此,在制定和实施大学发展战略规划时必须做到"有所为,有所不为"。同时,大学发展战略规划要能彰显大学的特色,即大学在把握高等教育发展宏观环境的同时,能全面、科学、准确地分析与大学自身紧密相关的微观环境,"规划的制定最忌讳的就是对形势和问题大而化之,不研究事实,凭经验、印象或模糊不清的情况下结论、做决策"[2]。应在相对范围内通过对比找寻自身的优势与不足、重点与特色,从而突出特色,形成核心竞争力,诚如美国卡内基·梅隆大学前校长辛厄特(Xinete)所言:"战略规划的目的就是要使学校处于一个与众不同的位置。"[3]四是构建有效的行动规范,注重统筹发展。大学发展战略规划的核心在于最后执行的情况如何。因此,需要构建一套行之有效的行动规范,保障战略规划如期、科学、高效地实施。大学发展战略规划事关大学未来发展的方向,是一个全局性的大问题,需有效调

---

① 布鲁贝克.高等教育哲学.郑继伟,等译.浙江教育出版社,2001:78.
② 别敦荣.发展规划是大学改革与发展的航标.高等教育研究,2005(4).
③ 杨春如,等.我国合并高校发展战略初探.大学教育科学,2003(2).

动全校师生的积极性,提高对战略规划要求和价值的认识,激发全校师生的责任感和主人翁意识。树立相互协作、共同发展的全局观念,努力做到人才培养、科学研究、社会服务、学科建设、后勤保障等统筹发展,不断提升大学内部协调、沟通与合作的意识和能力。五是建立大学发展战略规划的机构和队伍,因为"任何战略的制定和实施都要靠人去完成"①。大学战略规划能否有效实施以及能在多大程度上产生效果均有赖于大学教职员工的共同参与。

二、大学发展战略规划制度化的价值

大学发展战略规划就其实质而言在于通过科学地设置系列规划方案,不断调试大学组织与内外部环境之间的关系,不断实现学校最终的发展目标。大学发展战略规划制度化的价值既体现在大学之外,又内化于大学之中。

(一)制度化是高等教育发展的时代要求

新世纪以来,随着社会生产力和经济发展水平的提升,世界各国高等教育均取得了持续发展和显著成效。新的时代赋予了大学新的内涵和风貌,也对大学发展模式和质量提出了新的要求。然而,回首过往,发现大学在历史演进的长河中大多属于自发的发展模式,"投石问路,摸石过河",在自然累积的过程中逐步发展,缺乏自觉的主体意识。

关于大学发展的模式,总体而言大致有以下五种:第一种是指令性发展模式。该模式深受现行教育管理体制的制约,高校基本上依附于政府和教育主管部门的指令。在中国,大学几乎没有行会的性质,它只是一个特殊的学术共同体,是政治的延伸和附属单位。第二种是模糊性发展模式。1985年,《中共中央关于教育体制改革的决定》提出:"必须从教育体制入手,有系统地进行改革。改革管理体制,在加强宏观管理的同时,坚决实行简政放权;调整教育结构,相应地改革劳动人事制度。还要改革同社会主义现代化不相适应的教育思想、教育内容、教育方法。经过改革,使各级各类教育能够主动适应经济和社会发展的多方面需要。"但不少高校在政府放权后由于自身缺乏明确的办学

---

① 梁焱,等.现代大学战略管理.东北大学出版社,1997:58.

理念和思路,对学校未来的发展方向举棋不定,遭遇不知如何办学的尴尬。同时,高校自身因缺乏相应的跟进措施导致不知如何发展。第三种是紊乱式发展模式。这种模式体现在学校发展好坏的关键取决于校长自身的人格魅力和能力。由于目前我国大学校长大多由教育行政部门任命,此种模式容易因校长的有限任期导致高校发展政策朝令夕改,缺乏必要的持续性和系统性,不利于大学战略规划的有效实施。第四种是创业型大学发展模式(亦称高端发展、高位发展),是大学改革与发展相结合的一种模式。20世纪中后期,创业型大学在欧美、亚洲和拉丁美洲等地区竞相兴起,不少研究型大学利用自身的知识创新成果,引进资本创办高新技术企业,推动科技创新成果的转化,不断孵化、催生、兴办新的技术产业,从而为发展经济社会和提升国家综合竞争力服务,此类高校被称为"创业型大学"。第五种是战略发展模式。该种模式兴起于欧美,其中卡耐基·梅隆大学和斯坦福大学成为该方面的代表。以卡耐基·梅隆大学为例,1972—1990年任该校校长的美国经济学家赛耶特非常重视战略发展,他善于发掘本校的比较优势,推动全校所有力量集中战略重点,以此发挥学校战略优势,推动学校战略发展。

我国高校长期实行党委领导下的校长负责制,大学由党委和行政共同组建领导班子,党委书记和校长成为学校党政机构的领导人。目前,大多公办高校的党政领导多以行政官员的标准选拔、任命,这一选任方式带有较强的行政色彩和不确定性,党政领导尤其是校长的任期相对有限。而校长的频繁更替不利于高校战略规划的赓续,而且不少高校校长在办学过程中缺乏长远目光和前瞻意识,导致大学发展动力不足。高等教育作为一项持续发展的事业,需要在相对较长的时间内保持较为稳健的发展态势。高校的行政领导必须要有远见卓识,要有预见意识。因此,大学发展战略规划制度化是高等教育适应新时代要求的应然之举。

(二)制度化是现代大学发展的内在诉求

社会发展至今,现代科技的广泛应用使得职业分化日益加剧,而职业分化使高校培养人才愈加专业化。在科学日益精细和行业高度分化的今天,高校自身亟需在竞争的环境下找寻自身发展空间。高校需要在整个高等教育系统中明确定位,形成独特的办学理念和办学特色。高校不能盲目地按照市场要求定位,必须同时考虑自身的历史积淀和内在发展特征。高校在高等教育系统中的定位问题,实质上是高等教育系统的分层问题,"不同层次的专业培训,不同类型的、适合于不同学生的一般教育,复杂程度不等的研究……所有这一切都可以因院校分工后产生了各类相应的组织结构而得到承担"[①]。高校能否准确定位的关键在于准确把握以下三个影响因素:一是要能考虑社会政治、经济、文化发展对高校的要求,与社会发展相适应;二是要了解国内外其他高校的发展状况,发挥自己的相对优势;三是要了解学校的发展历史,各展所长。据此,制定一份科学、有效的大学发展战略规划通常包含6个步骤(见图3.4.1)。

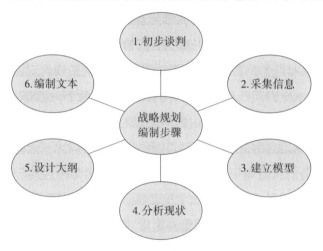

图 3.4.1　战略规划编制步骤

我国各大学虽然在发展理念和定位方面不尽相同,但各大学在制定发展战略规划及其制度化的过程中却有许多相同之处。发展战略规划制度化是大学适应新时期不断变化的内外部环境的题中之义,是大学立足现代社会的应然选择。大学在发展过程中需逐步探索和形成一套措施得当、程序清晰、操作性强的战略规划制定方法,能够在管理部门和执行部门中推广学校发展战略规划的意图和策略。如青岛大学在制定发展战略规划的过程中就依托青岛市自身的区位优势,形成了立足地方、服务地方的发展战略格局,努力实现大学与城市之间的良性互动。同时,青岛大学通过建立年度评估制度、中期评估制

---

① 克拉克.高等教育系统:学术组织的跨国研究.王承绪,等译.杭州大学出版社,1994:291.

度和终期评估制度等推动战略规划制度化,并实现了对战略规划质量的有效监测和反馈。

(三)制度化是战略规划实施的有力保障

战略规划的关键在于其实施的程度和效果。大学战略规划若无法得到科学、全面实施,就很难发挥对学校发展的影响效力。只有战略没有规划,或是只有战略规划没有实施,都难以对大学发展起到良好的引领作用。没有规划的战略或是只有战略规划却没有实施,都会导致战略成为"流于形式的口号","没有创新的模仿","只见数字不见质量的虚幻",这种未能付诸实践的战略规划将给学校的未来发展带来极大的不确定性。作为学校的领导团队和执行部门不仅需要树立战略意识和规划意识,还需具备将学校战略规划付诸实践的执行能力。一个完整的战略规划应涵盖环境分析、使命愿景、思想目标和阶段措施等四个基本要素,而每个基本要素又涵盖了不同的子要素(见图3.4.2),正是战略规划系统化、体系化的建制,保障了大学战略规划的有效实施和目标达成。

大学发展战略规划制度化推动大学向战略组织方向发展,有助于充分调动大学多元群体积极参与战略规划的制定和执行。无论是大学校长、院系和职能部门的管理者,还是大学的教师和学生,都可以在战略规划的实施过程中发挥有效的作用。纵览国外大学,大学战略规划的制定与实施已内化为大学内部机构的"制度惯性",能够充分调动学校全员参与的积极性,为科学制定和有效落实学校的战略规划提供强有力的制度保障。美国著名大学的发展战略规划部门大多直接由副校长协助校长领导,这就使得战略规划成为大学一项重要的管理职能。同时,在具体实施过程中能较好地得到各部门的支持。在美国著名高校中,大学教师通常在与学术相关的战略规划中发挥着至关重要的作用,学校的学术规划委员会大多由教师组成。同时,美国著名大学大多允许学生参与和自身利益休戚相关的规划,并保障其应有的知情权、参与权和建议权,这也是战略规划得以实施的有力保障。正如亨利·罗索夫斯基(Henry Rosovsky)所言:"委员会利大于弊,尤其是要讨论的议题是关于课程,财政资助,社会管理条例以及类似问题的时候,我们应该有兴趣倾听学生的意见……

因为他们有很多好的主张。"①

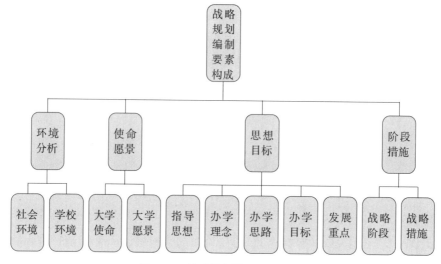

图 3.4.2　战略规划编制要素构成

三、大学发展战略规划制度化的挑战

我国大学发展战略规划制度化面临多方面的挑战:既受到不断变化的社会环境的影响,也受到大学自身发展理念的影响;既有来自高等教育管理体制的影响,也有来自大学内部复杂系统的影响。

(一)多变的社会环境加剧制度化困难

就大学自身特性而言,作为一个学术组织,大学的发展及其产出具有显著的不确定性,要求大学在制定发展战略规划过程中保持适度的弹性空间,不断调试大学发展的目标。大学发展战略规划是大学组织在发展过程中不断依据环境的变化而做出的路径选择,是大学谋求生存和发展的结果。大学所依托的环境是多变的,大学需要不断改变自身以适应社会的发展需求,需要与多变的社会环境保持适度的张力,不断适应并促进社会的发展。纷繁复杂的社会环境成为大学不断发展并实现战略规划目标的内驱力。

近年来,国内外社会环境发生了急剧的变化,当前世界各国正处于社会大

---

① 罗索夫斯基.美国校园文化:学生·教授·管理.谢宗仙,等译.山东人民出版社,1996:255.

发展大变革之际。伴随着世界性的挑战,国家的发展将对高等教育的发展提出更加多样的需求,《国家中长期教育改革和发展规划纲要(2010—2020年)》的实施,提出了从教育大国向教育强国迈进的战略,高校作为培养科技人才的主要机构,在推动国家战略转型中发挥关键性作用。同时,社会和行业、企业要求高校培养更多技术水平高、动手能力强的应用技术型人才,这将直接影响大学发展战略规划,包括人才培养规划、学科规划和科学研究规划等。此外,高校之间日益激烈的竞争环境将迫使高校不断寻找自身发展的特色,对已有的规划做出适时的调整,以满足经济社会发展的需求。

(二)集中的管理体制阻遏制度化步伐

我国长期实行过度集中的高等教育管理体制,高校自主发展的空间极其有限。作为计划经济时代的产物,大学迄今仍是政府的附属组织,政府始终扮演着大学办学定位的逻辑主体角色。在集中管理的模式之下,高校的行为活动大多受到政府的约束和限制,大学的办学定位要求与政府对高等教育的规划保持一致,大学的发展方向、定位和目标要符合政府的意愿。在此背景下,我国多数大学在发展过程中逐渐形成了对政府的路径依赖,缺乏办学独立性和自觉性。

大学需要不断突破现有制度的藩篱束缚,在不断开放的过程中构建与社会其他子系统在信息、能量和物质等各方面互相对话、支持和反馈的机制与平台,不断满足自身实际发展的需求,并有效维持现有的发展状态。克拉克(Burton R. Clark)指出,在现代知识产业环境下,有效的大学管理除了需要对各个院系进行财务资源分配外,还需要通过各种形式的对话、信息追踪及周期性的评估来对大学进行整合。受目前高等教育管理体制的制约,我国大学发展战略规划大多没有采取科学的程序和方法,不少大学的发展战略规划出自学校党政领导的秘书之手,或者由高校战略规划管理部门人员根据学校领导的指示和意见进一步加工而成,缺乏科学的战略规划和系统的战略研究。许多高校战略规划局限于校内条件和环境的分析,缺乏全局观念,缺乏对国家和地方经济社会发展宏观环境的把握,难以抓住社会大环境为高校发展所提供的有利条件和机遇,无法客观地分析目前及今后可能遭遇的挑战。有的战略规划由于缺乏对自身全面深入了解,对自身发展的优势和不足了解不清,不能或是不愿正视自身在发展中存在的深层次问题。有的高校在制定规划时就没有打算要按规划来办学,之所以要制定规划是因"形势"所迫。很显然,这样的规划是没有什么实施价值的。①

(三)趋同的发展理念影响制度化效果

前加州大学伯克利分校校长田长霖认为,一所世界一流大学的主要办学指导思想可归纳为:"制定具有前瞻性的战略规划;在学科上要创建有自己特色的品牌,想办法扶植几个最优异的学科,把它建成世界最好的;要创造条件吸纳人才,拥有几个大师级的人才;重视交叉学科的发展;积极从事科技开发,在保证科研和教学质量的前提下,鼓励教授办公司。"②改革开放以来,我国各地竞相倡导建立综合性大学。不同类型的学校纷纷合并组建新的多科性大学,大学的趋同化问题愈演愈烈。受此合并风气之影响,贪大求全的思想泛滥,不少院校过分强调学校面积的拓展,招生数量的扩招,学科、专业的大齐全,学历教育的完备。不少大学尤其是地方本科院校不惜代价提升层次,盲目增设学科、专业,申请硕、博士点,无限制扩大招生规模和校园面积,几万人的"航母大学""宇宙大学"相继出现,其结果往往事与愿违。因为大学的发展自有其内在的演进规律,大学的成长需要有历史的积淀和长期的实践,而非朝夕之功,一蹴而就。③美国著名学者克拉克·科尔指出:"大学趋同化发展一般有两种方式:一是大学在国际范围内存在趋同的可能,而模仿是走向趋同的主要原因;二是在一个国家内的各种大学依照一个模式发展,造成大学行为和外形上呈现出越来越多的相似。"④

目前,我国高校在办学目标定位、办学层次类型、学科专业设置以及办学模式等方面存在不同程度的趋同化现象,并呈现出愈演愈烈的发展态势。战略规划必须具有长远目光,把握全局,突出重点,有的放矢。大学发展战略规划是整体性的发展布局,是学校未来发展的核心指南。趋同化发展的根源在

① 别敦荣.发展规划是大学改革与发展的航标.高等教育研究,2005(4).

② "大学战略规划与管理"课题组.大学战略规划与管理.高等教育出版社,2007:139.

③ 潘懋元.潘懋元文集卷六·讲课录.广东高等教育出版社,2010:156-158.

④ 张清.大学趋同化发展的隐忧与纾解对策探讨.现代教育科学,2010(4).

于高校未能实事求是地认识和分析自己,导致"把握趋势"与"校情分析"相互脱节。而任何一种未能将学校未来发展与历史现实有效结合的发展规划都只能是空中楼阁,使战略规划的意义和价值大打折扣,导致大学发展战略规划制度化受阻。事实上,任何一所大学在发展中都有其发展的重点,都会形成一定的个性与特色,都可以特色立校、特色强校。如何在战略规划中形成特色、发展特色并逐步强化特色,是高校避免趋同化发展的关键,也是提升战略规划制度化效果的应然之举。

(四)复杂的大学系统激化制度化矛盾

大学除了面临纷繁复杂的外部环境,需要不断应对和满足全球化、国家、政府和社会等外界的需求之外,其自身也已发生巨变。它不再是有着一批教师的村庄,也不再是单一工业的城镇,它已成为一个变化无穷的城市。[①]在大学内部,一方面存在着人才培养与科学研究、满足师生发展需求与现有教育资源稀缺、促进教师全面发展与推动人事制度改革等发展需求方面的矛盾;另一方面,大学作为一个利益相关者间的"契约集",正如阿特巴赫所言,"大学不是一个整齐划一的机构,而是一个由拥有一定自治权的各种团体组成的社会"[②]。可见,大学作为一个社会组织,其内部不同利益相关者间的关系需要妥善处理,包括大学中的高级行政管理人员、大学教授、大学出资者、学生和政府等。这些利益相关者的角色和地位在大学历史演进过程中不断发生改变,但始终以各自独有的方式影响着大学的决策和发展,构成了复杂的大学系统。以大学教授为例,大学教授作为大学的重要利益相关者的地位从未招致任何质疑,在800多年的大学历史中,大学教授的地位始终不可或缺。然而就大学管理而言,大学教授的地位却发生了微妙的变化:大学教授曾经一度成为大学的所有者,中世纪大学本身就是师生的聚合,而现代大学中的大学教授既是主人,也是大学的雇员,因为现代大学已经突破了以教学为唯一职能的传统,已经发展成为"无边界的高等教育"。大学随着多元力量的涌入,其"所有权"在各种各样的配置中发生了改变。就利益相关者而言,任何人都有可能成为大学的"所

---

① 克尔.大学之用.高铦,等译.北京大学出版社,2008:23.

② 阿特巴赫.比较高等教育:知识、大学与发展.人民教育出版社教育室,译.人民教育出版社,2001:5.

有人"。

　　"作为非线性系统,大学系统由诸多元素、要素、子系统组成,它们之间所发生的复杂的非线性相互作用,导致在时间和空间上产生出各种复杂形式的相干结构,从而使大学演化呈现多样性和差异性,在发展目标、规模、速度、结构、方式等方面表现出某种渐变过程中的中断和曲折性。"[①]同时,大学"系统的行为并不是子系统行为的简单叠加,而是子系统相互作用对总系统贡献的结果"[②]。大学系统内外部面临的系列复杂矛盾,无论是对规划的制定、实施,还是保障与评估,无疑会产生消极影响,阻遏战略规划制度化。

(原载于《现代教育管理》2015年第1期)

---

① 王鹏.复杂性科学视域中的大学发展规划.现代远距离教育,2011(1).

② 黄小寒.世界视野中的系统哲学.商务印书馆,2006:43.

地方本科院校向应用技术大学转型SWOT分析

随着我国经济转型和产业结构升级,高等教育要培养适合社会经济发展需求的人才,离不开大学的合理定位和科学分类。探索地方本科院校向应用技术大学转型,构建应用技术大学新体系,有助于促进中国高等教育的改革与发展,丰富高等教育的办学类型,缓解目前我国面临的"就业难"与"技工荒"的供需矛盾。为积极响应国务院的战略部署,2014年3月,教育部提出要将部分地方本科院校转型为应用技术大学。同年4月,在驻马店召开的"产教融合发展战略国际论坛"上,178所高校通过了《驻马店共识》。近年来,高校间盲目攀比,专升本、单科大学变综合大学的趋势愈加明显,各大学都在朝着综合大学方向发展,贪大求全,其根源就在于多数地方本科院校办学定位不明晰。本研究通过借用管理学中的SWOT分析法,对地方本科院校向应用技术大学转型进行综合分析。

一、地方本科院校向应用技术大学转型内部条件分析

SWOT分析模型需建立在对组织机构自身所具备的优势和劣势有充分了解的基础之上。因此,本研究首先对地方本科院校向应用技术大学转型的优势和不足进行分析。

(一)地方本科院校向应用技术大学转型的优势

首先,就高等教育的性质而言,其根本目标在于培养专门性人才。专业的分类,既包括以学科门类为依据的学术型专业,也包括按社会生产和分工设置的应用型专业。根据UNESCO国际教育标准分类,可知前者属于"为研究做准备",后者是"满足社会对从事高技术人才的要求",且社会对后者的需求远超于前者。地方高校的历史定位决定其肩负着为地方经济发展提供各级各类人才的责任和使命,并根据地方经济发展和产业结构升级在专业设置和教学内容等方面做出适时调整。

其次,高等教育发展历史证明,西方中世纪时期的大学大多依据行会性质办学,并以培养神职人员、律师和医生等职业为主要目标,此现状持续了相当长的时间,而后才逐渐出现了致力于研究高深学问的大学。在古代中国,尽管"重学轻术"的观念沿袭已久,但在人才培养理念中无不蕴含"学以致用""知行并重"的色彩。在近代中外大学中,如德国柏林工业大学、英国伦敦大学学院、美国麻省理工学院、日本东京工业大学和中国福州船政学堂等高校的发展历程,无不彰显应用技术大学发展的历史必然性与进步性。肇始于洋务运动时期的近代高等学校,出于当时国家对"翻译兼译述的人才,海陆军的将才,及制船造械的技术人才"的需要,诞生了两类早期近代高等学校:一类是方言学堂,一类是陆军学堂。其后更多的实业学堂(专科学校)不断涌现,如政法、农业、工业、商业等。上述高等学校的创立皆旨在满足国家对大批能够运用先进科学技术改造社会的专业应用型人才的需求。可见,应用技术人才的培养,涉及从事设计开发、生产制造和销售服务等各个技术环节的人才。

最后,高等教育分类发展的诉求为地方本科院校向应用技术大学转型发展提供了可能。从高等教育发展历程来看,在每个重要的发展阶段,高等教育机构的类型均会产生显著的变化,一些不同于传统类型的大学逐步诞生,如德国在1810年创办的柏林大学,19世纪中叶美国建立的一批"赠地学院",等等。相较而言,在中国1000多所地方本科院校中,其发展使命、功能和模式是否与传统的高等教育机构有所不同呢?事实证明,在大众化阶段,精英教育虽仍将存在并进一步有所发展,但作为高等教育重要组成部分的实用性职业技术型的高职高专将朝不同方向发展。同时,还存在着一大批专业性较强的普通地方本科院校,它们既不能继续走学术性研究型大学的独木桥,也不可办成职业技术性的高职高专,此类院校在发展过程中定位模糊。因此,对高校进行合理定位并明确其发展方向,是目前中国高等教育亟需解决的重大问题,应用技术大学的提出,正是顺应了高等教育提高质量、分类发展的诉求。

(二)地方本科院校向应用技术大学转型的劣势

地方高校由于受传统办学体制和管理制度的限制,在发展过程中形成了路径依赖,缺乏应有的办学自主性和积极性。同时,高校管理者自身对高等教育的办学规律不尽了解,导致不少地方高校在向应用技术大学转型过程中遭遇瓶颈。

一是办学定位不够明晰。长期以来,中国高等教育结构类型单一的问题始终未能得到改善,致使同质化问题较为严重。不少地方本科院校在学科专业、人才培养、科学研究、社会服务以及教师发展等方面仍承袭学术性研究型大学发展的路径。潘懋元指出,地方本科院校在转型过程中大致面临三种选择:一是发展高层次、高水平的职业技术教育,培养高技能的应用型人才,即培养适应生产、管理、服务第一线的高水平技能型人才;二是以行业为对象,着重应用,培养理论水平高、专业适应面广的工程应用型人才或其他应用型人才;三是朝着学术性研究型大学的方向发展,以研究高深学问为主,培养理论研究型人才。①由于受传统文化的影响,中国历来重视高深学问,认为首先应研究高深学问,其次是从事工商业,最后才是从事生产技术行业。地方本科院校在发展定位时徘徊于三者之间,严重束缚了自身的转型发展。

二是应用型教师短缺。教师队伍建设是一所学校办出特色、实现目标的先决条件。对于地方本科院校而言,需要大量理论与实践相结合的"双师型"教师。中国高校教师中大多拥有较高的学历,却缺乏在企业锻炼和工作的经历,很难胜任应用技术大学人才培养的角色要求。如何满足对"双师型"教师资源的需求,是地方本科院校向应用技术大学转型过程中面临的关键问题。目前,不少高校的工科院系承担职业教育的角色,这是地方本科院校向应用技术大学转型的有利根基,但要真正实现院校转型,地方本科院校现有教师队伍还很难胜任现实的需求。

三是地方本科院校发展自主权受限。应用技术大学发展要求所培养的人才与地方经济社会发展有效结合。早在一个半世纪以前,美国高等教育已开展了类似的探索,即通过举办州立学院,强调学以致用,满足社区发展需求,美国州立学院发展得益于灵活的教育管理制度,许多大学具有企业性的经营体制。同时,美国高校在发展过程中采用灵活的教学方式,不拘一格地培养人才,将学校所需要的各种人才发掘出来。而中国由来已久的重学轻术观念严

---

① 潘懋元.潘懋元文集卷三·问题研究(下).广东高等教育出版社,2010:41.

重阻碍了地方本科院校向应用技术大学的转型。大学的发展需要充分的办学自主权,需要及时反应市场需求的能力,而现行过分科层化的高等教育管理体制有碍于高校自主办学的宗旨。因此,地方本科院校要想顺利实现向应用技术院校转型,需要一种创业精神,需要政府为之提供宽松的发展环境。

四是地方本科院校经费投入不足。鲍威等学者对2005年中国高校的生均经费进行统计发现,不同类型高校生均教育经费差异显著,其中,"核心985院校"为47838元,"普通985院校"为28894元,"一般211院校"为23167元,"一般本科院校"为14846元[1]。在2012年末,我国16个省市的32所教育部直属"985工程"高校获逾450亿元的经费,其中中央财政专项264.9亿元,地方协议配套资金186.33亿元,用于新一轮(第三期)的"985工程"重点建设工作。而在地方普通本科院校中财政拨款的比例下降至四成左右,维持地方高校正常运作的一半以上是院校自筹资金。

上述相关数据表明,国家教育资源向"985"、"211"和教育部直属的相关院校倾斜,其目的是集中力量快速建设世界一流大学,却严重影响了大量地方院校的正常发展,不利于地方本科院校向应用技术大学转型。

二、地方本科院校向应用技术大学转型的外部环境分析

作为战略决策的一种分析方法,SWOT分析法除了需对被分析对象内部条件的优势、劣势有比较全面的认识之外,外部环境同样需要关注,它对地方本科院校转型的实现与发展发挥着不可估量的作用,而外部环境中的不利因素也会阻碍目标的实现。因此,全面、客观地分析外部发展环境,有利于我们更准确地把握高校的办学重点和发展方向。

(一)地方本科院校向应用技术大学转型的机遇

一是经济转型与产业结构升级助推应用技术大学的转型。学术性研究型人才对国家经济社会发展的重要性自不待言,但在提升社会生产力和推动社会变革的过程中,更多需要的是应用技术型人才。地方本科院校向应用技术

---

① 鲍威,等.我国高等教育资源配置差异影响因素的多层线性模型分析.教育发展研究,2011(19).

大学转型旨在培养本科层次的应用技术人才,毕业时接受系统的理论知识,掌握相关的职业技能,有助于实现中职、高职高专与应用型专业硕士之间的衔接,构建起较为完整的应用技术人才培养体系,打破职业教育"断头路"格局,为应用技术人才的后续发展开辟空间。我国应用技术大学(学院)联盟理事长孟庆国认为,"通过转型发展,能够推动地方高校科学定位……有利于破解我国高等教育发展同质化、重数量轻质量、重规模轻特色问题"[①]。

二是行业、企业对技术的需求为应用技术大学的转型提供了有利平台。不少来自行业、企业的代表对以产教融合的方式推动地方本科院校顺利转型给予了积极评价。高校根据市场机制适时调整自身的人才培养方向,推动人才培养类型与市场需求实现互动双赢。

三是建立现代职业技术教育体系亟需地方本科院校转型。从地方本科院校向应用技术大学转型发展,有利于加快建设现代职业教育体系。有研究者对此进行了相关探索,如对外经济贸易大学的史薇通过比较中国与德国、瑞士、英国和美国等国家的经济和教育的情况,指出实现地方本科院校向应用技术大学转型是必然的。随着高等教育大众化的深入推进,中国必须突破以学术性研究型人才为主要培养目标的观念局限,促进转型发展,实现新世纪经济社会发展对不同类型人才的客观需求。

此外,早在20世纪70年代初期,欧洲就有不少国家对应用技术类院校展开有效探索,国外应用技术院校在40多年的历史发展过程中形成的经验为我国地方本科院校的顺利转型提供了可资借鉴的经验。

(二)地方本科院校向应用技术大学转型面临的挑战

尽管目前各界关于地方本科院校向应用技术大学转型的呼声日益高涨,不少高校围绕应用技术大学的转型发展做了积极探索,也取得了显著成效,甚至部分高校为此还成立了专门的应用技术大学联盟。但任何改革都难以回避现实的困顿,应用技术大学的转型发展正面临不少现实的挑战。

首先是应用技术大学的评价标准难以建立。目前,由于中国深受卡耐基高校分类标准的影响,人为地把高校分成高低不同的类型,导致中国高等教育

---

① 董洪亮.地方本科高校该转型了.人民日报,2014-5-8.

层层攀高。具体而言,就是以学术性标准作为高校分类的主要依据,甚至是唯一的依据。受此观念影响设置一系列的指标,例如,是否拥有博士点,有多少国家重点学科和实验室,发表了多少核心论文,等等。应用技术大学发展的根本目标在于培养应用型、复合型和技能型人才,以满足经济社会发展的需求,而传统学术性标准对应用技术大学的发展显然不利。因此,面对学术性评价标准,应用技术大学必须在申请博士点、发表核心论文等方面做到"有所为,有所不为"。此外,地方本科院校要实现向应用技术大学的顺利转型,需建立一套可行的评价标准,并在实践中适时进行调整,包括"双师型"教师的定位、标准等需要合理加以规范。

其次是传统观念阻碍了地方本科院校的转型。由于受传统思想中理论优于实践观念的影响,中国绝大多数师生和家长普遍倾向于就读本科院校,而不愿意选择就业普遍看好的职业技术类院校,认为学习技术是低人一等。用人单位在选聘毕业生时,也往往注重应聘者的学历背景,对其实际掌握的技能却疏于考虑。根据对"产教融合发展战略国际论坛"参会者的调查反映,对于高校转型问题,大家众说纷纭,"欣慰""痛快""希望""彷徨"等不一而足。与选择应用技术类的职业相比,大多数年轻人更认同城市中较为体面的职业,现代化的写字楼已经逐渐消磨了青年人的斗志和追求,传统中艰苦创业的动力已逐渐消逝。教育改革的初衷并不是为了简单地满足经济社会发展的需求,其根本旨归在于促进个体人生价值的实现,为每个个体的发展提供多元的发展通道。因此,在这个愿景中,学校不只是贩售知识与技能的场所,它的核心功能是教育,是转变观念、习得价值。①

三、结语

实现地方本科院校向应用技术大学转型是一项系统的工程,既需要考虑转型中内部条件,实现内部治理和变革,又需要通过社会大环境的变革,为转型发展提供有利的外部环境。只有在内部条件和外部环境共同作用和有机配

---

① 陆一.《"技术大师"的诞生需要长期攻坚.中国教育报,2014-5-13.

合下,才能最大程度地发挥地方本科院校在转型中的优势,扬长避短。因此,地方本科院校要实现向应用技术大学转型,必须实现内部条件与外部环境的联动机制,惟其如此,才能真正有效实现地方本科院校向应用技术大学转型。

(原载于《职业技术教育》2015年第12期)

校训：大学精神之镜诠
——韩延明教授新著《大学校训论析》读后

大学校训，作为大学办学理念和大学精神之缩影，体现了大学人文传统、办学特色和价值追求，是大学演进历程的活化石，是教育家办学思想的结晶，是大学生价值导向的航标，犹如大海中的一座灯塔、苍穹中的一颗明星。透过校训，可以探寻这所大学的精神内核，挖掘深藏其中的精神瑰宝。大学校训，彰显大学的办学理念，蕴含大学的文化之魂，可谓大学精神之镜诠。

韩延明教授和徐㤠芬老师所著《大学校训论析》（人民教育出版社2013年8月出版），历时六年，七易其稿，广搜细查，汇集并分析了古今中外校训数千条。他们多年来笔耕不辍，艰难困苦，玉汝于成，终于成就了《大学校训论析》这本厚重的学术专著。该书以我国大学校训为主线，通过全面考察和解读大学校训，发掘其中存有的问题并适时进行构建、优化，同时图文并茂地向我们展示了中西著名大学校训的精神内涵。该著不仅帮助我们了解了一所大学在历史演进中的内在逻辑，而且让我们更真切地领悟到大学办学者的卓越追求和大学自身的鲜明个性。《大学校训论析》全书35万余字，立意高远，逻辑严密，史论结合，内容详实，语言生动，是一部独具特色的著作。该著以其深刻性、全面性和可读性为我们理解和分析古今中外大学校训提供了一面透视镜。

关于大学校训是什么，众说纷纭，莫衷一是，但大多侧重于形式的界定，而疏于对其本质内涵和深邃意蕴的诠释。作者对大学校训的诠释，采取一种比较的方式，将大学校训与大学理念、大学精神、大学校风、大学校徽和大学校园文化进行比较，在对照的过程中向我们揭示了大学校训的独特内涵和内在意蕴。在作者看来，大学校训既与大学理念等概念类似，却又不同于大学理念等概念，这种若即若离的关系被作者诠释得淋漓尽致。"校训，是指学校确定的对全体师生员工具有指向和激励意义的、体现学校办学理念和价值追求的高度凝练的词语或名言。"[①]这就揭示了大学校训的本质内涵和深邃意蕴，并以此区

---

① 韩延明，等.大学校训论析.人民教育出版社,2013:16.

别于大学理念、大学精神、大学校园文化等概念,弥补了以往辞书中只是在形式上加以界定的不足,此为创新点之一。

在解读大学校训时,作者不仅从史学的角度为我们展示了大学校训的演进历程,从肇始于古代书院的"院训",经近代教会大学的发展,直至新中国成立后由国人自己创办的大学,大学的校训历久弥坚、薪火相传。相较于习惯性的路径而言,作者采用一种更为辩证、更加立体的叙述方式,对我国大学校训的产生方式、理念内涵和内外部功能进行了精辟独到的诠释,尤其是通过钱穆对中国学问传统的三大系统的概述和布鲁贝克关于认识论与政治论为哲学基础的大学理念的比照,创造性地将大学理念分为传播知识——认识论、学以致用——政治论、崇尚道德——道德论等三种类型,此为创新点之二。

回归现实,作者在分析我国大学校训存在的问题时可谓是忧心忡忡。中国拥有数以千计的大学,然而大学所确立的真正能够传之不朽的校训却寥寥无几。"千训一面"的格式和样式致使大学校训不够灵活多样;文字内容的高度趋同严重影响高校发展和人才培养目标定位;日益空洞的词句使得大学以传承知识和追求真理的本质日益淡化而无异于其他社会组织;近乎口号化的标语使得大学校训流于形式,而疏于有关校训的教育活动和文化实践。与此同时,作者尖锐地指出了当前我国校训存在着追求真理色彩不浓、对学术自由呼唤不足、为国家社会服务意识不强和对个体人文关怀不够的"四不现象",并对其进行合理归因。确实,作者对大学校训问题的揭露和批判并不是空穴来风,大学校训的确立不能忽视追求真理、忽视学术自由、忽视国家和个体需要而高谈阔论,否则只是空想家的梦呓玄思而已。然而,作者对当前大学校训并不是盲目地批评,而是采取先破后立的路径,概括出凝练性、独特性、稳定性和创新性等构建新的大学校训的基本原则,并提出广泛征集、初步筛选、民主评议和发布公告等五个构建新的大学校训的一般程序,最后对加强校训文化建设提供了具有可操作性的策略,此为创新点之三。

纯粹的理论阐述会让人感觉空洞而不易理解,具体的举例分析能够丰富人的感性认识,增强理论的可行性和可操作性。作者广搜细核,通过萃取并逐一解读部分中外知名大学的经典校训,以解剖麻雀的方式从不同侧面进行透析,期许窥斑见豹,此为创新点之四。英国著名学者阿什比曾指出:"任何类型的大学都是遗传与环境的产物。"①作为大学重要组成部分的校训也概莫能外,它并非异想天开之物,而是与引领大学发展的精神一脉相承、不可分割的。

在源远流长的中国传统文化中,形成了以儒家文化为核心,以宗族、家庭为本位的伦理文化和道德观念,强调以家庭血缘为纽带,以社会贡献为要旨,注重伦理道德的德性文化。因而,"主德""求善"成为中国文化传统之圭臬。在此种"德性文化"的习染下,厚德重行、艰苦朴素、诚信待人成为众多大学校训的思想根源。这些在《大学校训论析》中均有体现。如取自《周易》中的"自强不息,厚德载物"成为清华大学全校师生共同遵循的校训;刻在校训石上的"求实创新,立德树人"成为华中师范大学对该校学子的期许,也成为学生正己立身的镜鉴;国家会计学院的校训"不做假账"在诚信缺失的今天则尤显珍贵、切中时弊。此外,天津医科大学的"德高医粹",北京邮电大学的"厚德、博学、敬业、乐群",福州大学的"明德至诚,博学远志",都不同程度地起到激励师生奋发图强的作用,且每一次的念及都是一次心灵的洗礼和精神的触动。同时,主张海纳百川、天下大同也一直是中国人民千百年来孜孜以求的梦想和奋斗目标,注重天、地、人和谐发展,"人与天地万物为一体""天人合一"的至高境界,因而弘扬正气成为许多大学办学理念的诉求并形象地蕴含于大学校训之中,如山东大学的校训"气有浩然,学无止境",苏州大学的"养天地正气,法古今完人",大连海事大学的"学汇百川、德济四海"。同时,在此基础上衍生出来的爱国主义和集体主义,如贾谊的"国而忘家,公而忘私",范仲淹的"先天下之忧而忧,后天下之乐而乐"等,都已在中国多数大学的校训中烙下深深的印记,还有中国农业大学的校训"解民生之多艰,育天下之英才",南开大学的校训"允公允能、日新月异",上海财经大学的校训"厚德博学、经济匡时",国防科技大学的校训"厚德博学、强军兴国",等等。

相较于中国大学而言,西方大学的校训则是另一番景象。欧美国家现代教育的演进过程中深受古希腊教育理念和模式的影响,诚如恩格斯所言:"没有希腊文化和罗马帝国所奠定的基础,也就没有现代的欧洲。"②作为西方教育

---

① 阿什比.科技发达时代的大学教育.滕大春,等译.人民教育出版社,1983:7.
② 马克思恩格斯选集(第三卷).人民出版社,1995:524.

的起源,希腊教育传统中历来视智慧为传统道德之要旨,并一直被哲学家们视为精神之圭臬。如苏格拉底所言的"知识即美德、美德即智慧";柏拉图所倡导的"知识即理念""最高的美德即智慧";亚里士多德更是旗帜鲜明地指出:求知是人类的本性,而人的其他追求均从属于此种本性。正是古希腊三哲主知理念和对智慧的推崇,以及对西方文化教育所产生的经久不衰的影响,使得求知、求真成为西方大学校训的精神本源。

英国红衣主教纽曼在《大学的理念》一书中指出,大学是探索学问和寻求知识的场所,也是大学与其他机构或场所的根本区别。由哈佛学院时代沿用至今的哈佛大学校徽上面,用拉丁文写着VERITAS字样,译为汉语即"真理"。哈佛大学校训的原文也是用拉丁文写的,译为汉语"以柏拉图为友,以亚里士多德为友,更要以真理为友"。哈佛大学的校徽和校训,都昭示着该校以求是崇真为办学宗旨。①19世纪以后,随着资本主义的兴起,生产力和科技得到了跨越式发展,要求大学为社会发展培养新型人才,满足不断发展的社会需求。此时的大学,尤其是以牛津、剑桥为代表的古典大学已难以适应新的变化,大学越来越脱离了社会发展需求,成为名副其实的"象牙塔"。与此同时,倡导"学术自由"和"教学与研究相统一"、被称为"现代大学之母"的柏林大学应运而生。柏林大学以马克思的名言"哲学家们只是用不同的方式解释世界,而问题在于改变世界"作为校训,以此激励全校师生大胆创新、努力钻研,最终为社会服务成为大学改革的趋势。而此时美国大学的重心既不在文化的发展,也不在学术的创新,而是转向社会服务,培养具有服务技能和意识的应用人才。其中有两所大学最具代表性:一所是在盾形徽章上镌刻一只火凤凰和拉丁语校训的芝加哥大学,其校训译为"增长知识,丰富生活";另一所是伊利诺伊大学,该校校训为"学习、劳动",与镌刻打铁的锤子和耕地的犁一起昭示其为公众服务的目标。

此外,西方大学素有追求自由的传统。中世纪大学建立伊始便开始了对学术自治权和学术自由权的追求。组建于1222年的帕多瓦大学的校训意为"为全体帕多瓦人民以及世界的自由而奋斗",足以彰显其对自由和自治精神

① 刘宝存.大学理念的传统与变革.教育科学出版社,2004:142.

的追求。巴黎大学更是以"法兰克精神最活跃的发源地"为校训和办学宗旨，并以此闻名于世，使大学成为引领社会的航标。及至现代以后，斯坦福大学的校训"让自由之风劲吹"，有效保障和勉励全校师生自由无阻地开展教学与科研活动，崇尚学术自由，此校训确立之后逐步发展成为学校的办学理念，引领斯坦福大学在自由的氛围下不断开拓发展。

通读《大学校训论析》一书，我们发现，就校训的形式而言，中西方大学也存在着显著差异。中国校训历来注重措辞规范、生动形象、工整押韵，多采用对联的短语形式，充分体现了中国语言之美。而西方大学则较为随意，没有陈述规范的要求，往往各行其是，且多以单个句子的形式呈现，可谓不拘一格。

基于认识论哲学传统的西方大学视真理为亘古不变的追求，探求知识和探索真理成为西方大学发展之鹄的，最直接的反应就是"Truth"（真理）在大学校训中的频繁出现，如哈佛大学的"Truth"（真理），耶鲁大学的"Truth and Light"（真理和光明），加州理工学院的"The truth shall make you free"（真理使人自由），等等，诸多大学视真理为本校赖以存在和永续发展的根基，并与社会稳定、宗教信仰等理念并立。与此相对，中国的大学则更注重伦理道德的发展，追求天人合一，致力于国家的繁荣发展和社会的和谐稳定，倡导爱国爱家，宣扬仁义礼智信等传统美德。道德重于知识，即使是求真、求实的理念也被赋予浓厚的道德说教。这种浓郁的道德性传统，常使西方的思想家们感叹不已。由于大学自身在社会发展的过程中承载着特定精神文化的诉求，所以作为内聚人心、外树形象的大学校训也理所当然地被寄予了太多的希望和追求。

总之，《大学校训论析》一书内容丰富、论述深刻、语言流畅、分析透彻，注重古代与现代相呼应，理论与实践相结合，图表与数据相比较，令人耳目一新、发人深思，是一本难得的好书，值得一读！

（原载于《临沂大学学报》2014年第2期）

试论当代大学理念的偏失与重构

大学作为一种教育制度和组织机构,在世界范围内迅速普及、推广并扮演着重要的作用。然而,随着社会的急遽变化,大学理念逐步疏离大学的本质,面临着偏失的危险。理念对于大学的重要性是不言而喻的,"教育理念是大学的灵魂,引领着大学的变革与发展"①。"真正的教会永远是看不见的教会。真正的哈佛也是看不见的哈佛,她在她更富于真理追求的灵魂中,在她无数独立而又常常是非常孤独的儿女们身上。"②而大学理念的偏失正是大学招致社会攻讦和不满的关键所在。

一、何谓大学理念

在不同时期,甚至是同一时期的不同个体,对大学理念有着不同的认识和解读。有学者认为,"大学理念是人们对大学这一本体所持有的基本看法和对大学本身的理性认识,它是大学教育各种教育理念中最基本的理念,是引发或构建其他教育理念的基础理念或元理念","对大学的定性、定位、定能认识……共同构成人们对大学的总体看法,即大学理念"。③也有学者认为,所谓大学理念就是指人们对那些综合性、多学科、全日制普通高等学校的理性认识、理想追求及其所形成的教育思想观念和教育哲学观点。④可以说,理念是大学本质的一种浓缩,大学理念不是个人主观意愿的随意表达,也不是关于大学历史文本解读的精美修饰。大学的理念蕴含着大学的本质,与大学的制度相比较而言,大学的理念是大学的精神存在,是大学赖以存在的依归,是大学本身不可缺失的一部分,大学理念即是大学。⑤

新世纪以来,大学在职能逐步丰富的同时,也面临着日益严峻的挑战,财

---

① 别敦荣,等.教育理念与世界一流大学的形成.高等教育研究,2010(7).
② 哈佛燕京学社.人文学与大学理念.江苏教育出版社,2007:22.
③ 眭依凡.大学校长的教育理念与治校.人民教育出版社,2001:82,84.
④ 韩延明.理念、教育理念及大学理念探析.教育研究,2003(9).
⑤ 王建华.我们时代的大学转型.教育科学出版社,2012:29.

政危机、质量危机和道德危机成为世界大学普遍认同的危机。然而,比较而言,大学理念的偏失却是关乎大学兴衰存亡的根本,大学理念是大学得以存在和发展的终极依据。大学理念的存在应该是无条件的,不应旨在迎合经济和社会的发展,也不仅限于知识的传播与创造,而是为了实现人类对永恒真理追求的笃定信仰。"大学不可能完全建立在纯粹理念的基础上,必须要有相应的组织机构和制度安排,必须有基于现实的考量。"①

尽管如此,大学理念依旧赋予大学自由的想象空间、理想的精神气质和批评的思维视角,正是这种理念天然地融入大学之中,大学才能萌生丰富的想象力,大学的批判勇气才有了合法的保障。作为理念的大学可以无条件地存在并勇于抵抗外界的干扰,但其存在的形式毕竟脆弱,因为"批判的武器"终究不敌"武器的批判",大学理念的理想与现实存在不可逾越的鸿沟。虽然被称为大学的组织机构层出不穷,而真正意义上的大学却屈指可数。②

二、大学理念的偏失

大学发展所面临的困境,实际上是大学理念缺失的表征;大学改革的举步维艰,实际上是大学理念的自我偏失;大学的内外部冲突不断,实际上是大学理念本身的混乱。③正如弗莱克斯纳所言:"大学是由相同的理念或理想,而非由于行政力量,所形成的富有生命力的有机体。"④伴随着大学从社会边缘走向社会中心,大学也与"象牙塔"渐行渐远,大学受外部关系规律制约日益加强,大学理念偏失的危机日益凸显。

(一)大学行政化趋势明显

"行政化"是一个有中国特色的概念,也是约定俗成的说法,而正确的表述应为"官本位"或"官僚化"。"'行政化'在字面上一般是指一个组织中行政权力以及行政管理部门不适当的膨胀,乃至于影响到了组织的正常运转,大致相当

---

① 王建华.我们时代的大学转型.教育科学出版社,2012:30.
② 王建华.我们时代的大学转型.教育科学出版社,2012:30-31.
③ 王建华.我们时代的大学转型.教育科学出版社,2012:29.
④ 刘宝存.大学理念的传统与变革.教育科学出版社,2004:44.

于'科层化'或'过度科层化'。"①目前,在我国大学普遍存在的行政化现象并非科层化问题,其实质是"官僚化"或"官本位"问题。现实中,学术权力很少受到大学领导人和管理者的重视,即使存在也是形同虚设。根据学者眭依凡所进行的"关于大学校长研究的调查问卷",其中有一题项是"大学是否有必要成立教授会以便形成和发挥学术权力在治校中的作用"。调查显示,有36.08%的校长认为应当成立,而37.11%的校长认为没必要成立;教授和中层干部(绝大多数为双肩挑者)中则有45.2%认为应当成立,25.2%认为没必要成立。②可见,不少大学的领导者在学术权力与行政权力的关系上存在认识偏差,导致行政权力盛行,学术权力弱化。其后果是大学不断衙门化,官本位思想泛滥,教授一心从政而无心向学,"学而优则仕,仕而优则学"。学术权力逐步式微的必然后果是原本作为学校主体的教师地位日益被忽视、被边缘化。

大学行政化趋势明显,可以从大学的外部关系和大学的内部关系两方面来看。其中,外部关系主要体现在大学与政府之间的关系,内部关系主要体现在大学内部的学术权力与行政权力之间的关系。从外部关系来看,主要体现在大学作为政府机构的延伸部门或被称为政府机构的组成部分。一是大学作为独立的办学主体和独立的法人机构,依法享有规划、学术、财务和人事等方面的自主权,在现实中,大学所享有的上述权利均未能得以真正落实。同时,政府作为宏观调控部门应承担的监督和引导责任未能充分履行。二是政府通常采取行政命令式的管理方式管理大学,忽略了经济手段和法律手段对大学实施管理的重要作用。三是在管理理念上,大学过于依赖政府的政策,忽略了办学规律的研究,导致大学办学特色不明显,办学水平不高。从内部关系来看,"行政化"主要体现为学术权力与行政权力二者关系的失衡,学术权力与行政权力的对立与分离。具体而言,一是大学内部的行政色彩过于浓厚,大学的行政权力不限于对行政部门的管理,还不断介入学术组织事务,包括学术委员会、教授委员会、学位委员会等等。作为学术主体的教授在学术组织中的作用不受重视。二是在多数大学的校级学术委员会中,学术成员的比例相较于学校领导人和学院行政负责人的比例要小得多,学术成员的地位也远不及行政

① 王建华.我们时代的大学转型.教育科学出版社,2012:272-273.
② 眭依凡.大学理念的哲学基础及大学理念的偏失.江苏高教,2000(5).

负责人。三是学术权力的实行缺乏法律的保障。根据《中华人民共和国高等教育法》的有关规定,大学学术委员会的职责在于审议学科和专业的设置,制定教学和科研计划,评定教学科研成果。但具体实施过程中,学术委员会的职责仅限于咨询和审议,对学术事务的决策权和影响力极其有限。[①]

(二)大学趋同化现象严重

纵观世界高等教育的发展,既有综合性、多科性大学,又有行业特色型大学,只是不同国家在综合型大学与特色型大学之间发展重心不同而已。有的国家侧重于综合型和多科性大学的发展,如美国;有的国家侧重于特色型大学的发展,综合型大学较少,如苏联;有的国家综合型与多科性大学发展较为均衡,如法国。至于中国,在新中国成立前,综合型大学与特色型大学并行发展,通常大学是综合型的,专科学校是特色型的;新中国成立后,受苏联影响,大量发展特色型学院,此时综合型大学仅13所;"文革"后,仿效美国,大力倡导综合型大学,不同类型的学校纷纷合并组建新的多科性大学,大学的趋同化发展问题由此而来。我国大学正是在这种合并风的影响下,贪大求全的思想泛滥,不少院校过分强调学科、专业的大齐全,学历教育的完备,招生数量的扩招,学校面积的拓展等等。不少大学尤其是地方本科院校不惜代价提升层次,盲目地增设学科、专业,申请硕、博士点,无限制地扩大招生规模和校园面积,几万人的"航母大学""宇宙大学"相继出现,其结果往往事与愿违。因为大学的发展自有其内在的演进规律,大学的成长需要有历史的积淀和长期的实践,而非朝夕之功,一蹴而就。[②]

美国学者克拉克·科尔指出:"大学趋同化发展一般有两种方式:一是大学在国际范围内存在趋同的可能,而模仿是走向趋同的主要原因;二是在一个国家内的各种大学依照一个模式发展,造成大学行为和外形上呈现出越来越多的相似。"[③]

我国高等教育在大众化发展的进程中,出现了严重的高校趋同化现象,从

① 钟秉林.关于大学"去行政化"几个重要问题的探析.中国高等教育,2010(9).
② 潘懋元.潘先生文集(卷六).广东高等教育出版社,2010:156-158.
③ 张清.大学趋同化发展的隐忧与纾解对策探讨.现代教育科学,2010(4).

高等教育的长期发展来看,高等教育的趋同发展模式对我国高等教育的可持续发展是极其不利的。目前来看,我国高校趋同发展表现在:办学目标定位趋同,办学层次类型趋同,学科专业设置趋同和办学模式趋同等。在目标定位方面,我国高校在长期的发展过程中,由于对自身的办学定位和实际水平认识不足,对办学规律的掌握有限,在实际办学过程中往往热衷于升格。在办学层次方面,不少地方院校在传统的发展模式基础上不断扩大研究生招生比例,增加本科专业的比例,专科升为本科,教学型大学要发展成研究型大学,申请了硕士点之后又要继续申请博士点,等等。在学科专业设置方面,盲目地迎合市场的需求,导致高校部分专业出现严重供过于求的矛盾。据武汉大学中国科学评价中心的统计显示,在其调查的887所高校中,开设英语专业的学校多达736所,占调查院校总数的83%;开设计算机专业的学校526所,占59%;开设法学专业的学校407所,占46%。[①]另外,我国部分涉农专业院校近年来去农化和非农化的趋势较为凸显。在办学模式上,各高校在盲目地趋同、求大求全的过程中丧失了原本的办学特色,而办学特色明显与否直接决定了高校办学水平和发展的竞争力。

自1994年以来,我国相继实施"211工程"和"985工程"重点建设项目,以此促进大学的发展。该项目将大学的等级制度和经费分配紧密结合,政府的投资力度对大学具有明显的导向作用,而这种导向促使大学为争取办学经费而盲目求大求全,一时间升格热风起云涌,导致绝大数大学向综合性大学发展。

而近几年倡导建设世界一流大学的呼声更是加剧了此种升格的态势。在目前的政治和经济制度的限制下,大学似乎只能相互模仿,寻求共同的标准和最佳性价比的策略。这将不可避免地导致适者生存的"达尔文效应",只有那些最善于利用当前政治和经济环境的大学才能发展,同时,有些大学则将消亡,就像那些曾经独霸天下、最后留在化石上的各类物种。[②]

① 王宾齐.迷失在大众化进程中:中国高校趋同化原因探析.中国高教研究,2010(7).
② 史密斯,等.后现代大学来临?.侯定凯,等译.北京大学出版社,2010:49.

（三）大学商业化愈演愈烈

大学向市场拥抱的过程其实就是大学在逐步公司化的过程,诚如比尔·雷丁斯在写作《废墟中的大学》一书时发现,当代大学以公司为发展模型的同时,昔日的象牙塔和常青藤成为历史。他指出:大学正在变成一个全然不同的机构,它不再是民族文化理念的生产者、保护者和传播者,因而无法将自己与民族国家的命运联系在一起。今日大学的文化是趋于公司化的,这是导致"废墟中的大学"的症候。对此,雷丁斯言辞激烈地批判到:大学不再仅仅像是一家公司,它已经俨然成为一家公司,无论是作为"科层组织的、相对自治的、消费者导向的公司",还是作为"潜在的跨国官僚资本主义公司",大学都已经从一个文化机构蜕变成一个公司机构。①

三、大学理念的重构

（一）追本溯源,重申大学自治与学术自由

大学需要自治、学术需要自由与大学追求真理休戚相关,也是学者以追求学术为鹄的的题中之义。"实行大学自治的主要理由并不是为了维护传统和保持社会组织的多元化,而是因为大学教师所传授和发现的各种知识的正确性只有通过这些在长期的深入研究中掌握了它们的人才能得到检验。"②创办于1898年的京师大学堂,创立伊始就兼具行政机构和学术机构的双重身份,行政人员管理学堂的一切事务,此时大学只有行政权力。民国成立后,蔡元培接任教育总长一职,颁布《大学令》,声明大学设评议会、教授会,实行教授治校制度,从而确定了学术权力在大学中的地位,在此基础之上,蔡元培秉承"思想自由、兼容并包"原则对北大进行大刀阔斧的改革,学术权力始见端倪,学术权力与行政权力开始分野。然而,由于民国政府对大学实行严格管控,加之学术自由根基不牢,大学的行政权力始终处于优势地位。《高教六十条》中学术权力不复存在,直到修订后的《高教六十条》才首次提出在大学中设立学术委员会。

---

① 蒋凯.大学认同危机的人文反思:评比尔·雷丁斯的《废墟中的大学》.北京大学教育评论,2009(2).
② 希尔斯.教师的道与德.徐弢,等译.北京大学出版社,2010:7.

高等教育法中关于高校办学自主权的规定为重申大学自治和学术自由提供了法律保障和操作空间。而《国家中长期教育改革和发展规划纲要（2010—2020年）》的出台更是旗帜鲜明地指出"尊重学术自由"。"为了确立和维护大学的自治和学术自由，大学不得不与教会和政府保持一种微妙复杂的关系。在不同的国家，处理这些关系的方式也有所不同。然而总的来看，大学自治和学术自由都已得到了确立。"①

（二）转变观念，注重自主发展

大学理念的重构，必须对传统思维进行适当的扬弃，要从过分强调整体发展、重视整体忽略局部、重视共性忽视个体和盲目追求大齐全的思想束缚中解放出来，树立"适合自己的才是最好的"大学理念。唯有如此，大学才能更好地适应经济和社会发展的需求。综合型大学和特色型大学各有优劣，不存在绝对的好坏。综合性大学的有效发展有助于学科交叉和跨学科研究，培养复合型人才，但综合性大学发展的过程中要规避"只做加法不做减法"的路径依赖现象，综合性大学应该是在以分科为主的研究型大学基础上的创新，同时在人才培养、科学研究和社会服务三者之间寻求有效的平衡。而特色型大学的发展有助于集中学校的各种力量，发展优势、特色专业。对于特色型大学而言，在发展的过程中要避免在向综合性大学转型的过程中存在办学力量分散、优质资源稀释、行业特色退化的弊病。概而言之，"同不妨异，异不害同"。无论是综合性大学，还是特色型大学，都是大学发展过程中可取之道。②

同时，应树立多元的人才质量观，不能再用精英教育时代的标准衡量和评估大众化时期的人才培养质量。《礼记·中庸》曰："万物并育而不相害，道并行而不相悖，小德川流，大德敦化，此天地之所以为大也。"教育作为与社会发展相伴相随的子系统，自有其独立的发展路径和生存状态，能够适时地调整自我以适应多元化时代的要求和不同观念的冲突，在把握统一性的同时接纳差异性的存在，唯此才能维持大学的独立和特色。

---

① 希尔斯.教师的道与德.徐弢,等译.北京大学出版社,2010:20.
② 潘懋元.潘懋元文集(卷六).广东高等教育出版社,2010:156-158.

（三）厘清认识，回归大学之道

高等教育作为社会的子系统，而非经济的分支，就注定大学的主体应该是一个非营利性机构；大学的发展经费应由政府支持，不能完全交由市场；大学应该是公益性的社会组织，不应该追求利益最大化。高等教育市场化的实质是西方大学逐步争夺我国高等教育市场的无形利器。联合国教科文组织曾针对高等教育市场化现象的泛滥，提出声明："应当澄清这一方面的模糊与混淆。市场规律和竞争法则不适用于教育，包括高等教育。"因为"教育不是经济的一个分支……教育实际上具有自身存在的功能，它是社会的一个基本领域，也是社会存在的条件之一。没有教育就没有社会"。[①]前哈佛大学校长德里克·博克也尖锐地批评了大学的商业化："大学的商业实践往往带来一种交易。使得大学不得不与其基本的学术价值妥协，这样有违大学的精神实质。"[②]

认真审视大学商业化倾向给大学带来的危害，发现大学越来越像公司，而离大学的本真越来越远，在"追求卓越"的同时丧失"坚持真理"的原则，成为"失掉灵魂的卓越"。大学追求理性和文化的基础正面临式微，其根本也就是"大学是什么"面临严峻的拷问。如果大学对自我存在的理念不再固守，对自我角色定位混淆，那么大学即使赢得再多的声誉，积累再多的财富，也会失去它原有的意义。因为大学丧失了以追寻真理、弘扬理性、培养人才和传承文明为宗旨的基础，"大学已不再是大学"。

大学究竟是一个什么组织？不是什么组织？大学的责任和义务何在？大学赖于存在的合法性基础是什么？大学与其他社会组织机构尤其是企业和政府之间的界限何在？企业管理的模式是否可以复制到大学中去？在市场经济和消费主义浪潮的席卷下，大学是随波逐流还是始终如一？如何认清和处理传统与现代之间的张力？如今的大学是否已经身处废墟之中？这一系列问题都攸关大学的生存和发展，都需要身处大学的我们进行深入思考。

大学是时代的缩影，时代赋予大学烙印。大学要完全超脱于时代的限制只能是空中楼阁，是乌托邦。乌托邦的色彩对于大学的发展有一定的引领作

---

① 国家教育发展研究中心.中国教育绿皮书.教育科学出版社,2000:145.
② 王英杰.大学危机:不容忽视的难题.探索与争鸣,2005(3).

用,但完全脱离现实和时代的乌托邦则容易丧失生命力。一个时代的潮流和风尚会直接或间接地影响大学的精神面貌和气质,一所大学的特质也会反映时代的内涵。[①]"大学应该反映时代精神而不是屈从于它。"[②]

　　大学的发展缺乏理念指导是一种盲目的发展;大学的理念缺乏务实的实践则是空虚的想象。正如潘懋元教授所言:"大学理念虽然是一个上位性、综合性的高等教育哲学概念,但它不仅反映高等教育的本质,而且涉及到时代、社会、个体诸多方面的因素。从'理念'切入,不但可以更好地把握高等教育的本质、功能、规律,而且能更好地理解高等教育规律如何制约和支持人们对高等教育的认识与追求。"[③]同时,"大学理念是发展的。随着时代的前进和认识的加深,新的大学理念不断出现。……作为理论探析的大学理念是一般的,而作为指导实践的办学理念则是特殊的。……因此,办学者还应在一般性的大学理念基础上,树立自己的办学理念,也就是对这所大学的理性认识与理想追求,并使之成为全校师生的共同认识与共同追求"[④]。

（原载于《教育与考试》2014年第2期）

① 王建华.我们时代的大学转型.教育科学出版社,2012:30.

② 凯勒.大学战略与规划:美国高等教育管理革命.别敦荣,主译.中国海洋大学出版社,2005:202.

③ 潘懋元.多学科观点的高等教育研究.上海教育出版社,2001:11.

④ 韩延明.大学理念论纲.人民教育出版社,2003:序言2-3.

第四篇

高等学校招生考试

高校招生综合评价录取改革:困境与出路

在我国,单一的选才标准赓续了几千年之久,导致激烈的考试竞争,造成诸多负面影响。目前,一元化的考试方式、填报志愿的博弈、"以分数论英雄"的招生录取制度无法满足高等教育科学发展的诉求。招生录取制度作为引导基础教育发展走向的指挥棒,是实现教育公平的重要杠杆,而教育公平对个体的前途命运及社会的长远发展起着关键作用。在目前的招生录取体制下,实现高等教育公平的关键在于改革高考招生录取环节,即加大能力与素质考核的权重,扩大高校招生自主权。近年来,我国部分高校进行了招生综合评价录取改革的大胆尝试。笔者所在课题组运用实地调查与访谈等方法,就这一问题做了深入的调查研究。

一、缘起

进入21世纪后,为了满足发展市场经济、建设创新型国家的需求,适应社会不断知识化、信息化和国际化的发展趋势,在兼顾现有高考招生录取模式的前提下,积极探索一种既有利于中学开展素质教育,又有助于高校充分发挥招生自主权的录取模式成为高考改革的当务之急。现行的高校招生录取制度因过于注重对学生文化知识的考查,缺乏对学生综合素质与能力的考核,致使我国一直提倡的"切实开展素质教育"成为一句口号。统一高考作为高校招生近乎唯一的方式,自1952年建制延续至今,长期未被动摇,高考分数一直是高校录取新生的决定性依据。由于招生录取标准的刚性和单一,高校的招生自主权始终被遮蔽,中学教育也因此深陷应试教育的泥淖。考试评价机制中的其他因素,如学生中学阶段的成绩、平时的表现等,则成为可有可无的参数。这直接导致高考录取出现"唯分数是论"现象,进而造成中学片面追求升学率等错误倾向。近年来,为回应高等教育大众化、高校招生自主化、考生权利主体化等时代诉求,探索一种以统一考试为主、综合评价、多元选拔录取相结合的招生制度,中南大学、临沂大学、山东政法学院和东北大学相继进行了招生综合评价录取的改革试验。

我国高校进行如此改革，既受历史与文化的影响，也是国情与现实所需。中国历来极其重视考试选才，科举考试长存千余年便是最好的证明。历史之所以选择考试，缘于它是一种崇高的、值得信赖的正义程序，在各种选才之道中最有效、也最公平。纵观古代选才任官的过程，无论是远古时代的四岳荐舜、春秋战国时期的乡举里选，抑或两汉和魏晋南北朝的察举制和九品中正制，以及隋唐以来的科举制，在甄拔人才和选任官员时不仅考虑才干资历，而且重视德行道艺乃至体貌言谈，无一不注重对人才的综合考量。历史与文化因素深刻地影响着当今的高考招生改革。人们逐渐认识到，在坚持国家统一高考的基础上，需要逐步引入其他因素，以全面综合地考察学生，实现高考分数与综合评价的有效联结。如中南大学在招生改革过程中立足高考分数，对有意向参加综合评价录取面试的考生设定基本分数线，只要达到规定基本录取线的考生即可参加面试，最后的录取依据为考生的高考分数和综合评价面试成绩的加权总分。其中，高考分数比重为88.2%，综合素质面试分数比重为11.8%。可见，高考分数虽仍是主要依据，但已非唯一指标。进行高校招生综合评价录取改革，是高校应对招生和培养等教育现实困境的必然选择。

二、困境

2011—2012年，笔者在搜集、整理和分析这一改革相关政策文件的基础上，选取Z大学、L大学、S学院为调查对象进行实地调研，对其招生办公室负责人、大学教师、高校辅导员、在校大学生，及与此项改革有密切关系的专家学者、高校招生办公室工作人员、中学校长、中学教师进行了深度访谈。调研发现，目前我国高校招生综合评价录取改革在评价标准、政策宣传、传统观念、城乡差异、招生自主权等方面遭遇不少困境，改革前景不容乐观。

(一)建立科学客观的评价标准依旧困难

能否建立科学客观的评价标准是决定高校招生综合评价录取改革成败的重要因素。Z大学在进行试验过程中将考核的内容从起初的道德素质、科学素质、心理素质、审美素质、人文素质、创新能力、社交能力、语言能力、公民素养、个性特长十个方面，改为公民素质、科学思维、人文素养、创新想象、人际交往、个性特长六个方面，每个方面的面试时间由最初的 3 分钟增加到 5 分钟，面试分值由原来的 100 分增加到 120 分。这些改革使得综合评价录取标准较之前更加完善。但如何建立一个科学客观的标准，怎样科学准确地评价学生始终难有定论。有受访者说："我在个性特长组，调查表明这是最受欢迎的站点，但是，如何通过他们的表现来评判一个学生的综合素质？"[①]"为什么'假山'美，而'假货'不美？""电风扇为什么是三片叶，而不能是偶数？"等试题[②]，虽让学生大开眼界，但面对如此开放的问题，如何科学、合理地评分成为实施综合评价录取改革面临的难题。正如有学者所指出的：有些能力，比如身体的体能，我们可以通过量化的方式把它表征出来，但有一些能力，比方说组织能力、社会能力、创造能力等，它们对个人服务社会、实现自我价值非常重要，却无法通过一个分数，通过一个量化的标准体现出来。[③]

除了缺乏科学明确的标准，如何尽可能地降低面试专家在评分过程中的主观因素也被众多受访者所提及。"通过这种短时间的面试，考察学生的表达能力还行，对于学生平常学习的情况，学生学科知识掌握的情况，却很难进行客观评定。"[④]"这些面试专家一天要面试这么多学生，这样频繁密集地考察学生，难免会造成不合理的评分。"[⑤]"城市的孩子，从小受过专业训练，其水平相对比较好评价，然而对于农村孩子，比如在田间劳作、唱山歌等，这些算不算是综合素质呢？我们又该怎么去评价呢？我觉得我们有必要重新界定和认识。"[⑥]"有的学生可能综合素质很好，但是由于表达能力欠佳或容易怯场，也会影响水平的发挥。"[⑦]这些问题都影响着综合评价录取改革的顺利实施。

---

① 李伦娥，等."高考后模式"能否闯出新路：解读中南大学"综合评价录取"改革试点.中国教育报，2012-3-27.

② 李伦娥，等."高考后模式"能否闯出新路：解读中南大学"综合评价录取"改革试点.中国教育报，2012-3-27.

③ 参见央视网《综合素质评价，别只是看上去很美》.

④ Z大学学生G10的访谈内容，访谈时间：2012 年 12 月 15 日，访谈地点：湖南省长沙市.

⑤ F 省教育考试院工作人员B2的访谈内容，访谈时间：2012 年 8 月 6 日，访谈地点：福建省福州市.

⑥ F 省教育考试院工作人员B1的访谈内容，访谈时间：2012 年 8 月 6 日，访谈地点：福建省福州市.

⑦ L 大学招生办负责人D1的访谈内容，访谈时间：2012 年 11 月 3 日，访谈地点：山东省临沂市.

(二)综合评价录取政策宣传不足

由于综合评价录取是一项刚开始试点的改革,有的高校只有负责人熟知相关政策内容,大多数学生对此知之甚少。"我们学校出于多方面的考虑,目前只有学校的相关负责人知道这项政策。"[①]"我们几个都没怎么听说过这项政策,好像我们这里也很少有人知道这个事情。"[②]这种情况不仅发生在学生当中,甚至有的高校教师对此项政策也颇为陌生:"我还不怎么知道这项政策,我作为院里的辅导员一般对生源的入口不是很留心,学生进来之后高考成绩就成为他们的过去,我关心更多的是学生在学校期间各方面的情况。"[③]笔者认为,出现这种情况可能出于以下几个方面的原因:一是目前综合评价尚处于试点阶段,许多相关制度还在进一步完善之中,而且此项政策涉及各方面利益和相关政策规定,必须慎之又慎。如有的受访者说:"因为刚开始试点,在全国也可能就我们学校在做这个事情吧,所以说还是有一定风险的。"[④]"从2007年开始,准确地说是2005年就开始着手摸索这个事情了,因为当时各方面的条件还不是很成熟,所以我们学校做这个事情还是相当谨慎的,因为招生的事情牵涉到太多方面了。"[⑤]二是在试点初期,由于新闻媒体褒贬不一,校方担心受影响的学生及其家长的过激反应会对进一步的招生工作产生负面影响,所以尽可能保持低调。"当年这件事在社会上引起了很大的震动,很多电视媒体都过来了,而不同的媒体总会有不同的看法。"[⑥]三是因为到目前为止,改革并未取得实质性进展,仍停留在初步摸索阶段,时机尚未成熟,不宜过分宣传。

(三)面试环节遭遇人情质疑

人情困扰是非刚性的招生标准所无法回避的重要难题。鉴于此,高校在综合评价录取改革政策设计之初,就采取多设站点、多分小组、建立专家试题库等措施,力图将外在的干扰降至最低程度。然而,中国社会长期以来形成的

---

① S学院招生办负责人C1的访谈内容,访谈时间:2012年11月1日,访谈地点:山东省济南市.
② S学院学生G1的访谈内容,访谈时间:2012年10月30日,访谈地点:山东省济南市.
③ Z大学教师D4的访谈内容,访谈时间:2012年11月24日,访谈地点:湖南省长沙市.
④ Z大学招生办负责人C5的访谈内容,访谈时间:2012年11月21日,访谈地点:湖南省长沙市.
⑤ Z大学招生办负责人C6的访谈内容,访谈时间:2012年11月22日,访谈地点:湖南省长沙市.
⑥ L大学招生办负责人C3的访谈内容,访谈时间:2012年11月3日,访谈地点:山东省临沂市.

"重人情、讲关系、看面子"的传统观念,使"人事因缘"和"属托之冀"难以在短时间内消除。因此,面试这样一种主观色彩较强的考试,极易引起公众的质疑。"把学生一个一个地叫进去,然后在3分钟内完成,在这些面试学生当中难免会有专家们熟悉的学生,这个时候我们如何防止这种人情的因素呢?这是很有可能发生却又很难杜绝的事情,这涉及制度本身的设计。"①"实际上人都是有感情偏好的,这么短时间内的面试,有时个人的感情因素会起很大的作用。"②

(四)城乡学生录取比例明显失调

由于高校对综合评价录取政策的宣传非常有限,很多农村高中生很难获悉与此项政策相关的信息,从而错失良好的升学机会。"我们没怎么听说过这个事情,我们都是通过高考录取进来的,我们班好像也比较少有这方面的学生。"③此外,有不少学生和教师反映,由于综合评价录取面试的时间过于短暂,语言表达能力强的学生往往占有很大的优势,而农村学生在这方面相对较弱。"这种形式的面试时间太短了,学生内在的才能其实是很难考查的,这样的话考生的表达能力就显得尤为重要。"④"尽管农村孩子与外界接触的机会要少些,但他们的动手能力其实还是很强的,只是目前的制度设计很难顾及这个方面。"⑤这些因素都会在无形中影响农村学生的最终成绩,导致城乡学生入学比例不均衡。

(五)招生录取成本显著加大

进行改革试验的几所高校普遍尝试设立多个站点,从不同领域考查学生的综合素质。以Z大学为例,由于考生需要参与6个站点的面试,为了最大限度地减少人情干扰,该大学建立了一个由不同学科专家组成的专家库,并进行全程管理与监控。从综合评价录取的具体组织程序来看,2007年Z大学刚开

① S学院招生办负责人C2的访谈内容,访谈时间:2012年11月1日,访谈地点:山东省济南市.

② 河南郑州Z学校校长E1的访谈内容,访谈时间:2011年11月9日,访谈地点:福建省厦门市.

③ K中学教师F1的访谈内容,访谈时间:2012年12月15日,访谈地点:福建省厦门市.

④ F省教育考试院工作人员B1的访谈内容,访谈时间:2012年8月6日,访谈地点:福建省福州市.

⑤ Z大学招生办负责人C6的访谈内容,访谈时间:2012年11月22日,访谈地点:湖南省长沙市.

始试行此项政策时,面试按道德素质、科学素质、心理素质、审美素质、人文素质、创新能力、社交能力、语言能力、公民素养、个性特长等内容分成10个考核小组,每组由3—4名专家组成,考生要连续接受10组专家的面试(学校称其为10个站点)。由于这些学生对面试流程和细节不甚了解,学校需要在面试前一天专门组织培训和指导。

"所有参加面试的专家都是在面试前一天晚上从专家库抽取的,招生办负责人指出,'我们不担心提前打招呼,要想做到与三四十名随机抽取的专家都熟悉,不是一件那么容易的事,而且考生入场后要重新抽签确定面试顺序',而命题、抽取专家、面试等在内的所有工作,学校纪委监察部门会进行全程监督。"[1]这样的设计与流程,显然会直接或间接地加大学校在人力、财力和物力方面的成本。

(六)自主招生空间始终受限

从目前几所高校的试验情况来看,这些高校采取综合评价录取的学生数量与地域范围都是非常有限的。Z大学从2007年正式实施综合评价录取开始,该方式的招生计划人数不断增加,2007年的计划人数为150名,2008年为500名,2010年则增加到550名。尽管招生计划数持续上升,但其占全校招生总计划数的比例仍旧较小。"这个有倒是有,不过我们班(通过这种方式招进来)的人数比较少,我们学院好像也没几个。"[2]由于受到社会多方面的质疑、外省教育行政主管部门的阻扰、各省省情不同等诸多因素的影响,目前Z大学的综合评价录取改革只在湖南和云南两省进行试点。

三、出路

(一)转变政府职能,扩大高校招生自主权

目前我国实行的仍是由教育行政部门主导的高校招生录取制度,政府在招生录取过程中行使着绝对的领导权和决策权,政府、社会和学校三者在招生

---

① 李伦娥."高考后模式"能否闯出新路——解读中南大学综合评价录取改革试点.中国教育报,2012-03-28.
② Z大学学生G5的访谈内容,访谈时间:2012年12月15日,访谈地点:湖南省长沙市.

录取过程中的具体权责不太明确,使得高校的招生录取改革尝试屡屡受阻。因此,政府应转变其在高校招生录取过程中的职能,逐步把工作重心转移到对招生录取工作的宏观规划、协调和监督上来,通过制定法律法规赋予高校更多自主权,积极规范和逐步引导高校推进招生录取改革。正如2014年9月3日出台的《国务院关于深化考试招生制度改革的实施意见》(以下简称《实施意见》)中所要求的:"高校要将涉及考试招生的相关事项,包括标准、条件和程序等内容,在招生章程中详细列明并提前向社会公布。加强学校招生委员会建设,在制定学校招生计划、确定招生政策和规则、决定招生重大事项等方面充分发挥招生委员会作用。"待时机成熟时,逐步实现考试与招生分离,并最终由高校自主决定招生录取方式。

(二)坚持统一考试,逐步推进多元录取

鉴于全国统一高考在公平和客观方面所具有的优势,高校招生录取制度改革应建立在统一考试(统一高考或其他学业水平测试)的基础之上。多元录取模式可以通过多种途径实现,如招生录取制度的多元化、考生来源的多样化、录取指标的多元化等。《国家中长期教育改革和发展规划纲要(2010—2020年)》(以下简称《教育规划纲要》)强调:"完善高等学校招生名额分配方式和招生录取办法,建立健全有利于促进入学机会公平、有利于优秀人才选拔的多元录取机制。普通高等学校本科招生以统一入学考试为基本方式,结合学业水平考试和综合素质评价,择优录取。"此外,还可采取自主录取、推荐录取、定向录取和破格录取等多种选才方式。《实施意见》也提出要"探索基于统一高考和高中学业水平考试成绩、参考综合素质评价的多元录取机制"。因此,各高校在实行多元录取方式改革时,需要科学、合理地设定不同方式在整个招生录取过程中的比例,最大限度地满足考生对多元录取方式的需求,尽可能减少因招生录取方式单一引发的不良影响。

(三)注重特色发展,切实做到自主自律

进入21世纪以来,我国高校办学趋同现象严重,办学特色难以彰显,导致学校千篇一律,缺乏办学活力和吸引力,地方本科院校在这方面反映出的问题

尤其突出。笔者在对两所地方本科院校的招办负责人进行访谈中发现,由于这两所学校缺乏办学特色,因而招不到较好的生源,也影响了招生录取改革的推行。而另一所同层次的高校则凭借机械工程、材料科学、土木工程、矿业工程等优势学科,吸引了大量的优秀生源,该校的综合评价录取改革甫一实行,考生便纷纷报考。办学趋同现象也反映了我国高校在招生录取过程中缺乏应有的自主性和自律性。自主性是指高校在招生时能秉持自己的教育理念,对自身发展有明确的定位,对学校的人才培养特色有清晰的认识,对所要选拔的人才标准也有理性的思考;自律性是指高校在招生中能自我约束,自觉遵守招生规则,自觉维护高校招生的公正度、公平性、公开化和公信力。美国高校在自主和自律方面的经验为我国高校招生录取改革提供了重要的启示。美国高校在招生录取时会依照本校的办学特色和理念,科学、合理地设置招生录取指标,尤其是名牌大学,在招生录取标准上更是尽显各自特色,此外招生工作人员在对考生申请材料进行审核时,也尽可能地做到公平、公正。在多元、综合的招生录取改革趋势之下,我国高校应注重特色发展,进一步规范招生录取制度,强化责任意识,加强招生录取的全过程监督。

(四)逐步转变观念,真正实现综合评价

随着科技的不断发展和社会对人才素质、能力综合化要求的提高,教育也需要进行相应的观念革新与实践改革。以往单纯的课堂教学、一味的道德灌输无法真正提升学生的综合素质和能力;一次性的书面考试也难以全面衡量考生的全部实力和真实水平。综合评价录取改革若要有效落实,基础教育应在教学内容、教学组织方式和评价方式等方面皆有所改变。基础教育的管理者、教育者应倡导和建设多元开放的教育文化。一是逐步加强校园"第二课堂"课程和制度的建设,切实推进素质教育的有效实施;二是树立多元、综合的素质评价标准和理念,无论是对学生还是教师,都应有灵活多样、富有弹性的考核评价标准,为师生双方创造更大的发展空间;三是逐步弱化人情等传统观念在考核评价中的干扰,建立健全、客观、公正的评教和评生体系。

(五)正视城乡差异,合理设定招生比例

与统一高考相比,综合评价录取方式更注重学生的综合素质和能力。然而,面试专家在对考生评分的过程中,往往忽视了学生的家庭背景尤其是农村学生的家庭背景,导致学生的城乡录取比例失衡,这与高考招生改革的指导思想是相背离的。《实施意见》指出:"继续实施国家农村贫困地区定向招生专项计划,由重点高校面向贫困地区定向招生。……形成保障农村学生上重点高校的长效机制。"因此,试验高校在综合评价录取方式改革过程中,应充分考虑在考核内容、评分标准、录取比例等方面可能存在的城乡差别,一方面应根据全国农村学生在学生总数中所占的比例,合理分配本校农村生源占总招生指标的比例;另一方面,也可以尝试对农村学生的综合素质和能力进行单独面试,或设定更加灵活、更有针对性的面试内容和标准。

改变现有的统一招考方式,将综合素质纳入高校招生录取的评价体系中,逐步形成"分类考试、综合评价、多元录取"的高校招生录取制度已成共识。"从考试回归评价,这是时代赋予我们的重任"[①],也是高校招生综合评价录取改革的必然选择。招生录取作为高考改革的核心,是一个意义深远、影响重大的环节,抓好了招生录取改革,就等于抓住了高考改革的"牛鼻子"。故此,教育主管部门应加大对高校招生综合评价录取改革的支持力度,高校则应勇于接受挑战,从当下的困境中闯出一条新路。

(原载于《高等教育研究》2014 年第 10 期)

[①] 戴家干.关于完善高考制度的几点思考.湖北招生考试,2007(16).

"异地高考"政策复杂性探微

2012 年 8 月,国务院办公厅转发教育部、国家发展和改革委员会、公安部和人力资源保障部等四部委联合发布的《关于做好进城务工人员随迁子女接受义务教育后在当地参加升学考试工作的意见》,根据地方城市发展、进城务工人员和随迁子女等具体情况,确定随迁子女在流入地参加升学考试的报考条件。随后,除西藏外,全国其他 30 个省(自治区、直辖市)相继公布了随迁子女"异地高考"方案。方案甫一公布,便引发轩然大波,有人认为政策出台有利于促进教育公平,保障随迁子女受教育的权利,促进社会和谐发展,也有人担心自身的合法权益将遭受侵犯,有限的教育资源将更加捉襟见肘;有人认为这是对传统户籍藩篱的有效破除,也有人视之为一次"蝗虫入侵",一次联盟式的"异闹"。可见,公众对于"异地高考"方案出台的态度可谓莫衷一是。因此,探讨与论证"异地高考"政策及其实施的复杂性是一项重大又亟需解决的课题,需对其进行批判性审视。

一、"异地高考"问题的提出

随着进城务工人员的持续增加,随迁子女的受教育权利,尤其是在流入地获取参加高考资格的问题成为政府和社会关注的焦点。《中华人民共和国教育法》明确规定:"公民不分民族、种族、性别、职业、财产状况、宗教信仰等,依法享有平等的受教育机会。"法律规定的平等受教育机会也正是随迁子女家长与支持者要求实现"异地高考"的重要依据,"异地高考"方案成为破除户籍壁垒,促进招考公平的重要举措,也是对现行高考制度的有效补充。

"异地高考"问题的出现与当前我国人口流动、户籍制度、教育公平等社会问题密切相关。[①]"异地高考"问题自产生以来,大致经历了三个阶段。一是初步关注阶段。早在 20 世纪 80 年代,高考移民现象业已浮出水面,并引发民众

---

① 刘世清,等."异地高考"政策的合理性研究:基于 30 个省(自治区、直辖市)"异地高考"方案的内容分析.高等教育研究,2013(6).

的关注。高考移民问题作为古代科场冒籍的"现代化身",是当代高考的顽疾之一。伴随20世纪末我国高等教育大众化政策的推动,高考移民呈现逐步升温、屡禁不止的发展态势。2004年,山东缺考人数为10248人,其中很大一部分的缺考者被认为是临时移民到其他省参加高考。[①]2007年,安徽省查出了608名高考移民者。尽管高考移民与本研究中的"异地高考"并非同一个概念,却引发了公众对"异地高考"的关注和思考,尤其是随迁子女在流入地接受完义务教育之后,参加中、高考的意愿日益迫切。2008年"两会"期间,张千帆等多位全国人大代表呼吁重视随迁子女高考问题。二是政策议题阶段。2010年,中共中央、国务院颁布的《国家中长期教育改革和发展规划纲要(2010—2020年)》中明确提出,"研究制定进城务工人员随迁子女接受义务教育后在当地参加升学考试的办法"。同年12月,教育部选取了流动人口较少的湖南、重庆和山东三省作为改革试点地区,然而该举措无疑是缓兵之计。直至2011年3月,教育部声明正着手与北京、上海等地就如何推进"异地高考"进行研究商讨,"异地高考"问题才被正式纳入到国家政策议程之中。三是方案颁布阶段。2012年初,教育部部长袁贵仁指出"异地高考"方案将在十个月之内出台;同年7月,国务院同意并通过了"异地高考"改革方案;一个月后,国务院办公厅转发了教育部等四部门的《关于做好进城务工人员随迁子女接受义务教育后在当地参加升学考试工作的意见》(以下简称《意见》)。

透视各地出台的方案,尽管各地为随迁子女就地高考提供了政策依据,但如何突破固着式的户籍藩篱,如何调适现实的紧迫性与利益的博弈分化,以及如何缓解城市新移民与城市原住民的矛盾依旧内嵌于"异地高考"政策之中,亟待破解。

二、"异地高考"政策文本分析

文本分析(亦称内容分析)是政策分析的重要方法之一,它基于定量或定性分析文献内容,判断与透析文献中有关主题的实质内容及其关联的发展趋势。通过对"异地高考"政策文本的统计分析发现,该政策主要由四部分组成:

[①] 郑燕峰.山东高考"移民"成风凸现考试体制漏洞.中国青年报,2004-6-28.

参与政策制定部门、政策发布与执行时间、报考准入条件(包括家长和学生)、报考院校类型。其中,参与政策制定部门的多少反映了政策的涉及范围;政策发布与执行时间说明地区对政策的重视程度;报考准入条件作为在当地参加高考的"基本门槛",反映了谁具备就地参加高考的资格;报考院校类型折射出随迁子女在当地享受教育权利的实际情况。

表4.2.1 "异地高考"报考准入条件

地区	省、自治区、直辖市	家长					学生		
		户籍1	居住证	职业	住所	社保	户籍2	学籍	3年学习
东部地区	北京		√	√	√	√			
	天津			√	√	√			
	河北		√	√				√	
	辽宁		√	√					√
	上海		√						√
	江苏			√	√			√	√
	浙江							√	√
	福建								√
	山东							√	√
	广东		√	√	√	√		√	√
	海南		√		√	√		√	√
中部地区	山西			√	√			√	√
	吉林			√	√	√			√
	黑龙江			√	√				√
	安徽							√	√
	江西							√	
	河南		√	√				√	
	湖北		√	√				√	√
	湖南		√					√	√

续表

地区	省、自治区、直辖市	家长					学生		
		户籍1	居住证	职业	住所	社保	户籍2	学籍	3年学习
西部地区	内蒙古			√	√	√		√	
	广西			√	√				
	重庆			√	√			√	√
	四川			√	√			√	
	贵州		√	√	√	√		√	
	云南			√	√	√	√	√	√
	陕西		√			√		√	√
	甘肃			√	√		√	√	
	青海	√					√		
	宁夏			√	√	√		√	√
	新疆		√	√		√	√		√
	西藏	未出台							

资料来源:根据全国各省(自治区、直辖市)教育部门官方网站信息整理。

(一)政策制定部门

如表4.2.2所示,在全国30个省(自治区、直辖市)中,参与"异地高考"政策制定的部门从1个到10个不等,其中由单个部门独立完成的有4个省(占比13%),分别是天津、内蒙古、青海和重庆;由3个部门联合制定的只有山西;4个部门联合参与制定的省共有22个(占比73%);另外,宁夏由10个部门联合参与方案的制定。从参与方案制定的省份数量来看,大多数省由教育、发展改革、公安、人保等四部门联合参与制定,个别省由教育、公安、人保三部门联合参与制定,而贵州和新疆除教育、发展改革、公安、人保等部门参与外,监察部门也参与其中。此外,宁夏由教育、发展改革、公安、人保等十个部门共同参与该省方案的制定。从参与部门的性质来看,绝大多数省"异地高考"实施方案由教育厅协同相关部门共同参与,但也有少数省由其他部门负责,如青海就由省高等学校招生委员会单独负责制定,重庆由市政府办公厅单独负责制定。

表4.2.2　参与制定"异地高考"政策部门的数量

参与部门数量	1个部门	2个部门	3个部门	4个部门	5个部门	多个部门
省份数量	4	0	1	22	2	1

数据来源:根据全国各省(自治区、直辖市)教育部门官方网站数据整理。

(二)发布与执行时间

根据《意见》相关要求,多省于当年出台了"异地高考"的具体实施方案。其中,江西省在2012年11月28日出台了具体方案,成为全国最早出台"异地高考"工作方案的省。随后,北京、上海、广东、重庆等20个省在2012年12月相继出台方案。黑龙江、内蒙古、山西等7个省于2013年1月1日之后出台了相关方案。"异地高考"工作方案的出台,明确了随迁子女就地参加高考的最低"门槛"(见表4.2.1)。方案出台后,各省陆续开始实施方案。其中,天津、河北、江苏等16省2013年开始实施,福建、山东、江西等8个省2014年开始实施。另外,北京、上海、广东等6个省从2013年开始分步实施,其中,北京、上海、广东3省从2013年开始分步实施,内蒙古和山西2省规定从2013年起可在就读地参加中考,2014年起可在就读地参加高考,陕西省规定从2014年可参加初中毕业升学考试,2016年起可参加普通高中招生考试及录取(见表4.2.3)。

表4.2.3　"异地高考"方案执行时间

执行时间	2013年执行	2014年执行	分布执行
省份数量	16	8	6

数据来源:根据全国各省(自治区、直辖市)教育部门官方网站数据整理。

(三)报考准入条件

从各省"异地高考"方案来看,随迁子女就地参加高考所应具备的条件不尽相同,主要涉及随迁子女和家长双方。

1.学生的条件

就学生而言,主要包括学生户籍、学籍和学习经历三方面。根据统计发现,在全国30个省出台的"异地高考"工作方案中,有73%的省要求学生必须提供流入地学籍,如河北省规定考生须提供"高中段学籍证明"。有60%的省要求学生必须在流入地具备3年的学习经历,如吉林省规定"随迁子女在我省普通高中阶段有完整学习经历",山东省规定"必须有山东省完整三年高中阶段学习经历"。可见,在"异地高考"方案中,完整的高中学籍和连续的3年高中学习经历是大多数省要求学生需具备的基本条件,是随迁子女在流入地参加高考必须跨越的"门槛"。另外,有少数(10%)省要求学生必须提供流入地户籍证明方可就地参加高考,如云南省在方案中提出"具有相应学籍",青海省提出"外省到青海省参加高考的随迁子女,必须具备户籍条件"。

表4.2.4 "异地报考"报考条件及所占比例

报考条件	随迁子女家长					随迁子女		
	户籍1	居住证	职业	住所	社保	户籍2	学籍	3年学习经历
所占比例	3%	30%	70%	60%	37%	10%	73%	60%

数据来源:根据全国各省(自治区、直辖市)教育部门官方网站数据整理。

2.家长的条件

从全国30个省制定的"异地高考"方案来看,家长应具备的条件主要包括户籍、居住证(暂住证)、合法稳定职业、合法稳定住所、缴纳社会保险等5个方面。其中多数省对家长的职业和住所作出了明确要求,分别占全部方案的70%和60%,二者成为随迁子女家长应具备的基本要求,有30%的省要求家长需提供有效的居住证明,如北京规定"在京参加高职的学生父母有北京市的暂住证或工作居住证"。有37%的省要求学生需缴纳一定数额的社会保障金,如广东省"按国家规定参加社会保险累计3年以上",天津市规定"按国家规定参加社会保险"。此外,还有个别省对家长的户籍提出了相应要求。

(四)院校开放程度

在"异地高考"方案中,各省关于院校开放程度各有不同。笔者根据"异地高考"工作方案的内容,将院校开放程度分为三种类型,即高度开放、中度开放和低度开放。

所谓高度开放是指随迁子女在流入地和当地的考生在高考招生录取方面享有同等的权利。在所有"异地高考"的方案中,绝大多数省属于高度开放,说明随迁子女在满足条件的情况下,均可享受与当地考生同等的考试、录取权利。所谓中度开放是指由于学生和家长由于受户籍等条件限制,学生在流入地参加统一高考时只允许报考高职、专科以及三本院校。北京是全国唯一一个低度开放的地区,该地区方案规定,"随迁子女只允许报考当地的高职院校"。

表4.2.5 "异地高考"方案中院校开放类型

院校开放程度	低度开放	中度开放	高度开放
省份数量	1	3	26

数据来源:根据全国各省(自治区、直辖市)教育部门官方网站数据整理。

三、"异地高考"政策复杂性表征

社会学家罗伯特·K.默顿认为,一个社会问题的基本要素构成,是人们普遍持有的社会标准与现实的社会生活状况之间的根本不一致。[1]"异地高考"政策作为一项系统政策,难以推进的症结在于"异地高考"的实施涉及不同利益群体,其本质是高考利益的重新调整,它俨然成为一个结构性社会问题。基于法国著名学者埃德加·莫兰的复杂性理论,笔者认为我国"异地高考"政策实施的复杂性表现在传统户籍制度的固着性、地方政府决策的自发性和利益群体关系的非线性。

---

[1] 默顿.社会研究与社会政策.林聚任,等译.生活·读书·新知三联书店,2001:53.

(一)传统户籍制度的固着性

由于传统户籍制度自身超稳定结构,固化了层级壁垒,阻隔了代际流动。中国长期处于传统乡土社会,而乡土社会的人口多附着于土地,没有太大的流动。正如费孝通先生所言,乡土文明是富于地方性的。[①]历史发展至今,户籍制度仍旧与我们的生活息息相关,它既是人口统计与管理的制度,又是各项政策法规制定的依据,它是一种贯穿整个社会、确立和制约社会结构、涉及诸多领域的综合性社会制度。[②]新中国成立以来,户籍制度始终附着于高考制度,二者处于一种紧密的捆绑状态。户籍制度作为一种粘合性制度,其产生之初就粘合各种功能,其中包含了三项基本功能,即身份识别、资源分配和迁移控制[③]。传统户籍制度的固着性有助于全能主义政府和社会机制的有效运行,对维持现有的资源分配制度颇有助益,也成为控制人口流动、维持社会秩序的社会管理制度。

然而,户籍制度对高考制度改革而言却是关键因素,能解决"异地高考"问题。户籍制度在传统乡土文明时代对维护社会稳定发挥了积极作用,而随着社会的转型,尤其是流动人口频繁迁移,这一固着式的制度就显得不合时宜。长期以来,我国高考报名实行的是"户籍+学籍"制度,这对于已经接受多年义务教育之后因一纸限制而不得不回迁原籍参加考试的随迁子女而言,无疑是一次灾难。这一制度的延续带来的是教育环境的再一次不适应和教育内容的脱节,给随迁子女带来了巨大的心理压力和现实压力,最终不利于其身心的健康发展。

(二)地方政府决策的自发性

在"异地高考"政策的制定和实施过程中,以教育部为代表的中央政府承担顶层设计和总体协调的角色。改革开放以来,随着我国社会转型发展,中央政府不断下放管理权限,地方政府在管理地方行政事务时享受广泛的自由裁量权。中央政府及教育部等相关部门出台《意见》的内容,概而言之,包括三

---

① 费孝通.乡土中国.人民出版社,2008:1-5.

② 陆益龙.户籍制度:控制与社会差别.商务印书馆,2003:64.

③ 王清.利益分化与制度变迁:当代中国户籍制度改革研究.北京大学出版社,2012:66.

点：一是"要积极解决"，文件规定各地政府须在2012年年底前出台具体的实施办法；二是"要有转入条件"，各地出台的政策需设立一定的门槛，以防范"高考移民"的发生；三是"要因地制宜"，各地政府应根据本省的实际情况，有针对性地制定实施办法。

从地方政府（省、自治区、直辖市）来看，中央政府的弹性管理赋予其极大的管理权限，地方政府成为"异地高考"政策制定和实施的主体。地方政府作为官僚机构中的一员，从"经济人"角度来看，必然以实现自身利益最大化为根本旨归，这种利益诉求无形中会嵌于"异地高考"政策的制定和实施过程中，包括对报名资格的设置，这就决定了地方政府在决策过程中的自发性。从不同省出台的"异地高考"实施方案来看，越是经济发达地区和高等教育资源丰富的地区，其"异地高考"的门槛越是高不可攀，其本质是为了维护本地考生的利益。这种基于地方政府自发性的政策，通过设置随迁子女家长不可控制的条件，将随迁子女拒之门外，以实现自身耦合意愿。地方政府决策的地方保护主义徒增"异地高考"政策执行的复杂性，无益于问题的解决。

（三）利益群体关系的非线性

"异地高考"作为一个复杂的社会问题，存在多元利益群体间非合作式的利益博弈，包括随迁子女家庭与流入地政府之间，随迁子女家庭与当地户籍人口之间，随迁子女家庭与流入地公办学校之间。

1.随迁子女家庭与流入地政府之间

"异地高考"作为一个复杂的社会问题，其问题产生的根源在于社会自身结构的不合理。受教育权作为公民的基本权利，在应然状态下，受教育权实现与否只取决于公民自身的能力，不应受外部政策环境的影响。然而，"诉求的合法性并不等于诉求的可行性"①。现实中，随迁子女由于受限于传统户籍藩篱，其受教育权利无法实现，甚至面临遭遇剥夺的境况，同时受制度惰性的制约，部分随迁子女的受教育权被打上了政治烙印。随迁子女家长通过各种途径呼吁社会各界的关注，以实际行动推动"异地高考"改革，并自发联合制定了

---

① 温正胞."异地高考"的合法性与现实困境.教育发展研究,2013(4).

民间版的"异地高考"方案。该方案指出,随迁子女只要提供在流入地接受完整的高中学习证明即可在当地参加考试、录取。相较而言,各省在《意见》指导下所制定的针对家长和学生提出的报考条件无疑显得苛刻、高不可攀,让随迁子女及其家长只能"望校兴叹"。根据冯帮等学者的调查研究发现,有60.1%的随迁子女家长表示出了消极情绪①,而这种巨大的反差将进一步强化流入地政府利益结构,加剧随迁子女家庭与流入地政府间的深层博弈。

　　根据统计发现,从报考准入条件和院校开放程度来看,流入地政府在这场深层博弈中承担的角色是颇为微妙的,它成为多重利益的复合体。不少流入地政府替换或选择性地执行《意见》,以实现自身利益的最大化。在报考院校类型上有"低度开放"、"中度开放"和"高度开放"之分,存在明显的"政策歧视"。在报考条件的设置上,部分省出台的政策文本没有顾及随迁子女家长的实际情况,其实质是流入地政府存在较为明显的责任规避行为。在政策制定过程中,很少为公众提供参与的机会与平台,随迁子女家长与流入地政府之间存在明显的信息不对称现象,正是流入地政府在现实利益的驱使下致使政策出现结构性分裂,其对责任的推诿更加剧了社会的波动。

　　2.随迁子女家庭与流入地户籍人口之间

　　高考制度既是随迁子女实现社会向上流动的主要途径,又是城市中上层子女实现代际传递和阶层再造的重要通道。而"异地高考"问题的出现就其本质而言即是随迁子女家庭对受教育权利和教育资源再分配的诉求,是对现有制度供给的调整,是对公平筛选与合理流动的祈望。"异地高考"问题是城镇化进程中城市户籍拥有者对非城市户籍人口合法权益诉求的一种非包容性。在流入地户籍人口看来,大量随迁子女的到来不仅给当地教育带来较大的压力,同时还挤占当地的公共卫生、治安等社会资源,是一次削峰填谷的行为,将打破现有的制度供给平衡。根据国家发改委的一项统计,异地高考获得46%网民的支持,26%的网民持中立态度;而北京、上海有95%的本地市民表示反对,这种排斥性的显规则伴随"异地高考"的始终,有增无减。

　　在这场"城市新移民"与"城市原住民"间的拉锯战中,"城市新移民"对受

―――――――――――

① 冯帮,等.异地高考政策实施的阻碍因素及对策.上海教育科研,2013(11).

教育权的诉求被符号标签化,在排斥性显规则下被视为"异闹"。在这场零和竞争的利益博弈中,由于现实紧迫性与利益博弈、分化的加剧,使得个体行为失范不断衍生,"异地高考"政策的负效力超过了正效力,并由此产生巨大的社会波及力。因此,破解"异地高考"这一棘手问题,其关键在于对利益结构进行有效调整,"即在尽量少地损害既得利益群体的利益前提下,适度改善处境不利阶层的机会状况"[①]。

3.随迁子女家庭与流入地公办学校之间

流入地公办学校接收随迁子女的积极性不高也是"异地高考"政策执行陷入困境的重要原因之一。在流入地公办学校看来,由于随迁子女大多来自农村,学习基础与流入地学生差距较大,对流入地学校的招生、学籍管理、教学管理等方面提出了挑战,影响了学校的教学质量和社会声誉。同时,由于随迁子女大量进入流入地公办学校,学校不得不扩大学校教学面积,增加教师数量和教学设备,学校的办学经费需求量不断增加。随着随迁子女借读费的取消,教学经费需求的增长无法从其他渠道寻求弥补,而目前实施教育经费转移支付的条件暂不成熟,流入地学校的办学经费就显得日益紧张。而经费的短缺可能引发其他系列问题,包括教学基础建设无法提升,教学环境难以改善,教学设备未能更新,教学水平失去保障等。

对于随迁子女家庭而言,由于受自身条件的限制,文化资本与教育环境的劣势不利于随迁子女学业的发展,随迁子女就学本身存在"先天不足",而对流入地教育环境的不适和教育内容的脱节更加剧了这种境况,在"负负并不得正"的背景下,随迁子女在选择学校时往往处于被动地位。进入重点学校就学在流入地学生看来是顺理成章的事情,对随迁子女而言却显得遥不可及。据范先佐教授的研究发现,武汉市作为全国率先接纳进城务工就业农民子女入学的城市之一,全市现有313所公办中小学接收进城务工就业农民子女入学,却没有一所是重点学校。[②]究其根本,随迁子女受教育权利是一种经济收益的权利,是为了争取更好的生存能力和条件而要求国家从经济角度提供必要的

---

① 白雅娟,等.贡献换机会:破解异地高考难题可能模式.中国教育学刊,2013(4).
② 范先佐.进城务工就业农民子女的教育公平与制度保障.河北师范大学学报(教育科学版),2007(1).

文化教育条件和均等的教育计划的权利。①现实中,囿于家庭环境的劣势和制度的缺失,随迁子女的受教育权利在这场利益博弈中难以彰显。

此外,"异地高考"政策在实施过程中面临如何应对随迁子女数量倍增,如何统筹教育资源,以及如何分配录取指标等系列问题,这些将加剧"异地高考"政策实施的复杂性。②

四、完善"异地高考"政策的建议

"异地高考"问题不仅是重要的教育问题,更是重要的社会问题,其政策的制定与执行涉及多元利益群体,改革举步维艰。因此,不仅需要政府部门的顶层设计和全面统筹,兼顾改革的力度和社会的可承受程度。同时,还需为实现不同利益群体间的对话创造有利平台。具体而言,可以从以下几个方面共同努力。

(一)加强沟通,努力构建多方参与的决策机制

在"异地高考"实施过程中,不同利益群体的"趋利性"固然存在,但阻隔政策有效实施的根源在于各级政府部门、随迁子女家庭、流入地家庭,以及流入地公办学校等不同利益相关者间缺乏平等、有效的对话机制,导致彼此信息不对称。因此,需在中央和地方政府全面协调、科学决策的基础上,建立让"异地高考"的不同利益群体了解和共同参与政策的制定和实施,有效保障多方的教育知情权、参与权、表达权和监督权。同时,为不同利益群体,尤其是随迁子女家庭与流入地家庭之间创设便利、有效的交流机制,实现平等对话,尽可能消弭因信息不对称导致的意见分歧,实现由对随迁子女的围堵向疏导转变,由关注城市居民利益视角向关注外来移民权利视角转变,逐步提升政策的正效力,实现政策执行成本最小化,收益最大化。

---

① 劳凯声.教育法论.江苏教育出版社,1993:93-94.
② 吴霓,等.流动人口随迁子女在流入地升学考试政策分析.教育研究,2014(4).

(二)统筹规划,合理配置流入地教育资源

流入地政府应摒弃地方保护主义,从全局着眼,统筹规划。首先,以常住人口作为当地人口的统计依据,逐步将随迁子女纳入到当地教育规划之中,基于人口普查、经济社会发展和现有教育教学水平,对本地高中阶段受教育的学生数量进行动态监测和科学预警,合理配置当地教育资源,为随迁子女就地参加考试、录取提供条件。其次,引入教育券制度,努力促成转移支付机制的实现。为促进教育经费与随迁子女的同步转移,可尝试在部分地区实施教育券制度,随迁子女可凭教育券在全国任一地方就读,政府依据当地学校提供的教育券进行相应的教育财政拨款。最后,合理划定各地区招生录取指标,对随迁子女数量较多的地区可适当增加录取指标。待条件成熟时,可设立随迁子女专项指标和专项拨款,以鼓励流入地公办学校接纳随迁子女就地入学。

(三)因地制宜,适时调整报考准入资格

首先,各地应淡化户籍作为"异地高考"报考条件的观念。长期以来,户籍藩篱束缚着随迁子女就地接受教育和考试录取的权利。因此,应着力解放思想观念,开放"异地高考"大门,打破高考与户籍制度之间捆绑式的关系,可尝试将"户籍+学籍"的高考报名条件,调整为"居住证+学籍"或者"多年纳税证明+学籍"的方式来解决随迁子女就地参加考试录取的问题。根据凤凰网展开的"异地高考资格"网络调查显示,纳税证明或固定房产的年限应该在3年以上的占26.1%,1年以上的占19.5%,5年以上的占7.1%,9年以上的占4.7%。据此,关于考生高考报名资格可以调整为"居住证+学籍"或者"3年以上的纳税证明或固定房产证明+学籍"[1]。其次,逐步探索对随迁子女在流入地报名资格实行量化管理制度。例如上海等地就以积分制的形式对随迁子女的各项申请条件进行相应赋分,对申请资格实施弹性管理,尽量避免人情的干扰。最后,努力构建高职与普通本科院校间的有效贯通,对部分学业优秀的学生可实现从高职向本科的升迁。对在流入地高职院校就读的学生而言,在符合规定条件和标准的情况下,可申请到普通本科院校继续学习,努力实现"优者优其学"。

---

① 陈斌.异地高考的利益博弈、困境分析与对策建议.教育与考试,2012(3).

(四)循序渐进,逐步改革考试招生制度

国家教育主管部门应逐步改革现行的计划招生体制,突破已有统一招生录取制度,努力探索分类考试、综合评价、多元录取的制度,有效实现招考分离。一是改革学生管理制度,逐步实行以学籍代替户籍作为教育部门分发招生指标和随迁子女参加升学考试录取的依据。二是发挥教育信息化的技术优势,实现学生学籍和学业评价信息在全国范围内的共享,构建不同地区学生学业评价省际互认机制,使学生学业成绩在不同省域间互认互换。三是在坚持统一高考基础上,逐步探索高校自主招考模式。一方面,坚持统一高考有利于维护社会稳定,实现考试公平;另一方面,探索自主招考有助于各高校选拔合适的人才,激发地方高校改革的积极性。

总之,"异地高考"及其政策的实施是一个颇为复杂的问题,它涉及社会发展观念的转变,教育管理制度的革新,不同利益群体的博弈,以及有限教育资源的分配。因此,需要政府、社会、高校和公众多方力量的支持和参与,并积极稳妥地加以推进。"异地高考"问题的解决需要时间,"异地高考"政策的实施需要智慧。当所有受教育者的入学机会不再区别对待时,"异地高考"问题也就不攻自破。

(原载于《教育科学》2015年第1期)

以人为本，综合评价，让学生各显其才
——高考综合改革的价值意蕴

高考制度既是一项高利害、高风险、高竞争的考试招生制度，也是一项基本的教育制度。在我国各项教育制度中，高考制度无疑是至为重要、影响最大的。高考改革不仅涉及高校人才选拔和创新人才培养，而且关涉教育资源和社会利益的分配，影响政治稳定和社会公平，是一项"牵一发而动全身"的社会系统工程。高考改革作为一项事关教育全局的教育活动，历来受到国家教育主管部门和社会民众的高度关注。

目前，我国高校的招生普遍以国家统一高考成绩作为选拔学生、安排专业的依据。这种招生模式虽然较为公平，且效率较高，但其单一的录取标准制约了高校的招生自主权和学生的全面发展，招致社会质疑。在此背景下，《国家中长期教育改革和发展规划纲要（2010—2020年）》提出："以考试招生制度改革为突破口，克服一考定终身的弊端，……逐步形成分类考试、综合评价、多元录取的考试招生制度。"因此，亟需在改革现有的重知轻能、重考试结果轻个性评价的单一评价模式基础上，构建科学、合理且具可操作性的综合、全面、多元的录取评价模式。

2014年9月，国务院出台《关于深化考试招生制度改革的实施意见》，要求以高考改革为核心，形成分类考试、综合评价、多元录取的考试招生模式。上海、浙江是全国率先进行高考综合改革的试点地区。学界普遍认为，此次高考综合改革是1977年恢复高考以来最为系统全面的一次考试招生制度改革。福建省根据国家要求制定了《福建省深化考试招生制度改革实施方案》（以下简称《实施方案》）。《实施方案》从促进学生健康发展、促进科学选才、促进公平公正出发，突出战略导向、问题导向和需求导向，整体设计了从义务教育到高等教育各层次、各类别的考试招生制度改革，明确了改革的总目标、主要任务和保障措施，既落实了国家顶层设计，又体现了福建特色。《实施方案》的出台是福建省对国家高考综合改革政策的积极回应和有效落实，也是结合本省现实情况做出的理性选择。

一、高考综合改革：一次影响深远的考试招生改革

随着高等教育现代化和普及化阶段的到来，我国原有的为精英教育选拔人才的观念亟需改变。同时，为顺应不断深入的新课改与素质教育的迫切需求，高校招生录取必须适时进行改革和调整，亟待转变过分倚重高考成绩的单一录取模式，逐步建立综合化、多元化、全面化的考试招生录取制度。高考综合改革在浙江、上海的逐步推行和落实，为逐步建立中国特色现代教育考试招生制度探索了有益经验。浙江、上海高考改革的试点方案有许多创新性举措，如：取消文理分科，设置必考和选考科目，其中语文、数学、外语三门为统考科目，其他科目任选三门；外语实行社会化考试，一年多考；选考科目实行等级赋分制；录取不分批次，实行专业平行投档和综合素质评价成绩按比例合成综合成绩，择优录取。

（一）高考综合改革实现了从终结性评价向形成性评价的转变

在精英高等教育阶段，统一高考作为选拔人才的主要方式，既是国家的"抡才大典"，又是个人走向成功的首要途径，在整个中国教育体系中占有举足轻重的地位。然而，随着高等教育普及化时代的到来，学生的个性特征和教育期望日趋多元，以单一的考试测量学生的能力水平显然失之偏颇。高考综合改革最大的特点在于转变过去"唯分数论"的观念，逐步将统一高考、高中学业水平考试和高中综合素质评价作为综合评价学生的依据。浙江、上海两地高考综合改革将学业水平考试从高一持续至高三，其成绩最终计入高考总成绩，真正实现了形成性评价。福建省高考综合改革也将实行学业水平考试，学生各学科学习的平时表现将会得到更多重视。

（二）高考综合改革由注重考试公平转向关注科学取才

长期以来，公平是高考所追求的终极价值。毋庸置疑，考试公平仍旧是高考综合改革所追求的目标，但高考综合改革更关键的在于如何科学地选拔适合人才。《实施方案》指出，要"适应经济社会发展对多样化高素质人才的需要，注重评价的全面性和综合性，改革考试内容，推进分类考试、综合评价、多元录

取,完善政府监管机制,增加学生和高校的双向选择,提高人才选拔水平"。对于考生而言,全面科学选才有利于考生在双向选择的基础上更充分地展示自我;对高校而言,高考综合改革实行的"专业+院校"的录取方式对绝大多数高校的学科(专业)发展,既是机遇,也是挑战。对于那些拥有特色专业的高校,高考综合改革将有助于它们发挥专业优势,招收优秀生源。同时,高考综合改革也将倒逼那些特色不显的高校凝聚力量,集中发展,培育特色专业。

(三)高考综合改革致力于真正实现以生为本

高考综合改革的初衷在于促进学生健康发展,健康发展的前提,就是要充分尊重学生,真正做到以生为本。从《实施方案》来看,福建省在高考综合改革中始终把学生发展置于改革的首位,具体体现在:实行高中学业水平考试,引导学生全面发展;学生可根据兴趣、特长自主选择考试科目;高职院校实行分类考试;外语科目提供2次考试机会。也就是说,福建省高考综合改革将致力于"遵循教育教学规律和人才成长规律,始终把促进学生健康成长作为改革的出发点和落脚点,有效扭转应试教育倾向,逐步推进素质教育,促进学生全面而富有个性地发展"。

二、高考综合改革的核心内容与目标初衷

深入研究国务院《关于深化考试招生制度改革的实施意见》和福建省《实施方案》所蕴含的丰富内涵,笔者认为,改革高中学业水平考试、建立综合素质评价制度、建立高职院校分类考试制度当是高考综合改革的精髓所在。

(一)试行高中学业水平考试,真正落实以生为本的教育理念

福建省依照《实施方案》实施高考综合改革后,考生的高考总成绩将由统一高考的语文、数学、外语3门成绩和3门选考科目的考试成绩组成。就统一高考的科目而言,外语将实行一年两考制度,数学试卷将不再区分文理科,其他方面基本保持不变。相较而言,学业水平考试的改革力度较大,也更复杂。学业水平考试设合格性考试和等级性考试。语文、数学、外语、思想政治、历

史、地理、物理、化学、生物、信息技术、通用技术、体育与健康、音乐、美术14门科目均设合格性考试,同一科目提供2次考试机会。思想政治、历史、地理、物理、化学、生物6门科目还设等级性考试,同一科目提供1次考试机会。学生可根据兴趣、特长和高校选考科目要求,在6门等级性考试科目中选考3门,成绩作为高校招生录取依据。无论是合格性考试,还是等级性考试,相较于以往统一高考都更加凸显学生的主体地位,更加重视学生的个性需求。

(二)改革高考录取评价方式,有效实现科学选才

在西方大多数国家,考试只是一种单纯的测量手段,而评价则是通过全面收集与考生相关的各方面信息,分析判断学生的学习情况和学术发展潜力。用评价的理念和方式推动招生录取制度改革,就是要转变过去"唯分数论"的观念,全面考量学生独特、深层的个性品质,形成对学生综合、全面的认识和评价,从而更加科学、有效地促进学生发展。为更有效地加强素质教育导向,福建省在普通高中实施学生综合素质评价制度,致力于培养学生的社会责任感、创新精神和实践能力,具体包括思想品德、学业水平、身心健康、艺术修养和社会实践等方面。《实施方案》指出,实施高考综合改革后,普通高校录取依据统一高考、学业水平考试成绩和参考学生综合素质评价,即"两依据、一参考"。这一招生录取机制有利于引导学校积极转变教育教学方式,对学生开展素质教育,促进学生全面而有个性地发展,让不同的学生各显其才,有利于高校根据本校办学特色和人才培养需要选拔出适合的人才。

(三)实行高职院校分类考试制度,让评价更灵活,让学生的发展道路更多元

在参照国务院《关于深化考试招生制度改革的实施意见》基础上,福建省在全国率先提出建立中职学校学业水平考试制度,实行高职院校分类考试制度。《实施方案》指出:建立高职院校分类考试制度,实行"文化素质+职业技能"的评价方式,促进技术技能人才的选拔和培养。具体而言,普通高中毕业生报考专科高职院校,需参加职业适应性测试,文化素质考核使用高中学业水平考试成绩,参考学生综合素质评价;中等职业学校毕业生报考专科高职院校,参

加省里统一组织的职业技能测试,文化素质考核使用学业水平考试成绩,参考学生综合素质评价。实行高职院校分类考试制度是遵循高等教育发展规律的具体体现,也是适应新时期高等教育发展的现实需求。从社会发展来看,以往"千军万马过独木桥"的现状将得到有效改善,学生在接受高中教育后将享有更加多元的发展道路。更重要的是,高校不再以统一高考成绩作为唯一的"尺子"来度量人才。

三、高考综合改革的创新价值及其影响

(一)以人为本——致力于所有学生的共同成长

教育是每个公民的基本权利,理想的教育是以人为本的教育。以人为本在高考改革中体现为以权利平等为基础,充分尊重学生的发展需求和个性特质。《实施方案》指出,考试招生改革应"把促进学生健康成长作为改革的出发点和落脚点,扭转片面应试教育倾向"。2015年,联合国教科文组织发布《反思教育:向"全球共同利益"的理念转变》,提出未来教育要以人文主义为基础,教育是人的生存和发展的权利,教育要尊重生命、尊重公正、尊重平等,使人们过上有尊严和幸福的生活。

为了充分关照考生的个体差异,高考综合改革实行外语科目提供两次考试机会。比如,上海方案指出:外语考试包括笔试和听说测试,引导外语教学注重应用能力的培养。高中生最多参加两次外语考试,可选择其中较好的一次成绩计入高考总分。如此,一方面可有效缓解考生的应试压力;另一方面有助于学生更充分地展示自身的外语水平。同时,根据高考综合改革方案,学生可根据自身发展需求和兴趣特长自主选择、确定选考科目。根据不同组合方式,浙江有35种选考科目组合,上海和福建有20种。不同的科目组合有助于促进所有学生选择合适的方向,激发潜能,实现全面而个性的发展。选考科目改革遵循教育基本规律,充分考虑学生的个性需求,在中国高考改革史上无疑具有重要的里程碑意义。

(二)综合评价——为了更全面科学地甄选人才

一直以来,我们都陷于"唯统考独尊"的迷思之中。故此,高考综合改革逐步探索将高中学业水平考试、综合素质评价与高考分数同时作为录取依据。例如,浙江方案中的"三位一体"就明确规定:高校依据考生统一高考、高中学考和综合素质评价成绩按比例合成综合成绩,择优录取。上海方案规定:高校依据高考成绩和学校自主考核情况,并参考普通高中学业水平考试成绩和高中学生综合素质评价信息,选拔具有学科特长和创新潜质的优秀学生。可见,高考综合改革的首要目的是通过多种方式科学选拔符合高校特色发展的适合人才,即高考综合改革所倡导的核心理念在于效率优先,科学选才。所谓效率,是指在招生录取中综合考虑各方面因素,不拘一格地选拔优秀人才。无疑,改变现有的统一招考录取方式,将综合素质评价等纳入高校招生录取评价体系,逐步形成分类考试、综合评价、多元录取的高校招生录取模式已成共识。

(原载于《福建教育》2018年第37期)

论古代人才选拔方式之嬗变

中国考试的历史源远流长,是世界上最先实行考试的国家,这在国际学术界已是公认的事实。《大英百科全书》在介绍考试制度时说:我们所知道的最早的考试制度,是中国采用的选举制度(前1115年),以及定期举行的考试(前200年)。美国现代考试专家亚尔保德·兰(Albert. R. Lang)在《新法考试》中提出:"远在纪元前二千二百多年前,中国就有了精密的国家考试制度,目的是选拔官吏。"①孙中山在《五权宪法》中亦指出,西方各国用以选拔官员的考试制度都是学习中国的"古法"考试,并认为中国的考试制度是世界上最古最好的制度。②考试俨然成为富庶厚重的中华文明中赓续不止的文化遗产,为众人所熟识。作为选拔人才的方式之一,考试虽多沐风雨,却并非与生俱来。随着生产力和社会生活水平的提高,社会开始出现强制性分工,尤其是脑体分工之后,出现了"劳心者治人,劳力者治于人"的现象,必须有组织、有目的地甄选或测度具备管理才能的人员从事脑力劳动,考试随之应运而生。为了探索一种有效的选拔管理人才的方式,我们的先辈历经长期的探索,积攒了丰富的经验。

在远古时期,以考试选拔人才的方式已初见端倪。此后经历了先秦时代的世卿世禄制、汉代的察举制、魏晋南北朝时的九品中正制和隋代之后的科举制。科举废止之后,清末的洋务学堂、新式学堂以及民国时期高校的考试方式逐步走向多样化、综合化。历朝历代都意识到人才选拔对社会的发展,尤其对巩固政权具有极其重要的作用,围绕人才选拔进行了持久的探索。

一、先秦时期:"血"而优则仕的世卿世禄制

在我国,有"言必称尧舜"的传统,而尧舜一直以来被视为万世"圣人贤君"。因此,普遍认为考试起源于尧舜。从人类漫长的发展史来看,无论是远古时代通过观察和实践选拔录用人才,还是奴隶社会有目的、有组织的考试活

---

① 廖平胜.考试学原理.华中师范大学出版社,2002:66.
② 孙中山.孙中山选集.人民出版社,1981:496.

动,或是汉代的察举制度,考试经历了不同朝代的变更。在此时期,整个先秦时期的选才制度存在不少共同之处,包括注重德行兼备,推荐与实践相结合,选才方式和标准多样化。[①]

我国历来有尚贤的传统。在原始社会,由于生产力水平较低,人们只有依靠集体力量才能维系生存。这种群体组织形式就是氏族,以后慢慢发展成为部落及部落联盟。以选贤与能的方式推举氏族首领在氏族社会长期存在,那些公认的"贤者""能者"在长期的生产实践和社会生活中自然而然地成为整个氏族、部落的领导核心,他们既是部落的成员之一,也是久经考核的贤能之士。根据《尚书正义》中的《舜典》记载,舜将帝位禅让给禹,亦经过"三载考绩,三考黜陟幽明,庶绩咸熙"[②]。这些关于尧通过"试"舜禅让帝位的故事虽有较为浓郁的神话色彩,然其所折射出注重对实践能力的考量为后世人才的任用黜陟提供了有效的参考依据。

夏商周三代历时一千多年,奴隶制由萌芽走向鼎盛,官吏的任用和人才的选拔主要凭借世卿世禄制,即凭借单一的"血而优则仕"。《礼记·礼运》指出:"天下为家,各亲其亲,各子其子……大人世及以为礼。"官职主要在贵族内部继承,世代相袭,形成世卿世禄的制度。与此同时,商周时期还采取了"乡兴贤能"和贡士考察等"乡举里选"的办法在贵族中选拔一些较低级的官吏。按照当时规定,各地诸侯有责任向上级,直至朝廷推荐符合相应标准的人才。据《周礼·乡大夫》载,乡里选举的基本程序是:"正月之吉,受教法于司徒,退而颁之于其乡吏,使各以教其所治,以考其德行,察其道艺。……三年则大比,考其德行道艺,而兴贤者能者。"

可见,对德行和道艺的兼求,贯穿于整个荐举人才的过程之中。然而,言采易见,德行难知;策试可凭,考察难见。无论是德行,还是道艺,其所依据的多为当地民众意见或群众舆论,其德行、言语,抑或治事之能,皆取决于判定者个人主观意愿,荐选之流弊,极易困于人情。"在春秋以前,选官实行世卿世禄制,用人标准是'血'而优则仕,政治体制处于全然封闭的状态,平民子弟根本

---

① 郑若玲.科举、高考与社会之关系研究.华中师范大学出版社,2007:17.
② 杨学为.中国考试史文献集成(第1卷).高等教育出版社,2003:8.

没有入仕的机会,公平的理念与实践都无从谈起。"①在此时期,官员的选任办法大多采用的是荐选,如周代的选士制度。荐选的依据主要是士人的德行、道艺与才能,如周代选士制度评选人才的标准分为三等:德行为上,其次治事,再次言语,一律皆采取平日的素行。

相较于后来的考试选才,此时的荐选更强调"人对人"。"人对人的好处是常能看到人的全部:不仅文章、学问,还有德行、才干;也不仅一时表现,还有平日作为,乃至于家世根底,但假如推荐者私心膨胀而又外无制约,荐选也易生营私、结派、请托、谬滥的流弊。"②可见,评选者自身的素质对荐选的效果起到至关重要的作用。荐选的根本在于通过以"人对人"的方式,全面地甄选有才之士,非俊莫用。然而,通过对史料的爬梳,此时的荐选制度始终未能摆脱人情窠臼,身陷其泥淖之中,难以自拔,最终导致所选之才名不副实,唯在门第。

受西周选士制度的影响,此后考试制度逐步向学校蔓延。《学记》对不同阶段的考试要求有明确的记载:"比年入学,中年考校,一年视离经辨志,三年视敬业乐群,五年视博习亲师,七年视论学取友。谓之小成,九年知类通达,强立而不反,谓之大成。"彼时通过对士子的逐级考核并将优秀者向上级呈报,直到"献贤者之书于王",这便是"乡学"。中央的"国学"多为贵族子弟,但同样以"考校"的方式选拔出贤者、能者,授予官职。如何检验教学质量,考核学生学业情况,是任何学校都不得不重视的问题。当时私学虽未有严格意义上的考试,却会通过不同的渠道对学生的学业和才能进行考核,而且方式灵活、涉及面广。孔子、墨子和荀子在这方面尤为凸显。孔子主张"因材施教",所授之徒"贤者七十七人"各有所长。墨子主张"兼爱""非攻"为治国的核心,强调"躬行实践"原则,重视对学生实践能力的培养和水平的考察。荀子认为教育的目标在于培养"德""能"兼备的各级官吏,并指出"先王之道"的最大特点乃"尚贤使能"。

---

① 郑若玲.高考思辨.经济科学出版社,2013:148.
② 何怀宏.选举社会及其终结:秦汉至晚清历史的一种社会学阐释.生活·读书·新知三联书店,1998:93.

二、两汉时期:"唯才是举"的察举制

汉代为了巩固政权,亟需大量统治和管理方面的人才,察举制随之而生。相较于先秦时期"血而优则仕""贤能治国"的观念,"尚贤"的思想在汉代已深入人心,成为考试选才的主要标准。至此,考试已日渐走向制度化和规范化。

两汉时期选才、任官的途径较先秦更加丰富,如军功、任子等,但主要还是征辟和察举。察举主要由公、卿、列侯、刺史、郡守、国相经过考察,将一些符合要求的人才推荐出来,供朝廷直接任用或经考核再任用。[①]察举制始于汉文帝,体现出以下两大特点:一是举贤良对策成为定制。据邓嗣禹统计,西汉举贤良14次,方正7次。东汉基本沿用西汉的举贤良方正旧制,遂发展为定制。[②]二是扩大了察举的科目,新增举孝廉、举秀才、举明经等科目,并规定孝廉成为岁举常科。

汉文帝于文帝十五年(前165年)诏称,"诸侯王公卿郡守举贤良能直言极谏者,上亲策之,傅纳以言"[③]。文帝以"朕之不德,吏之不平,政之不宣,民之不宁"为题,要求举子"四者之阙,悉陈其志,毋有所隐",并"著之于篇",然后"周之密之,重之闭之",最后,"朕亲览焉"。其中所谓的"著之于篇"意在要求考生将考试的答案写在竹简上,以供皇帝亲自阅览。此为中国考试史上有明确记载的第一次笔试。虽然考试产生于汉代,但选才任官仍依托于察举制。到东汉顺帝时,弊风肆虐,行贿受贿、请托舞弊屡见不鲜,出现良莠不齐、忠奸不分等严重问题。汉末民谣"举秀才不知书,察孝廉父别居,寒素清白浊如泥,高第良将怯如鸡"更是察举腐败的真实写照。之后,尚书令左雄上奏倡言改革,力排众议,为察举考试注入了新鲜血液。[④]

自汉代建立察举制度以来,由于荐选之人大多具备强大的选举权力,"举主"与"被举者"之间往往容易结成恩主与故吏的特殊关系,于是各种错综复杂的社会关系与社会利益由此而生,察举制逐渐演变成为把持权力和拉帮结派的温床,而一直被视为"良法美意"的选才制度也因此被异化,此种现象发展至

① 杨学为.中国考试通史(卷一).首都师范大学出版社,2004:46.

② 邓嗣禹.中国考试制度史.吉林出版集团有限责任公司,2011:19-23.

③ 班固.汉书.中华书局,1962:127.

④ 杨学为.中国考试通史(卷一).首都师范大学出版社,2004:66.

东汉晚期时已遭遇严重危机,"名实不相副,求贡不相称。富者乘其财力,贵者阻其势要。以钱多为贤,以刚强为上"[①]。以至于当时士大夫以不应辟为荣。在这样的环境下,无权无势、无依无靠的贫寒子弟得到举荐的机会微乎其微,他们纵有满腹经纶,也只能望"仕门"兴叹。

三、隋唐至明清:"至公之道"的科举制

随着察举制弊病日益凸显,考试逐步取代察举,成为选拔官员的主要途径。隋文帝在停罢九品中正制后,借鉴前朝选举方法,开创多种取士之途。在选举实践方面,隋文帝时期设秀才科、明经科,通过策试选拔人才。隋炀帝即位后便颁布诏令,全面恢复官学,并重申国子学制度。该诏令有四方面值得注意:一是科目众多,"宜依令十科举人";二是举才广泛,只要通晓一科,便可应举;三是不局限于文才定去留,有军事才能亦可;四是面向社会底层的寒士文人。

隋灭唐起。国之初立,百废待兴。在隋朝基础之上,唐代开创了富有时代和政治文化特色的科举取士新格局。唐高祖李渊深知教育乃兴国之本,提倡"兴化儒家"的政策,把发展学校教育作为首要政治目的。随后,国之学、太学、四门学及州县学校相继招生,国学之盛达到近古未有之境况。唐代的考录程序可以概括为四个阶段:报名—考试—录取—放榜。在录取环节,考官阅卷时,对回答正确的写一个"通"字,错误的批一个"不"字。而考生是否被录取则取决于考试成绩,不问家世阀阅,"一切以程文定去留"[②]。但实际录取过程中,社会人士对应举者的评价也是录取的重要依据,如行卷和公荐环节。所谓行卷,是指应举者将自己的文学创作择优编成文卷,投献给当时达官贵人或文坛名人,求得其赏识推荐,以提高知名度和及第机会。而公荐是指人们根据自己对考生的了解向主考官推荐优秀人才。之所以有此环节的存在,乃因当时科举录取标准不仅依据考试成绩,还考察应考者实际水平和社会声望。由此观之,唐代科考实行的是考试与举荐相结合的录取方式,此法能更加全面地掌握

① 王符.潜夫论.上海古籍出版社,1978:75.

② 郑若玲,等.苦旅何以得纾解:高考改革困境与突破.江苏教育出版社,2011:170.

应举者的真实水平,有助于选拔真正的人才。当然,在这期间也可能受到外界的干扰,如放榜名单需呈递给宰相和皇帝复核,而最终录取结果常受他们的影响。

需指出的是,唐代及第者只是给予出身,只有参加吏部铨试合格者才能授予官职。据《通典·选举》记载,唐代文官铨试的标准由"四事"或称"四才","一曰身,取其体貌丰伟;二曰言,取其言辞辩证;三曰书,取其楷法遒美;四曰判,取其文理优长"。另据《唐六典·尚书吏部》记载,唐代铨选,凡选授之制以"四事"择其良,而以"三类"观其异。"一曰德行,二曰才用,三曰劳效""四事皆可取,则先德行,得均以才,才均以劳,得者为留,不得者为放""选未满而试文三篇,谓之宏辞;试判三条,谓之拔萃"。中者即授官。这种将科举考试与铨选考试有机结合的方式,不拘选限,乃拔擢人才的良策。

至宋代,科举考试与学校教育之互动关系依旧如故,其科举考试与学校教育相融合的情形益加明显。相较于唐代的教育制度,宋代更加重视科举考试与学校教育的联结,这在宋代三次大规模的兴学运动中足以窥斑见豹。同时,为规避唐代学校教育的大起大落所招致的流弊,宋代对人才选拔方式与标准进行了系列改革。一是取消了门第限制。为广纳贤才,巩固政权,宋代科考规定,只要具备文墨的优秀弟子,无论士、农、工、商,皆可应举入仕。同时,在政治、经济上给予宽厚的优待——取消唐代的门第限制,凡有一定文化的读书人,皆可投牒自进。一些过去被排斥在仕途之外的读书人也有了应举的可能。至此,士人应举几乎无任何身份限制。二是废除一切荐举制度,最大程度地限制徇私舞弊现象,真正实现"一切以程文为去留"。宋初统治者有鉴于前代荐举过程中存在的弊端,在收回取士权的同时,废除"公荐"制度,并推行封弥、誊录法,以保证科考的公平竞争。对此,宋代士人无不交口相赞。三是考试内容日益多样化,进士科由诗赋为主转变为经义、诗赋、策、论并重;经义由试墨改为试大义。王安石变法后,进士殿试废诗、赋、论三题,改试时务策一题,遂成永制。省试则废诗赋代之以经义、策、论取士。随着宋代科考内容的多样化和以大义代替墨义,过去读书人凭借背诵儒家经典或者吟诗作赋已难以及第入仕,唯独不断拓展知识面,培养独立的见解和分析处理实际问题的能力,方能在激烈的科场竞争中崭露头角。

明朝是我国科举考试的鼎盛期,无论是科举考试还是学校考试都已基本定型。"科举成式"最重要的内容之一便是将八股文确立为科举考试的首要文体,八股文以《四书》《五经》为基本内容,形式上却是陆续积累古代各种文体。因此,做八股文并非易事,须兼具经术与文学两方面的才学。①

清沿明制,科场之誊录,只限于乡试和会试,而对于童试和殿试,其试卷则不誊抄,由考官直接评阅原卷。于是,在这两级考试过程中,尤其是殿廷考试,逐步形成了文章不管好坏,只看字体端楷与否的评卷标准,被当朝士人普遍指斥的"抑文重字"之弊便由此而生。

相较于此前的世卿世禄和察举制,隋代之后的科举制无论在报考资格、取士标准、考试录取以及考试规制等诸多方面均日趋公平。

在报考资格方面,唐代科举进行了一次历史性的改革——允许士子"怀牒自进",自由报考。作为科举区别于此前的选才任官制度,"怀牒自进"尽可能弱化士子的家庭出身,摒弃"血而优则仕"的传统观念,尽可能地开放报考资格,使得人人皆可报考成为可能。报考自由实现了士子报考资格从封闭走向开放的重大转变,扩大了人才选拔的范围,大凡具备真才实学之人皆具备考试资格,使得选拔优秀人才的概率比此前要高出许多。更为关键的是,开放的报考资格为每一位才学之士提供了公平竞争的机遇。

在取士标准方面,相较于"人对人"的荐选制度,"人对文"的考选制度要客观、公平得多。考选制度可有效地规避人情请托之流弊:"用一种客观的测验方法,来判断各方面所举的人是否贤能? 这一作用,不独可以判断贤否,而且可以避免恩怨,就成为考试制度的精神所在了。"②考选制度发展到明清时期,考选方式发展成为科举取士后,选才标准愈加客观、公平。"科举取人用考试的方法,完全依据客观的尺度做取舍的标准,考官丝毫不能任意出入。所以自唐代奠立科举制度之后,凡属具有真才实学的人不难有脱颖而出的机会,这是用人唯才主义的实际应用,实足以救'乡举里选制度'之穷,防'九品中正制'之

---

① 郑若玲.科举、高考与社会之关系研究.华中师范大学出版社,2007:33.
② 沈兼士.中国考试制度史.中国和平出版社,2014:31.

弊,这又是中国政治发展史上的一种大改革。"①在考试录取方面,在隋末唐初的科举考试中,地方州郡的考试大多承袭旧制——实行"均衡举额制",即按照各地区的人口比例来选拔人才,但在全国性的考试实行的则是完全性的"自由竞争"原则。发展到宋代时期,科举选才在地区分布上存在显著差异,呈现南北分野之势,最严重时期如北宋的9630名进士中南方人为95.2%,而北方仅为4.8%,此种形势一直持续至明朝。发展到清朝时,则逐步发展成为按区域录取,并最终发展成分省定额取中的方式。

在考试规制方面,为规范科场纪律,保障科举制度的严肃性和选才的公正性,历朝历代都颁行了不同程度的考试规制。如果说隋唐时期尚处于"以法治考"的话,到明清时期则俨然发展成为"滴水不漏"的"至公之道"。"没有研究过贡院规制和科举程序的人很难想象其严密精细的程度,研究过贡院规制和科举程序的人则很难忘却其严密精细的程度。"②

四、结语

纵观古代选才任官的过程,无论是远古时代的四岳荐舜,春秋战国时期建立的文官选举制度,抑或是科举创立之前以察举制为代表的取士之法,在选拔人才和官员时不仅考虑才能,而且重视贤德。以察举制为例,汉代的察举制在选拔人才时多以贤能为标准,主要的选拔方式是秀才和孝廉,也有一些如明经、明法等其他科目。察举制的选拔方式并非笔试,而是察举和口试。虽不同时候对科目各有所重,但无一例外地对测验对象进行综合全面的考察。③但从东汉左雄改制开始,察举制开始异化,出现水土不服的现象。到隋唐,科举制代替察举制,此时的察举制仍余韵犹存,允许行卷、通榜的方式存在。宋代后,开始取消行卷、公荐的选才方式,排除推荐因素,"一切以程文定去留",至明清已俨然成为"滴水不漏"的取士之法。最终,"以分数论英雄"成为迫不得已的选择。④

① 沈兼士.中国考试制度史.台湾商务印书馆,1995:105.

② 刘海峰.科举学导论.华中师范大学出版社,2005:290.

③ 郑若玲,等.苦旅何以得纾解:高考改革困境与突破.江苏教育出版社,2011:170-172.

④ 郑若玲,等.苦旅何以得纾解:高考改革困境与突破.江苏教育出版社,2011:170.

　　"观今宜鉴古,无古不成今。"千百年来以考试为主要选拔人才的传统仍以潜在的形式存留至今。百余年前科举废止,其声息已然飘渺。观照今时,选拔人才的方式及其所引发的弊病却与古代有着"惊人的相似之处"。纵然政权频繁更迭,公平取才成为历朝历代选才制度改革的旨归。从世卿世禄制发展成察举制,再到科举取士,追求公平成为永恒的典范,并在持续的制度改革中得以彰显。

（原载于《教育与考试》2015 年第 1 期）

异地高考的利益博弈、困境分析与对策建议

　　长期以来,我国高校实行计划招生制度,即根据高校自身的发展情况预测需要招收多少名学生,进而下达招生指标。在过去,由于人口流动基本很少,基本上没有引发异常问题。但随着社会发展,尤其是人口流动的数量越来越多、规模越来越大、范围越来越广,流动人口随迁子女的受教育尤其是升学问题日益凸显,并随之引发了关于是否应该放开异地高考的大争论。"异地高考"是一个专有名词,"进城务工子女的高考问题是指父母在这里务工,达到一定年限,孩子是在这里上学能够就地高考"。袁贵仁在两会期间接受记者采访时说。如今,大家口中广泛说的异地高考,其实是随迁子女就地高考政策。

　　"异地高考"与两个词是紧密联系在一起:一个是"高考户籍限制",另一个是"随迁子女就地高考"。前者是指凡高考考生必须在户籍所在地参加高考,不得跨地区考试;后者则是指如果孩子随父母迁居其工作地区并在该地区学习的,能够就地高考而不必回原籍地。显然,二者之间是存在矛盾的。这种矛盾的实质,是新时期经济发展与高考制度之间的矛盾,并牵涉到东西部地区经济发展不平衡、教育发展不均衡等一系列深层次原因。

一、"异地高考"能否开放:不同利益群体间的博弈

　　教育部部长袁贵仁表示,教育部正在研究异地高考问题,因为涉及的人比较多,所以问题比较复杂,北京、上海都在研究办法,教育部催促主要和接收这些学生比较多的地方逐步共同推进异地高考。这可以视为政府目前的态度,相对趋于保守;而学术界相对激进:有专家认为实现异地高考需户籍改革,直接取消高考户籍限制。

　　"异地高考"之所以在推进初期就备受社会的争议,根本还在于"异地高考"的实施涉及不同利益群体,其本质是高考利益的重新调整。"本地人和外地人的具体利益冲突,区域间的高考录取指标不均衡、教育质量不均衡又是主要原因。"熊丙奇认为,"假如一直在这些问题上纠缠,'异地高考'的方案很难出

笼。道理很简单,作为一项改革政策,不可能完全既让本地人满意又让外地人满意"。中央教育科学研究院院长袁振国表示,符合条件的随迁子女已经在城市完成义务教育阶段和高中阶段学习,那么他们就有权利在所在城市参加高考。他表示,随迁子女在流入地入学需满足一定条件,比如父母在这个城市工作、纳税等。而一旦符合条件并已经在城市完成义务教育阶段和高中阶段学习,那么这些随迁子女就有权利在所在城市参加高考。

今年3月凤凰网展开的一次"异地高考资格"网络调查显示,在问及"北上广等一线城市是否应该进行异地高考的试点?"时,88%的民众认为"应该,要求最迫切,应该有尝试",只有6.1%的民众认为"不应该,城市承载力已经接近极限"。而在问到"异地高考应该具备的条件是什么?"时,82.2%的人认为是"考生在当地接受完整的教育",11.4%的人认为"家长在当地工作,并具备一定年限的纳税证明"。由此可见,要求在作为"高考洼地"的北上广等一线城市放开异地高考尝试的呼声是迫切的。

北京大学法学院张千帆教授认为,随迁子女高考问题完全是高考户籍限制和分省命题制度造成的。这些家庭长期在京沪等大城市工作,随迁子女在当地接受教育却不能在当地高考,是对他们平等受教育权的严重限制,允许他们在学籍地高考是走向教育平等的第一步。"现行高考政策难以保障未成年人的合法权益和受平等的教育权利,影响了教育公平,影响了未成年人的身心健康。"湖南大学公共管理学院余凯博士认为,同样作为纳税人,而不能享受同等的权利,无论是从为人民服务还是从纳税人角度来说,现行的高考政策,都应该在实践中调整,不断完善。全国政协委员、南方科技大学校长朱清时在接受《中国经济周刊》采访时表示,异地高考是社会教育公平最重要的一环,它意味着农民工子弟可以在城市里高考了,现在高考受户籍制度管理太严,其实是用户籍制度保证了城市孩子的特权,早晚要放开,只是各个城市处于自我保护的心态,不一定很快接受。"这意味着以前享受特权的人就要损失一些,要失去一些优势。"朱清时说。

由于我国目前的高考录取采取的是分省定额制,其最主要的做法是:各高校在招生录取时,分省份、分专业,差别性下放录取指标。不同区域差别对待,造成了某些高招录取的"特区"。北京、上海等高等教育资源丰富的地区，招生向本地生源倾斜，这与地方性大学由地方财政支持有关。但理论上，中央部属高校则由全国纳税人支持，应各地区一视同仁，但诸如北京大学、清华大学、复旦大学、浙江大学、南京大学等国家重点支持的"985大学"，在本地录取考生达到招生总量的30%到40%，甚至50%。北京考生考取北大的机会要比湖南、山东、河南等省的考生高出几十倍甚至上百倍。然而，正如余凯所说，放开异地高考，肯定会给北京等地区的学生家长利益带来冲击，会遭到本地人的反对。此外，地方政府也有一些担忧，譬如会给当地财政等带来新的负担，造成大量人口涌入，城市资源紧张以及新的教育不平等。全国人大代表、上海市委副秘书长李逸平表示，要真正实现异地高考，恐怕还要和户籍制度改革联系起来。李逸平强调，实现异地高考需要系统设计，包括入学模式、户籍制度、初高中阶段教学大纲等通盘考虑，但关键点还是改革户籍制度问题，"上海一直在研究这个问题，但要在教育部的指导下进行"。

二、"异地高考"：几家欢喜几家愁

作为国家教育改革"探索流动人口子女在流入地平等接受义务教育和参加升学考试的办法"试点的省市——山东省、湖南省和重庆市，山东省算是跨出了实质性的一步。山东省之所以能够实现放开"异地高考"，首先还是出于现实的环境。近些年来，山东省生源出现直线下滑的现象，根据山东省教育部门数据显示，2009年山东省参加高考报名人数有80万人，到2012年骤减到58.7万。而这种生源数量的持续下滑，为异地高考的实施创造了一定的空间。2011年，山东省二本一志愿缺额近2万个，967所院校生源不满，几十所院校遭遇零投档，最后高职出现了4.2万的生源缺口。同时，"异地高考"能够在山东推广，还与山东省的具体情况有关。山东省作为我国人口大省，也是高考大省，高考录取线普遍偏高，高考竞争显得异常激烈。同时，山东作为沿海经济发达省份，人口流出大于人口流入。而"异地高考"的放开，既方便了那些因为父母工作不得不在山东上学的非户籍考生，也不会遭遇像海南、青海等地方那样一旦取消户籍限制，便可能引发"高考移民"的问题。正因为如此，山东才可能成为全国首个实行异地高考的省区。

随后，福建省教育部门发布信息称，从2014年起，凡在福建高中有3年完整学习经历的非福建籍考生，可在福建就地报名参加普通高考，允许参加本科、专科层次录取，与福建籍考生享受同等录取政策。据统计，福建省今年高考报名人数约25万人，2011年26.7万，2010年29.2万，报考人数呈下滑趋势。与此同时，今年福建省的高招计划数19.4万人，比去年增加4100人。福建省教育厅有关负责人表示，随着高考报名人数减少，而高校招生计划有所增加，据此测算，2014年符合相关条件在闽报名参加普通高考的随迁子女对该省考生的影响不大。

山东、福建两省之所以能够顺利放开"异地高考"，首先就是两省近年来都出现了生源数量下滑的情况。放开"异地高考"便是山东和福建两地教育部门的因应举措。同时，作为沿海经济较发达城市，山东和福建两省都需要接纳大量的外来务工人员，随迁子女的数量也就必然相当可观，为了方便子女高考能够更好地发挥，就地高考的诉求便日益迫切。

而作为改革呼声最高的京沪两地却始终未见有任何起色。这是因为目前中国的高考现状中，存在着高考"高地"和高考"洼地"，北京、上海等地属于"录取率高，教育水平高"的高考"洼地"。这两个地区正是目前要求解决随迁子女高考呼声最高的地方。京沪本地人的一个普遍担心是，一旦实行随迁子女就读地高考是否会造成大量的"高考移民"，从而导致侵犯本地学生权益的问题。另外，由于北京、上海等地的考生权益来自于目前不平等的高考招生制度。据《北京日报》报道，2011年北京仅本科录取率就高达58.2%，比高考大省山东、江苏、广东、湖北等高出10多个百分点，比湖南、安徽等高出20多个百分点。这种不平等的教育权尤其体现在国家重点大学的录取比例上。以2005年为例，清华大学、北京大学分配给北京的指标就有851个，分配给河南省的指标只有171个，如果以当年人口的占比而言，北京和河南考生被北大清华录取的机会相差30倍。

北京理工大学杨东平教授认为，流动人口和农民工子女在流入地参加高考固然是一个值得追求的目标，但在当下的制度环境中的确很难求解。异地高考所要改变的,是现行以户籍人口为准、分省定额的高校招生制度。如同建立在户籍制度上的各种其他社会福利一样,它是在人口流动极少的计划经济时代形成的。如果改革这一制度,使流动人口考生享受与户籍考生相同的待遇,即允许考生在全国范围内跨地区参加高考,一个现实的可能是会出现大规模的"高考移民"。也就是说,如果在北京、上海这样的地区放开"异地高考"的话,就会导致大量的考生涌入京沪等地区,出现大规模的"高考移民"。而就我国目前的教育现状而言,各地的教育资源,尤其是优质的高等教育资源,仍属于稀缺资源,而如果想进一步扩大这部分资源,其投入和难度都是巨大的。在这种情形下,非户籍考生就相当于"挤占"了属于当地籍考生的教育资源,进而导致省际间的矛盾和利益冲突。

三、放开"异地高考":究竟难在哪?

围绕"异地高考"展开的论战可谓是此消彼长,聚讼不休。那么放开"异地高考"究竟难在哪呢?

难点一:如何界定非户籍考生就地参加高考的资格?

教育部部长袁贵仁在今年两会期间向媒体纠正了一个概念:所谓异地高考,并非指可以自由流动参加高考,而是指考生跟随父母到某地居住,达到一定年限后,可以就地参加高考。

由此可见,政府部门已经认可并准备放开"异地高考",但关键是放开的资格如何界定,"一定年限"又具体是几年,这些才是阻碍实现"异地高考"放开的关键因素。关于"一定年限"的问题,许多全国人大代表和教育研究者的基本看法是:考生随父母在经常居住地上学,至高中毕业时具有3年连续学籍的,可就地参加高考。对于北京、上海等大城市,考生随父母在这些城市上学,至高中毕业时有连续4年以上学籍的,可就地参加高考。

中央教育科学研究院研究员储朝晖认为,获得异地高考资格的年限不宜全国统一,各个城市应该结合自身实际而定。例如,一线城市在外来人口比较集中的情况下,可适当将年限提高一些,而一些压力比较小的城市,3年左右的时间比较合适。北上广等一线城市率先试点异地高考,是城市化进程的必然结果,如果不让这些异地工作的子女在当地考试,必然会阻碍社会发展的进程。

难点二:如何合理分配招生指标?

如果放开了"异地高考",考生是占用户籍所在地的指标还是高考所在地的指标? 这也是放开"异地高考"要面对的现实问题。就我国现有的招生指标分配方式而言,如果真的实行异地高考,招生指标将会面临非常复杂的情况,设计程序也会相当繁琐,因为这是对招生资源的重新分配。关于是否放开"异地高考"的问题,绝大多数人关心的还是非户籍考生是否会抢占本地生源,究其原因则是目前我国高校资源分配欠合理。全国人大代表、广西北海市合浦廉州中学副校长周怀慷认为,教育资源应该起码保证在同一个区域基本均衡。差异是相对的,没有绝对的公平,合理的差异能促进教育发展,各地应该发展自己的办学特色。

难点三:能否实现高考与户籍的联动改革?

朱清时表示,若异地高考真的要实施,首先还是要解决户口问题,取消城市户口和农村户口差异,如果农村城市户口一视同仁,也就不存在这个问题。异地高考的难度不是1至2年能解决的问题,10至20年都是乐观的估计。就目前情况而言,打破高考户籍限制的呼声越来越高。一方面反映出在高等教育大众化的背景下,公民追求公平的意识和权利意识在逐步提高。另一方面则是逐步放开"异地高考"存在明显的利益博弈,一部分人享受了教育资源而另一部分人的利益就有可能因此而受损,这就是一个价值取向问题了。

难点四:是否会引发高考移民?

放开"异地高考",总体上是有利于教育公平的,但同时也会产生一些新的难以操作的问题。由于我国高考改革不断推进,高校招生自主权和命题权不断下放,导致很多省市高考命题的标准和难度不一。在我国现有资源急缺的情况下,"异地高考"的放开必然导致新的高考移民的产生,进而对录取分数线较低的地区带来不利影响。而对京沪这样"高校资源丰富,录取线低"的"高考洼地"而言必然引发高考移民的汹涌大潮,致使京沪地区考生人满为患。此外,还会造成历年高考的高分省区考生向低分省区流动,高考的秩序和公平性将受到扰动。

四、"异地高考":该何去何从?

"异地高考"的问题该如何求解?仔细分析,这其实是一个有关教育公平的话题,而教育公平长期以来是社会的普遍诉求。在现有的教育体制下,追求结果的公平几乎不可能,而要实现教育起点的公平又似乎并不那么容易。非本地户籍学生在当地参加高考,对当地的学生或多或少会带来不利的影响。如果换一种思维考虑,假如现有的招生体制已经趋于公平合理,那"异地高考"的问题是不是就迎刃而解了呢?由于多种原因,各地高等教育资源配置不平衡。生源数量与高等教育资源不对称的情况客观存在。这就需要有关部门做好宏观调控,公平分配资源。但事实上,现有的高等教育资源分配方式并不能体现公平。由于招生体制画地为牢,许多全国综合性大学越来越地方化,在办学所在地的招生比例高居不下。

为此,不少有识之士为此建言献策,希望改革高考招生指标分配制度。有"两会"代表就疾呼实行名校招生名额分配听证制度,刘中慧代表提出"关于全国重点大学招生公平性的建议"。中国政法大学先行一步,建立了按各省市的人口比例确定招生指标的制度。虽然改革措施还存在瑕疵,但在招生体制不尽公平的大背景下显得弥足珍贵。令人遗憾的是,中国政法大学的热气并没有融化招生地域差异的坚冰,目前还没有第二所名校跟进。随着改革发展的不断深入,人们参与改革发展成果分配的热情高涨,而公平的受教育权无疑是关键。而以地域为界限的差别化招生制度越来越成了教育公平的绊脚石。它继续"合理存在"下去显得不合时宜,面对考生高考无门的尴尬,如何做出调整,使招生体制趋向公平合理,成为十分紧迫的问题。

就目前情况而言,解决"异地高考"问题,可以从以下几方面寻求突破口。

首先,在试卷相同的地区,试行异地借考。在教育部发布的《2009年普通高等学校招生工作规定》中,特别对异地借考做出了新的条件限制:要在两地试卷相同的前提下,并满足其他相关条件方可申请借考。其具体规定如下:"因公长期在非户籍所在省(区、市)工作的人员或其随身子女,确需在其工作或学习地借考的,在两地试卷相同的前提下,由考生向工作或学习单位所在地及户籍所在地的省级招办提出申请并经同意后,可在考生工作或学习所在地的省(区、市)办理借考手续,参加考试。考生答卷的评阅及录取事宜由其户籍所在地省级招办处理。"在此基础上,再逐步放宽相关的借考条件。

其次,放宽高考报名资格条件,即将"户籍+学籍"的高考报名条件,调整为"居住证+学籍"或者"多年纳税证明+学籍"来解决进城务工人员子女的异地高考问题。凤凰网展开的"异地高考资格"网络调查显示,纳税证明或固定房产的年限应该在3年以上的占26.1%,1年以上的占19.5%,5年以上的占7.1%,9年以上的占4.7%。据此,关于考生高考报名资格可以调整为"居住证+学籍"或者"3年以上的纳税证明或固定房产证明+学籍"。

最后,探索高考改革的思路,探索建立"统一测试+高校自主招生"的考试招生体系。自主招生统一测试,学校结合统一测试成绩、考生中学成绩、考生所在地区教育因素综合评价进行录取。另外,对于高职高专院校,实行"申请入学、注册入学"的方式,进城务工人员及其子女都可自主申请。

(原载于《教育与考试》2012年第3期)

参考文献

一、中文文献

(一)著作

"大学战略规划与管理"课题组.大学战略规划与管理.高等教育出版社,2007.

爱因斯坦,等.物理学的进化.李永学,译.湖南科学技术出版社,2020.

森,等.从增长到发展.中国人民大学出版社,2015.

森.以自由看待发展.任赜,等译.中国人民大学出版社,2013.

阿什比.科技发达时代的大学教育.滕大春,等译.人民教育出版社,1983.

希尔斯.教师的道与德.徐弢,等译.北京大学出版社,2010.

哈格顿.组合式创新:增长的机会与突破路径.电子工业出版社,2020.

史密斯,等.后现代大学来临?.侯定凯,等译.北京大学出版社,2010.

苏霍姆林斯基.给教师的建议.杜殿坤,编译.教育科学出版社,1984.

苏霍姆林斯基.论劳动教育.萧勇,等译.教育科学出版社,2019.

苏霍姆林斯基.帕夫雷什中学.赵玮,等译.教育科学出版社,1983.

伯恩斯坦.教育、符号控制与认同.王小凤,等译.中国人民大学出版社,

2016.

班固.汉书.中华书局,1962.

弗莱雷.被压迫者的教育学.顾建新,等译.华东师范大学出版社,2001.

查普夫.现代化与社会转型.陈黎,等译.社会科学文献出版社,2000.

克拉克.大学的持续变革:创业型大学新案例和新概念.王承绪,译.人民教育出版社,2008.

克拉克.高等教育系统:学术组织的跨国研究.王承绪,等译.杭州大学出版社,1994.

克拉克.建立创业型大学:组织上转型的途径.王承绪,译.人民教育出版社,2003.

巴伯.科学与社会秩序.顾昕,等译.生活·读书·新知三联书店,1991.

陈洪捷.德国古典大学观及其对中国的影响.北京大学出版社,2007.

陈勤,等.中国现代化史纲(上卷).广西人民出版社,1998.

博克.回归大学之道:对美国大学本科教育的反思与展望.侯定凯,译.华东师范大学出版社,2017.

博克.走出象牙塔:现代大学的社会责任.徐小洲,等译.浙江教育出版社,2001.

邓嗣禹.中国考试制度史.吉林出版集团有限责任公司,2011.

丁煌.政策执行阻滞机制及其防治对策:一项基于行为和制度的分析.人民出版社,2002.

恩格斯.马克思恩格斯选集(第三卷).人民教育出版社,1995.

阿特巴赫,等.21世纪的美国高等教育:社会、政治、经济的挑战.施晓光,等主译.中国海洋大学出版社,2007.

阿特巴赫,等.新兴研究型大学:理念与资源共筑学术卓越.张梦琪,等译.上海交通大学出版社,2020.

阿特巴赫.比较高等教育:知识、大学与发展.人民教育出版社教育室,译.人民教育出版社,2001.

滕尼斯.共同体与社会:纯粹社会学的基本概念.张巍卓,译.商务印书馆,

2019.

费孝通.乡土中国.人民出版社,2008.

冯绍雷.智库:国外大学国际研究院比较研究.上海人民出版社,2011.

高桂娟.现代大学制度演进的文化逻辑.中国海洋大学出版社,2007.

国家教育发展研究中心.中国教育绿皮书.教育科学出版社,2000.

哈佛燕京学社.人文学与大学理念.江苏教育出版社,2007.

韩延明.大学理念论纲.人民教育出版社,2003.

韩延明,等.大学校训论析.人民教育出版社,2013.

阿仑特.人的条件.竺乾威,等译.上海人民出版社,1999.

何怀宏.选举社会及其终结:秦汉至晚清历史的一种社会学阐释.生活·读书·新知三联书店,1998.

贺国庆,等.外国高等教育史.人民教育出版社,2003.

埃茨科维兹.三螺旋创新模式.陈劲,译.清华大学出版社,2016.

罗索夫斯基.美国校园文化:学生·教授·管理.谢宗仙,等译.山东人民出版社,1996.

列宁教育文集(第五卷).人民教育出版社,1984.

黄小寒.世界视野中的系统哲学.商务印书馆,2006.

黄新宪.中国考试发展史略.福建人民出版社,1992.

金耀基.中国现代化的终极愿景:金耀基自选集.上海人民出版社,2013.

经济合作发展组织.为了更好的学习:教育评价的国际新视野.上海教育出版社,2019.

科尔.大学的功用.陈学飞,等译.江西教育出版社,1993.

克尔.大学之用.高铦,等译.北京大学出版社,2008.

科尔.高等教育不能回避历史:21世纪的问题.王承绪,译.浙江教育出版社,2001.

克鲁克洪,等.文化与个人.高佳,等译.浙江人民出版社,1986.

柯林斯.互动仪式链.林聚任,等译.商务印书馆,2012.

劳凯声.教育法论.江苏教育出版社,1993.

李慧玲,等注译.礼记.中州古籍出版社,2010.

李立锋.悲凉绝唱?:关于晚清改革的历史沉思.南京大学出版社,1997.

洛夫.林间最后的小孩.郝冰,等译.中国发展出版社,2014.

联合国教科文组织.反思教育:向"全球共同利益"的理念转变?.联合国教科文组织总部中文科,译.教育科学出版社,2017.

梁焱,等.现代大学战略管理.东北大学出版社,1997.

廖平胜.考试学原理.华中师范大学出版社,2003.

刘宝存.大学理念的传统与变革.教育科学出版社,2004.

刘海峰.科举考试的教育视角.湖北教育出版社,1996.

刘海峰.科举学导论.华中师范大学出版社,2005.

刘晖.转型期的地方大学治理.中国社会科学出版社,2008.

陆益龙.户籍制度:控制与社会差别.商务印书馆,2003.

阿尔都塞.保卫马克思.顾良,译.商务印书馆,2006.

默顿.社会研究与社会政策.林聚任,等译.生活·读书·新知三联书店,2001.

默顿.科学社会学(上册).鲁旭东,等译.商务印书馆,2009.

罗荣渠.现代化新论:世界与中国的现代化进程.北京大学出版社,1993.

罗素.中西文明比较.杨发庭,译.北京出版社,2010.

李普塞特.政治人:政治的社会基础.商务印书馆,1993.

海德格尔.存在与时间.陈嘉映,译.生活·读书·新知三联书店,1999.

马克思恩格斯选集(第一卷).人民出版社,2012.

马克思恩格斯文集(第一卷).人民出版社,2019.

马克思恩格斯选集(第二卷).人民出版社,2012.

马克思恩格斯选集(第三卷).人民出版社,1972.

马克思恩格斯全集(第十六卷).人民出版社,2007.

马克思.1844年经济学—哲学手稿.刘丕坤,译.人民出版社,1979.

马克思.资本论(第五卷).人民出版社,2004.

马克思恩格斯全集(第四十卷).人民出版社,1982.

吉本斯,等.知识生产的新模式:当代社会科学与研究的动力学.陈洪捷,等译.北京大学出版社,2011.

孟德斯鸠.论法的精神.张雁深,译.商务印书馆,1982.

潘懋元,等.中国高等教育自主发展路径研究:学术理念、学术语言与学术评价的视角.高等教育出版社,2012.

潘懋元.多学科观点的高等教育研究.上海教育出版社,2001.

潘懋元.理论自觉与实践建构:高等教育的历史与未来.北京师范大学出版社,2014.

潘懋元.潘懋元文集 卷二·理论研究(上).广东高等教育出版社,2010.

潘懋元.潘懋元文集 卷三·问题研究(下).广东高等教育出版社,2010.

潘懋元.新编高等教育学.北京师范大学出版社,1996.

潘懋元.应用型人才培养的理论与实践.厦门大学出版社,2011.

裴斯泰洛齐.林哈德与葛笃德.北京编译社,译.人民教育出版社,2005.

裴斯泰洛齐.裴斯泰洛齐教育论著选.夏之莲,等译.人民教育出版社,2001.

多纳蒂.关系社会学:社会科学研究的新范式.刘军,等译.上海人民出版社,2018.

科尔.大学之道:美国名校的崛起、不可或缺的地位、必须保护的理由.冯国平,等译.人民文学出版社,2014.

凯勒.大学战略与规划:美国高等教育管理革命.别敦荣,主译.中国海洋大学出版社,2005.

郄海霞.美国研究型大学与城市互动机制研究.中国社会科学出版社,2009.

球鑫圭,等.中国近代教育史料:教育思想.上海教育出版社,1997.

卢梭.爱弥儿:论教育.李兴业,等译.人民教育出版社,2017.

商衍鎏.清代科举考试述录.生活·读书·新知三联书店,1958.

沈红.美国研究型大学形成与发展.华中理工大学出版社,1999.

沈兼士.中国考试制度史.台湾商务印书馆,1995.

柯拉尔,等.有组织的创新:美国繁荣复兴之蓝图.清华大学出版社,2017.

苏霍姆林斯基选集(五卷本)(第一卷).教育科学出版社,2001.

眭依凡.大学校长的教育理念与治校.人民教育出版社,2001.

孙中山.孙中山选集.人民出版社,1981.

陶行知.生活教育文选.四川教育出版社,1988.

田正平.中国教育史研究(近代分卷).华东师范大学出版社,2001.

比彻,等.学术部落及其领地:知识探索与学科文化.北京大学出版社,2015.

吕埃格.欧洲大学史(第一卷):中世纪大学.张斌贤,等译.河北大学出版社,2008.

王符.潜夫论.上海古籍出版社,1978.

王建华.我们时代的大学转型.教育科学出版社,2012.

王清.利益分化与制度变迁:当代中国户籍制度改革研究.北京大学出版社,2012.

伊斯特利.经济增长的迷雾:经济学家的发展政策为何失败.姜世明,译.中信出版集团,2016.

魏海苓.战略管理与大学跨越式发展:中国大学战略管理的有效性研究.中国海洋大学出版社,2011.

吴相湘.晏阳初传.时报文化出版公司,1981.

吕埃格.欧洲大学史(第一卷 中世纪大学).张斌贤,等译.河北大学出版社,2008.

斯劳特,等.学术资本主义.梁骁,等译.北京大学出版社,2014.

项飙,等.把自己作为方法:与项飙谈话.上海文艺出版社,2020.

许纪霖,等.中国现代化史(第一卷1800—1949).上海三联书店,1995.

弗莱克斯纳.现代大学论:美英德大学研究.徐辉,等译.浙江教育出版社,2001.

严复.救亡决论.中华书局,1986.

晏阳初.平民教育与乡村建设运动.商务印书馆,2014.

夸美纽斯.大教学论.傅任敢,译.教育科学出版社,1999.

马卡连柯.马卡连柯全集(第五卷).刘长松,等译.人民教育出版社,1958.

杨学为.中国考试史文献集成(第1卷).高等教育出版社,2003.

杨学为.中国考试通史(卷一).首都师范大学出版社,2004.

金.社会科学与复杂性:科学基础.王亚男,译.科学出版社,2018.

哈贝马斯.作为"意识形态"的技术与科学.李黎,等译.译林出版社,1999.

布鲁贝克.高等教育哲学.郑继伟,等译.浙江教育出版社,2001.

杜威.民主主义与教育.王承绪,译.人民教育出版社,2001.

纽曼.大学的理想(节本).徐辉,等译.浙江教育出版社,2001.

熊彼特.经济发展理论:对于利润、资本、信贷、利息和经济周期的考察.何畏,等译.商务印书馆,1990.

米特尔曼.遥不可及的梦想:世界一流大学与高等教育的重新定位.马春梅,等译.上海交通大学出版社,2021.

张松辉,等译注.抱朴子外篇.中华书局,2013.

张仲礼.中国绅士:关于其在19世纪中国社会中作用的研究.上海社科院出版社,1991.

郑金洲.教育文化学.人民教育出版社,1996.

郑若玲.高考思辨.经济科学出版社,2013.

郑若玲.科举、高考与社会之关系研究.华中师范大学出版社,2007.

郑若玲,等.苦旅何以得纾解:高考改革困境与突破.江苏教育出版社,2011.

(二)期刊论文

施莱希尔,等.教育面向学生的未来,而不是我们的过去.华东师范大学学报(教育科学版),2020(5).

白雅娟,等.贡献换机会:破解异地高考难题可能模式.中国教育学刊,2013(4).

班建武."新"劳动教育的内涵特征与实践路径.教育研究,2019(1).

鲍威,等.公平视角下我国高等教育资源配置的区域间差异.教育发展研究,2009(23).

鲍威,等.我国高等教育资源配置差异影响因素的多层线性模型分析.教育发展研究,2011(19).

鲍威.扩招后我国高等教育资金筹措机制研究.教育发展研究,2007(7-8A).

别敦荣,等.教育理念与世界一流大学的形成.高等教育研究,2010(7).

别敦荣.发展规划是大学改革与发展的航标.高等教育研究,2005(4).

别敦荣.论大学发展战略规划.教育研究,2010(8).

别敦荣.论高等学校发展战略及其制定.清华大学教育研究,2008(2).

常桐善.美国旧金山湾区高等教育共同体的发展特征:兼谈对成渝地区双城经济圈高等教育发展的启示.重庆高教研究,2020(5).

陈斌.从"表现主义"到"本质主义":大学学术评价指标化的支配及其超越.高等教育研究,2021(5).

陈斌.建设应用技术大学的逻辑与困境.中国高教研究,2014(8).

陈斌.美国高校学生流动:变化中的图景.高等教育研究,2018(3).

陈斌.学术职业环境的变革图景、现实效应与优化路径.高等教育研究,2020(5).

陈斌.异地高考的利益博弈、困境分析与对策建议.教育与考试,2012(3).

陈斌.中国高等教育发展水平省际差异透视:基于高等教育发展指数的证据.复旦教育论坛,2016(4).

陈斌.中美学术型博士研究生培养模式比较研究.研究生教育研究,2014(6).

储朝晖.高校不宜行政划成学术型或应用型.职业技术教育,2014(12).

楚江亭.关于建立我国教育发展指标体系的思考:兼论OECD教育发展指标体系的主要内容.教育理论与实践,2002(4).

戴家干.关于完善高考制度的几点思考.湖北招生考试,2007(16).

拉伯雷,等.复杂结构造就的自主成长:美国高等教育崛起的原因.北京大学教育评论,2010(3).

刘世清,等."异地高考"政策的合理性研究:基于30个省(自治区、直辖市)"异地高考"方案的内容分析.高等教育研究,2013(6).

杜祖贻.借鉴超越:香港学术发展的正途.比较教育研究,2000(5).

范先佐.进城务工就业农民子女的教育公平与制度保障.河北师范大学学报(教育科学学版),2007(1).

丰子义.全球化与唯物史观研究范式.北京大学学报(哲学社会科学版),2005(4).

冯帮,等.异地高考政策实施的阻碍因素及对策.上海教育科研,2013(11).

高培勇,等.高质量发展的动力、机制与治理.经济研究,2020(4).

谷贤林.智库如何影响教育政策的制定:以美国"教育政策中心"为例.比较教育研究,2013(4).

郭秋平.中国大学办学定位主体的逻辑演变及路径选择.现代教育管理,2014(2).

韩延明.理念、教育理念及大学理念探析.教育研究,2003(9).

何必.高考移民者背负着的不公平.新闻周刊,2004(25).

贺国庆,等.传统与变革的冲突与融合:西方大学改革两百年.高等教育研究,2013(4).

侯定凯.人文社会科学的知识转化机制探析:兼论优质大学智库的培育.复旦教育论坛,2011(5).

胡君进,等.马克思主义的劳动价值观与劳动教育观:经典文献的研析.教育研究,2018(5).

蒋凯.大学认同危机的人文反思:评比尔·雷丁斯的《废墟中的大学》.北京大学教育评论,2009(2).

蒋凯.声誉追寻下的大学迷思.大学教育科学,2018(6).

金碚.关于"高质量发展"的经济学研究.中国工业经济,2018(4).

康翠萍.培养人的自我意识:新时代高等教育质量观追问.大学教育科学,2019(5).

李海英.权威政治的缺失:中国早期现代化挫败之解析.社会科学论坛,

2004(7).

　　李尚群.后学院时代的大学科研图景.高等教育研究,2007(10).

　　李政涛.当代教育发展的"全社会教育"路向.教育研究,2020(6).

　　李志锋,等.知识生产模式的现代转型与大学科学研究的模式创新.教育研究,2014(3).

　　厉以宁.企业家的使命是创新:兼论效率的源泉来自人们的积极性.北京大学学报(哲学社会科学版),2018(2).

　　林克松,等.走向跨界融合:新时代劳动教育课程建设的价值、认识与实践.湖南师范大学教育科学学报,2020(2).

　　刘华军,等.中国高等教育资源空间分布的非均衡与极化研究.教育发展研究,2013(9).

　　刘精明.扩招时期高等教育机会的地区差异研究.北京大学教育评论,2007(4).

　　刘堃.世界一流年轻大学的战略选择与学科分布:基于17所大学的比较分析.湖南师范大学教育科学学报,2020(3).

　　刘亮.中国地区间高等教育经费差异的因素分解.统计与决策,2007(6).

　　刘同舫.构建人类命运共同体对历史唯物主义的原创性贡献.中国社会科学,2018(7).

　　刘振天,等.新时代中国高等教育质量革命:观念转变与行动路线.高等教育研究,2021(4).

　　刘振天.知识、权力与利益:高校分类发展的难题.北京大学教育评论,2021(2).

　　刘志彪.理解高质量发展:基本特征、支撑要素与当前重点问题.学术月刊,2018(7).

　　马陆亭.应用技术大学建设的若干思考.中国高等教育,2014(10).

　　潘懋元.从"回归大学的根本"谈起.清华大学教育研究,2015(4).

　　潘秋静,等."后疫情时代"高等教育教学模式的挑战与创新:访世界知名高等教育研究专家乌尔里希·泰希勒教授.复旦教育论坛,2020(6).

逄锦聚,等.促进经济高质量发展笔谈.经济学动态,2019(7).

逄锦聚.贯彻新发展理念 着力高质量发展.经济学动态,2019(7).

彭勃,等.我国公立非重点高校发展前景探析.江西师范大学学报,2006(4).

彭青龙,等.科技创新与高等教育:访谈丁奎岭院士.上海交通大学学报(哲学社会科学版),2020(3).

沈鸿敏,等.我国高校地区分布非均衡问题及其影响分析.教育发展研究,2008(1).

史秋衡,等.在反思与觉醒中寻求高等教育研究范式:2009全国大学协作组会议综述.中国高等教育,2009(8).

舒志定.劳动凸显教育的存在论旨趣:读马克思《1844年经济学哲学手稿》.教育研究,2020(10).

宋争辉.中国优质高等教育资源区域分布非均衡化的历史演变与现实思考.高等教育研究,2012(5).

眭依凡.大学理念的哲学基础及大学理念的偏失.江苏高教,2000(5).

孙祁祥,等.科技创新与经济高质量发展.北京大学学报(哲学社会科学版),2020(3).

许衍琛.异地高考利益博弈复杂性研究:以政府为中心的考察.高教探索,2014,(1).

谈松华,等.教育现代化衡量指标问题的探讨.清华大学教育研究,2001(1).

檀传宝.劳动教育的概念理解:如何认识劳动教育概念的基本内涵与基本特征.中国教育学刊,2019(2).

田海平."实践智慧"与智慧的实践.中国社会科学,2018(3).

田秋生.高质量发展的理论内涵和实践要求.山东大学学报(哲学社会科学版),2018(6).

王宾齐.迷失在大众化进程中:中国高校趋同化原因探析.中国高教研究,2010(7).

王宾齐.农业高校本科专业设置趋同化现象研究.中国高教研究,2009(10).

王建华.什么是高等教育高质量发展.中国高教研究,2021(6).

王鹏.复杂性科学视域中的大学发展规划.现代远距离教育,2011(1).

王善迈,等.我国各省份教育发展水平比较分析.教育研究,2013(6).

王英杰.大学危机:不容忽视的难题.探索与争鸣,2005(3).

温正胞."异地高考"的合法性与现实困境.教育发展研究,2013(4).

泰希勒,等.驾驭现代高等教育系统:需要更好地平衡冲突中的需求与期望.北京大学教育评论,2018(2).

吴承明.现代化与中国十六、十七世纪的现代化因素.中国经济史研究,1998(4).

吴寒天,等.大学与人类命运共同体的建构:中国大学的时代使命与自我革新.探索与争鸣,2019(9).

吴霓,等.流动人口随迁子女在流入地升学考试政策分析.教育研究,2014(4).

伍宸.我国"新兴大学"的特征、内涵及实践品格.大学教育科学,2020(5).

武建鑫.面向创新驱动发展战略的新型研究型大学实践路径研究.高校教育管理,2021(3).

武书连.再探大学分类.科学学与科学技术管理,2002(10).

武亚军.面向一流大学的跨越式发展:战略规划的作用.北京大学教育评论,2006(1).

萧功秦.中国早期现代化的挫折与历史后果.学术月刊,1995(4).

肖绍明,等.新时代劳动教育何以必要和可能.教育研究,2019(8).

徐海娇.劳动教育的价值危机及其出路探析.国家教育行政学院学报,2018(10).

许庆豫,等.我国高等教育发展水平地区差异分析.复旦教育论坛,2012(4).

薛颖慧,等.试析我国高等教育的空间分布特点.高等教育研究,2002(7).

毛亚庆.高等教育发展的知识解读.教育研究,2006(7).

阎凤桥,等.对于我国高等教育资源配置中存在的"木桶现象"的探讨.教育与经济,1999(2).

阎凤桥.我国高等教育"双一流"建设的制度逻辑分析.中国高教研究,2016(11).

阎光才.年长教师:不良资产还是被闲置的资源.北京大学教育评论,2015(2).

阳锡叶.平稳突破异地高考的种种藩篱.湖南教育(上),2011(10).

杨春如,等.我国合并高校发展战略初探.大学教育科学,2003(2).

杨锐.中国高等教育国际化:走出常识的陷阱.北京大学教育评论,2021(1).

杨兴林.关于创业型大学的四个基本问题.高等教育研究,2012(12).

杨耀武,等.中国经济高质量发展的逻辑、测度与治理.经济研究,2021(1).

余继,等.大学创新能力与国家经济增长:基于33个国家数据的实证分析.北京大学教育评论,2019(4).

虞宁宁.高校招生"多元录取"的中外实践与启示.湖北招生考试,2011(24).

张海生.高校劳动教育的意涵、价值与实践:一种本体论、价值论和方法论的解析.大学教育科学,2021(1).

张慧.加快和扩大新时代中国高等教育对外开放的策略研究.重庆文理学院学报(社会科学版),2020(5).

张军扩,等.高质量发展的目标要求和战略路径.管理世界,2019(7).

张凌,等.我国区域高等教育资源配置的差异性分析.高教发展与评估,2006(7).

张璐晶.异地高考,难在哪里?.中国经济周刊,2012(10).

张清.大学趋同化发展的隐忧与纾解对策探讨.现代教育科学,2010(4).

赵继,等.中国高等教育高质量发展的若干问题.中国高教研究,2019(11).

赵琳,等.高等教育质量的院校类型及区域差异分析:兼论我国高等教育资源配置格局与质量格局.清华大学教育研究,2012(5).

赵庆年.高等教育发展水平评价新概念及其评价.教育研究,2009(5).

赵文华.我国高等学校发展战略规划的价值、挑战与策略.高等教育研究,2006(3).

郑若玲.高考改革必须凸显公平.教育研究,2005(3).

钟秉林,等.新发展格局下我国高等教育集群发展的态势与展望.高等教育研究,2021(3).

钟秉林.关于大学"去行政化"几个重要问题的探析.中国高等教育,2010(9).

钟晓敏.新时代高等教育高质量发展论析.中国高教研究,2020(5).

周光礼."双一流"建设的三重突破:体制、管理与技术.大学教育科学,2016(4).

周海涛,等.民办高校高质量发展的基础.复旦教育论坛,2021(3).

朱虹.探索高水平中国特色新型智库建设道路.江西社会科学,2014(1).

朱炎军,等.世界新兴大学:内涵、动力机制与发展策略.国家教育行政学院学报,2018(3).

(三)报纸

董洪亮.地方本科高校该转型了.人民日报,2014-5-8.

董少校.应用技术大学评价标准亟需重建.中国教育报,2014-5-9.

高靓.打造中国特色新型大学智库:写在繁荣发展大学哲学社会科学、推动中国特色新型智库建设座谈会召开之际.中国教育报,2013-5-31.

李伦娥,等."高考后模式"能否闯出新路:解读中南大学"综合评价录取"改革试点.中国教育报,2012-3-27.

李卫红.大学在新型智库建设中的使命担当.人民日报,2014-2-16.

刘博智.深化产教融合推动转型发展.中国教育报,2014-4-28.

陆一."技术大师"的诞生需要长期攻坚.中国教育报,2014-5-13.

潘懋元."双一流"为高等教育强国建设注入强大动力.人民日报,2017-11-19.

彭湃.办新型研究型大学科可采用"隐形冠军"思路.中国科学报,2021-9-14.

彭湃.发展新型研究型大学的"为何"与"何为".中国科学报,2020-11-3.

温才妃.新型研究型大学何以为"新".中国科学报,2022-1-11.

吴仁华.建设应用技术大学需要解决六个问题.中国教育报,2014-5-12.

习近平.在哲学社会科学工作座谈会上的讲话.人民日报,2016-5-19.

习近平.在中国科学院第二十次院士大会、中国工程院第十五次院士大会、中国科协第十次全国代表大会上的讲话.人民日报,2021-5-29.

郑燕峰.山东高考"移民"成风凸现考试体制漏洞.中国青年报,2004-6-28.

二、英文文献

(一)著作

Altbach P, Salmi J.The Road to Academic Excellence:The Making of World Research Universities.Washington:The World Bank,2011.

Cole H.The Great American University:Its Rise to Preeminence,Its Indispensable National Role,Why It Must Be Protected.New York:Public Affairs,2009.

Daniel Fallon.The German University.Boulder:Colorado Associated University Press,1980.

Hertig H P.University,Rankings,and the Dynamics of Global Higher Education:Perspectives from Asia,Europe,and North America.New York:Palgrave Mcmillan,2016.

Perspective.Institute of Applied ManpowerResearch in Association with Manak Publications,2005.

Peter M W.Continuity Challenge and Change:An Organizational Perspective on Planning Past and Future.Planning for Higher Education,1986.

Readings B. The University in Ruins. Cambridge: Harvard University Press, 1996.

Richard C R, Kathy Reeves Brace, Patrick M Callan, et al.. Designing State Higher Education System for a new Century. New York: Greenwood Publishing Group, 1998.

Robert Birnbaum. How College Works. New York: Jossey-Bass Inc. Publishers, 1988.

The Think Tank Sand Civil Societies Program. The Global Go to Think-Tank 2010: The Leading Public Policy Research Organization in the World. Pennsylvania: University of Pennsylvania, 2011.

(二)期刊论文

Altbach P. The Costs of Benefits of World-class Universities. Academe, 2004(1).

Roger L G. What Happened After Sputnik? Shaping University Research in the United Stated. Minerva, 1997(4).